日本人とは誰か

日本人と天皇家のルーツ
日本古代史の秘密を探る

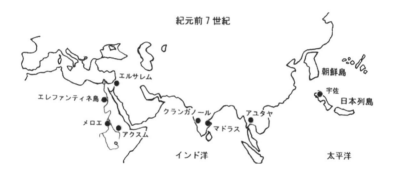

金子孝夫

東京図書出版

はしがき

　私は若い頃、司馬遼太郎氏の本が好きで、彼の著書は殆ど読み尽くしました。それは私が歴史学に興味を持っていたからではなく、氏の著作の登場人物を自分に重ね合わせ、自分の生き方を模索するためでした。氏の日露戦争に関する著書を二度目に読み終えた頃、突然自分のルーツが気になるようになりました。自分は何処から来た誰なのか？

　一旦、そのことが気になりだすと、日本人のルーツに関わるような本を、それこそ片っ端から読み始めました。最初は朝鮮半島から始め、すぐに中央アジアに移っていきました。全く別のルートで、海洋ルートでインドやエジプトにも及びました。そしてチベットから中国西・南部に至るルートも探索しました。二十年が経過した頃、おぼろげな所も数多くありましたが、ほぼ全体像を掴みました。そして三十余年を経過した今、確たる自信を持って語ることができるようになりました。

　本書を書き上げてみると、新説のオンパレードになっていました。その一つひとつの材料の殆どは、他の研究者の成果と言って良いと思います。日本人のルーツに関する研究は、殆ど為し尽くされていると言っても過言ではないでしょう。ただ、それらの研究成果は個々バラバラに存在し、私の持ち込んだ視点によって繋がりを持ち、そこに新たな思考が加わり、これまでになかった論説が展開されることになりました。

　それらの論説は、自身の感覚としては、自ら構築したようには思えません。不思議なことに、閃きの連続だったのです。それも夜中の睡眠中に前触れもなく突然閃きが訪れ、床から起き上がって文章

を書くというようなことが、多々ありました。まるで何かに導かれて書いたような一冊となりました。

目 次

はしがき I

第一章　日本列島の形成 11

第一節　地理としての日本列島 —— 今と昔 11

誰も疑問を感じなかった古代日本列島の姿形と位置

教わったのはユーラシア大陸から分離した日本列島

事実は逆で東南の離れた位置から大陸に近づいた！

第二節　日本列島形成の経過と根本原因 13

驚愕の日本列島形成の真実

陸地移動理解の予備知識

西太平洋における新たな海溝とプレートの誕生経緯

日本列島東島と西島の合体

長野県の「塩」が付く地名は日本列島二島合体の名残

プレート変形作用が日本列島を形成

日本列島は九州を軸にして約90度反時計回りに回転

フィリピン海プレート変形が発生した傍証

第三節　日本列島移動に伴う地形形成 35

日本列島の山地・火山群の形成

島根半島や能登半島の形成

瀬戸内海と四国の形成

伊豆・三浦・房総半島の形成

北海道の形成

中央構造線の形成

近畿地方・紀伊半島と中京・両白・飛騨・木曽地方の形成

九州地方と日本列島西島との接続

　第四節　日本列島形成に関連する総合考察 60

　　　地質学の専門家による筆者類似の日本列島誕生論

　　　現在の日本列島は地球膨張完全停止後の地学新時代

　　　驚くほど非科学的な従来の年代測定法

　　　炭素14逓減法の問題点

　　　新たな年代測定法によれば地球年齢は最長で200万年以内

第二章　世界史で棚上げされた重大出来事 69

　第一節　世界史の原点「ノアの洪水」 69

　　　実際に起きた「ノアの洪水」

　　　洪水発生は紀元前2290年頃

　　　人口歴史面からの「ノアの洪水」検証

　　　寿命減少の原因は紫外線光量の増加

　　　地球膨張の動きとともに形成された世界の地理・地形

　　　真近い「ノアの洪水」話が真実となる日

　第二節　地球小回転 83

　　　地球小回転に言及する理由

　　　金星の地球傍ら通り抜けにより地球小回転が発生

　　　遠い過去の出来事にあらず ── 今でも食せるマンモスの肉

　　　一年360日から365日へ ── 全世界で一斉の暦の改定

　　　春夏秋冬の四季は地球小回転以後に始まった！

　　　毎日見られた中米ピラミッドの階段日陰の蛇の姿

第三章　世界の中の日本民族 92

　第一節　日本人渡来に関する常識と盲点 92

　　　天孫降臨が印象付ける日本人のルーツ

　　　日本人は大陸から渡来した民族の集合体

第二節　日本人はグローバル人種 95
　　世界各地に存在する日本人遺伝子 ── 血液型遺伝子が示す民族移動
　　ヘブライ人とは誰か？

第四章　古代ヘブライ人の歴史 98

　第一節　古代ヘブライ人とその祖先の歴史 98
　　アダムからソロモンまで
　　（北）イスラエル王国
　　（南）ユダ王国

　第二節　歴史に隠れた古代ヘブライ人の民族移動 104
　　エジプト滞在時代
　　（全）イスラエル王国時代
　　（北）イスラエル王国時代
　　（南）ユダ王国時代
　　古代ヘブライ人の民族移動と様々な日本人起源説との関係

　第三節　古代ヘブライ人の民族移動に関する考察 117
　　ヘブライ人に限らず黄色人種全体が中東よりアジアに移動
　　スキタイ文化と日本文化との類似
　　タイ国のルーツはスキタイ
　　東南アジアや南洋諸島人は中国東南部がルーツ

第五章　日本人のルーツ 126

　第一節　血液分析から探る日本人のルーツ 126
　　日本人の半数近くを占める古代ヘブライ人の子孫
　　血液分析結果に見るアイヌ人の属性

　第二節　言葉と文字から探る日本人のルーツ 129

ヘブライ語起源である日本語
　　日本各地に昔の音韻のまま残るヘブライ語
　　日本固有文字である片仮名と平仮名はヘブライ語起源
　第三節　日本列島支配民族 ── 天孫族と倭族 134
　　天孫族と倭族
　　倭国の命名と日本人ルーツとの関係

第六章　天孫降臨 148
　第一節　エルサレムから日本列島への王家避難隊の東遷 148
　　ヘブライ人の宗教「神の道」とその神ヤハウェ
　　ユダ王国の第十四代ヒゼキヤ王
　　主ヤハウェのユダ王国滅亡預言とヒゼキヤ王の決断
　　避難させる「人」と「物」
　　王家の避難先の選択
　　避難先への移動ルートの選択と移動方法
　　紀元前700年に王家避難隊エルサレム出発
　　ナイル川とアトバラ川を遡りエチオピアへ
　　王家避難隊がエジプト民衆文字を創作
　　紅海とインド洋を抜けて南インドさらにアユタヤへ
　第二節　日向三代 161
　　紀元前660年にダビデ王家避難隊、日本列島に到着
　　日本史に特有な「血の規律」の存在
　　降臨後の居住地「高天原」は「ノアの箱舟」由来の地名
　　ニニギ
　　ホオリ
　　ウガヤフキアエズの父親疑惑
　第三節　天皇家初代神武天皇 171

神武天皇の即位は紀元前600年
　　「天皇」という称号
　　初代天皇の実際の名前
　　記紀における神武天皇に関する記述とその実在性
　第四節　天孫族の朝鮮島への分散居住 177
　　ニニギ系天孫族の日向に続く第二の拠点「加羅」
　　ホアカリ系天孫族の朝鮮における新拠点「新羅」
　第五節　神武王朝の終焉 180
　　古史古伝のウガヤ文書が裏付ける日向王朝の消滅

第七章　古事記と日本書紀 187
　第一節　古事記は海部氏、日本書紀は秦氏の歴史書 187
　　国史編纂が必要とされた事情
　　古事記は海部氏、日本書紀は秦氏の歴史書
　　秦氏とは誰か？
　　海部氏とは誰か？
　　物部氏とは誰か？
　第二節　日本古代史の前後二分断 199
　　第十代崇神天皇以前と以降
　　記紀の編纂者が日本史を前後二つの部分に分けた理由

第八章　朝鮮半島情勢が与えた日本列島支配への影響 203
　第一節　朝鮮半島の形成 203
　　朝鮮半島はかつて島であった！
　第二節　朝鮮半島の建国神話 207
　　句麗国の建国神話
　　百済の建国

新羅の建国神話１
　　新羅の建国神話２
　　新羅の建国神話３
　　弁韓
　　加羅の建国神話
　　加羅と新羅が天孫族による建国である根拠
　　句麗国王が天孫族であった可能性

　第三節　三国史記と記紀 228
　　朝鮮国史における日本関連の隠蔽と抹殺
　　記紀における朝鮮半島の取り扱い
　　三国史記の信憑性の検証

第九章　ニニギ・イナヒ系天孫族の加羅から列島への東遷 ... 233

　第一節　ホアカリ系天孫族の列島支配 233
　　日本列島東島と西島との合体が引き起こした倭国大乱
　　東島から西島への人口移動の状況
　　邪馬臺国の正しい読み方と意味
　　邪馬臺国の位置
　　倭国大乱後の情勢
　　卑弥呼の正体
　　魏書と晋書に記録された二人の倭王
　　後漢書や魏書・晋書の記録はホアカリ系天孫族の内紛に起因
　　ガド族の日本列島渡来と出雲大社の起源

　第二節　鮮卑族慕容氏の東北アジア支配 253
　　鮮卑族慕容氏の朝鮮半島侵入

　第三節　加羅王崇神の東遷 254
　　加羅天孫族の日本列島への集団移住開始

ホアカリ系天孫族によるニニギ系天孫族への支配権譲り
　　旧約聖書の「神の道」信徒であった崇神王の挫折
　　統一国家状態にはない四世紀の日本列島
　　神功皇后が暗示する新羅の倭人支配の終了
　第四節　加羅王応神の東遷と河内王朝の開設 268
　　ニニギ系天孫族応神王の加羅からの東遷
　　応神天皇の治世
　第五節　倭の五王 275
　　「倭の五王」とは誰か？
　　「倭の五王」に共通に見られる傾向と大倭の終焉
　　記紀が隠蔽する朝鮮半島出身の天皇の出自

第十章　記紀の暗号 ── 歴史書に織り込まれた聖書の物語 ... 286
　第一節　暗号作成例 286
　　「いろは唄」
　第二節　記紀の暗号 ── 記紀と旧約聖書の一致点 287
　　古事記と旧約聖書との一致内容
　　日本書紀と旧約聖書との一致内容
　　目次立てに着目した一致点
　　登場人物に着目した一致点
　第三節　記紀と聖書との具体的な一致内容 292
　　天地の初めから神々の誕生まで
　　天の岩戸
　　天孫族の降臨 ── ニニギ
　　天孫族の降臨 ── 山幸彦（ホオリ）・海幸彦
　　神武から仲哀までの判読の注意点
　　神武とモーセ・ヨシュア

崇神とダビデ
垂仁とソロモン
景行（ヤマトタケル）と土師時代
仲哀とサウル

終章　補足 306

第一節　日本列島形成と考古学 306
日本列島形成過程と考古学考証
弥生遺跡の分布
日本古代遺跡と古代ヘブライ人との関連

第二節　その他の補足 319
倭族が通過したインドの歴史の真実
五十音文字の起源は古代ヘブライ人
日本列島の旧国名と滋賀県の小字地名との関係

第三節　暗号 339
「ユダヤ神秘主義」の概要
カッバーラで繋がる古代日本とインドそして旧約聖書
カッバーラで繋がる古代日本とインドそして中国三教
国号「日本」の暗号
日本国国歌「君が代」の暗号

　　おわりに 370

第一章　日本列島の形成

第一節　地理としての日本列島 ── 今と昔

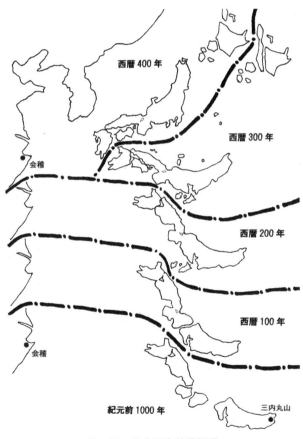

第1図　日本列島移動経過

誰も疑問を感じなかった古代日本列島の姿形と位置

　本書では、日本人の過去を探る前に、日本列島の過去を探ることから始める。本書執筆に至るまでに相当数の関連著書に出会っているが、おおよそ日本史に関する書籍で、地理としての日本列島の過去を正面から取り上げた本に、出会ったことがなかった。筆者は、日本の古代地図に北海道が書かれていないことに高校生の頃から疑問を持っていて、そのことが日本古代史に興味を持つきっかけになったのだが、筆者自身もこのテーマの研究開始から20年近くは、北海道はともかくとして、日本列島自体の古代位置が現在と大きく異なるというようなことは、疑問さえ持たなかった。

教わったのはユーラシア大陸から分離した日本列島

　筆者が学生の頃は、日本列島はユーラシア大陸から分化し現在位置に落ち着いたということを、図入りで丁寧に教えられた。天気の良いときは、韓国の済州島から九州が見えるという。九州と朝鮮半島は目と鼻の先にあり、日本への民族渡来は、その殆どが朝鮮半島経由で成されたように教わってきた。縄文期に遡る稲の日本到来さえ、朝鮮半島を経由したとされている。筆者のこの研究も、まず朝鮮半島を調べることから始まった。

　それでも、日本列島の現在位置が過去もそのままであることに、微かな疑念を持ったこともあった。出雲の国引き神話の著書を拝見したときで、著者名は失念したが、本州と朝鮮半島が実際近づいて行ったようなことが、真面目に書かれていた。しかし、書かれていたことはそれだけのことで、以前の日本列島の様子がどうであり、どういう理由で列島が動いたのか、そのようなことには一切言及されていなかった。もう一点、日本列島の地理に関しては触れられていなかったが、朝鮮半島経由ではなく、エジプトやインドとの海洋

を通じての文化渡来について書かれた著書も複数あり、それらは筆者に日本列島の位置について、僅かながら疑念を抱かせた。とは言うものの、それらの疑念が問題意識にまで膨らむことはなかった。

事実は逆で東南の離れた位置から大陸に近づいた！

　衝撃は、飛鳥昭雄氏の邪馬台国に関する著書を拝見したときであった。日本列島は大陸から離れたのではなく、逆に東南方向の離れた位置から現在位置に落ち着いたという。それだけでなく、朝鮮半島もかつては島であったと書かれていた。筆者の歴史学と地学の知識を総動員して検討し、その記述を納得して受け容れた。多くの矛盾が氷解したと言っても良い。同時に、筆者の歴史研究をすべて再構築した。

　日本列島の過去位置の問題は、日本古代史のいつの部分を語るにも必ず関係してくる問題である。そのため、本書は日本古代史の歴史本ではあるものの、まず日本列島の地理や地学面から語ることとなった。飛鳥氏の著書には、日本列島が動いた事実は書かれていたが、なぜそのようになったのか、その理由は詳しくは述べられていなかったので、筆者なりに思考を重ねて推論するに至った。

第二節　日本列島形成の経過と根本原因

驚愕の日本列島形成の真実

　日本史研究者や愛好者の関心は、飛鳥から奈良時代にかけて、あるいは邪馬台国時代に集中しがちであるが、筆者が語る日本古代史は、歴史時代以前の日本列島への民族渡来に軸足が置かれている。それは、かつての分類では縄文末期から弥生時代にかけての出来事であるのだが、その当時の日本列島は、その位置も形も、現在とは

全く異なっていた。

1 日本列島は東南方向から押し上げられて現在の位置へ

　第二次世界大戦後の冷戦時代、米露は核弾頭装備の潜水艦配備が戦略的に重要課題となり、米海軍は世界中で海底ボーリング調査を行った。とりわけ大西洋と太平洋は重点的に調査された。飛鳥昭雄氏がこの調査を担当したJ大学教授からリーク情報を得た。その情報によると、当時日本は糸魚川 ― 静岡構造線を境に東西に分断されており、九州を含む西日本は、現在の台湾とフィリピンの中間あたりの沖合にあったと推測されている。その後、日本の島々はフィリピン海プレートと太平洋プレートにより、強力に北・西方向に押し上げられて東西二島が移動・合体し、日本列島は西暦350〜400年頃に現在の位置に落ち着いた。日本の義務教育で「日本列島は大陸から分離し、徐々に離れて現在の位置に至り止まった。」と教わったが、事実は全く逆で、大陸から現在より相当離れていた状態から、太平洋プレートとフィリピン海プレートの二つのプレート作用で、大陸近くまで押し上げられたのである。

2 日本列島の新たな古代位置設定で解決される事柄

　この情報が科学的に認証されているわけではない。事が重大であるがゆえに、「リーク情報」ということで最初から疑念を持つ人も多かろうが、この認識に立つと以下のようにいくつもの問題が解決される。

(1)　現在でも糸魚川 ― 静岡構造線を境に "文化の明確な違い" を確認できるが、数万年ではなく僅か1800年ほど前に、そこを境として東西の陸地が合体して日本列島が形成されたとなれ

ば、境を挟んで両側の文化の違いの影響が現在まで残っていることに、理解・納得できる。
⑵　天皇陛下の大嘗祭の儀式で、二つの場所を作り、白装束で二度"死んで生き返る"行事を繰り返すのも、「天皇は、かつては日本列島東西二島の支配者であり、合体して一島になった後も、行事は二島の当時のままを継承している。」と考えれば、納得がいく。それゆえ、大嘗祭で使われる新穀も、新潟と大分というふうに必ず列島の東西から調達される。
⑶　青森の三内丸山遺跡の出土物から、「当時の気候は南洋並みに温暖であった。」とされ、それは氷河期の気候の関係と解説されているが、三内丸山が当時フィリピン付近の南方地帯に位置していたのであれば、合点がいく。
⑷　古史古伝の一つとされる「宮下文書」に、伊豆半島が日本列島本島にぶつかり合体したことが書かれており、それは今では科学的に証明されている。箱根山地もこの時に形成された。プレートの動きが当時それほどまでに強く活発であったことを知れば、上述の日本列島の動きを、歴史学者とても全く理解できないことではない。
⑸　魏志倭人伝で、日本は「会稽の東方にあった。」、そして「温暖であった。」と記述があり、日本の歴史学者はこの記述を無視し続けた。もし魏志倭人伝が正しければ、その記述は中国で書かれた「九州を左斜め上にし、青森が右斜め下になっている"奇妙な地図"」と内容一致し、奇妙な地図は奇妙でなくなる。飛鳥昭雄氏によれば、その地図で魏志倭人伝を読み解くと、邪馬臺国の位置はズバリ畿内の「大和」となる。それは最近の発掘調査と見事に一致する。また、実際に会稽の東方に位置したならば、それは魏国にとって倭国は朝鮮半島の高句麗や中国大

陸の呉国の背後に存在するため、両国を前後から挟撃するための絶好な同盟国たり得た。そのように考えると、大陸の覇権を争う誇り高い大国の魏国が、わざわざ東海の彼らにとって野蛮と思える島国に、特使を送り込んだ意味も理解できる。

(6) 小林惠子氏は、「中国や半島では、唐時代の七世紀になってからでさえ、倭国を"南"と称している例がある。」と述べている。中国では唐の初期までは、上述の"奇妙な地図"が、倭国を示す地図として実際に使われていた。唐の都は北緯34度の長安であり、現在の日本列島で同緯度の地は北九州市や下関市付近である。本州はそこから東北に向かって伸びて行くので、どう見ても唐から見ての倭国は、現在の地図に基づけば東方にあった。倭人伝に記載の会稽は揚子江の河口南部に位置し、春秋時代の越国の地で北緯30度の位置にあり、現在の日本では沖縄と鹿児島のちょうど中間地点の緯度となる。"奇妙な地図"によれば、列島はそこから南東に伸びていた。中国歴代朝廷から見れば、越国自体が中華の南端と認識されていた。中国王朝は、日本列島は王朝の東方ではなく、「会稽東方」のような"南方"に位置していると、認識していたのである。

(7) 科学的傍証としても、九州地域に残る古地磁気が、九州がかつて約90度時計回りの位置にあったことを示している。

陸地移動理解の予備知識

　筆者はこれから、約1900年前から1600年前にかけて、日本列島は大きく移動しつつ地形形成されたという論を展開するのであるが、その前に「陸地がなぜ動くのか」ということについて、その原理を示しておきたい。

第一章　日本列島の形成

1 海洋性地殻と大陸性地殻

　地球は皮膜のような層（海洋性地殻）に覆われている。大陸や島あるいは海も、この皮膜層の上に乗っている。通常誰でも地球は地表から中心部まで繋がった一つの陸塊と考えてしまうが、実は目にする陸地（大陸性地殻）はこの皮膜の上に乗っている状態にある。

　地上の陸地には平野もあれば山もあるが、目に見えない地下の部分も、実は地上と同じような凹凸の形となっていることが知られている。これは東北山地形成の項で詳述するが、陸地に何らかの横からの力が働き中部分が膨らんだためと、筆者は考えている。それゆえ、上だけでなく下の部分も同じように出っ張っているのである。

　海洋性地殻と大陸性地殻で知っておくべきことが、もう一つある。それは形状や比重、硬度に関することである。地球に限らず全ての星は、元は高熱の液体であった。マグマあるいはマントルを想像すれば良い。それが回転しつつ、時間をかけて冷えていく。求心力と遠心力の関係で、比重の重い物質が星の中心部に集まり、より軽い物質が外側を構成する。海洋性地殻は、地球が固まる際に一番外側にできた膜と考えて良い。熱いミルクが冷えるときにできる膜と同じである。大陸性地殻は、その膜よりも軽い、まるで泡あるいはアクのような部分と考えることができる。すると、①大陸性地殻

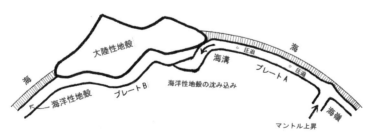

第2図　大陸性地殻と海洋性地殻の相関

の比重は海洋性地殻よりも軽く、大陸性地殻は海洋性地殻の上に浮かんでいるような状態になっている。また、星全体が液体であったわけだから、星内部に向かうほど液体状態に近くなり、逆に外側が一番硬くなる。②大陸性地殻は海洋性地殻よりも遥かに硬い存在となり、その逆で、海洋性地殻は大陸性地殻よりも柔らかいのである。もう一点、形状のことであるが、星が回転しつつ大陸性地殻が形成されたわけであるから、③大陸性地殻の形状は本来なだらかなのである。大陸性地殻に山地や山脈ができる原因は、後発的な事情によるのである。

2 海嶺

この皮膜から更に地球深部に至る深い割れ目が海嶺であり、そこから地球内部の物質が地表に染み出した。地球内部物質表出部分は連続した山のように見えるため、「海嶺」と名づけられた。海嶺の存在は地球内部の高密度・高圧力を低下させ、地球全体を膨張させた。このような地殻の割れ目が、地球独自の作用で形成されることは考えにくい。最も高い可能性は、地球の傍を何らかの天体が通過し、そのとき生じた潮汐作用によって地球が壊れかけた、ということである。

3 プレート

最初は地球でたった一枚だった皮膜が、海嶺誕生時に大きく破れた。そして、地球内部の圧力低下により地球が膨張を始めたことにより、固体である皮膜はさらに破れて多数の断片が生まれた。それがプレートである。海嶺は、皮膜に新たな地殻を供給する。たとえばアフリカ大陸と南アメリカ大陸の間の大西洋部分はすべて、海嶺から湧き出たマントルで形成された新しい海洋性地殻である。海嶺

第一章　日本列島の形成

第3図　海嶺（実線）と海溝（点線）の位置図

はこのとき同時にプレートに強烈な横方向の力を伝える。上図（第3図）で海嶺に交わる直角線が多数見られるが、それは海嶺から実際に生じた筋であり、海嶺からプレートに伝える圧力の強さをも表していると考えて良い。たとえば、上図にある東太平洋海嶺と太平洋南極海嶺、そしてその延長にある南東インド洋海嶺を例にとってみると、日本を含む西太平洋海域など、複数の海嶺から伝わる力が交差する部分では、プレートにねじれが発生する複雑な力がかかり、プレートはさらに破れて分裂していく。インドネシア領域などは、これら三つの海嶺からの圧力が交差する場所となってしまい、マイクロプレートと呼ばれる小プレートが次々と生まれ、複雑な地形が生まれた。また、プレート境となる海溝線の多くは、海嶺線に平行するように存在し、双方の関係が密接であることが図から読み取れよう。

19

4 陸地移動の原理

　陸地が動く現象は、二通りの型がある。一つは、プレート全体が動くときである。このとき陸地自体は動いていないが、プレートが動いた分だけ陸地が動いたように見える。もう一つは、海溝のすぐ傍に陸地が存在するケースで、第2図を参照して頂きたい。海嶺からの圧力でプレートAが押されて陸地が乗っている他のプレートBに追突するとき、プレートBの海溝部分は削られていき、やがてプレートAが直接プレートBの陸地部分を押すようになる。すると、陸地がプレートBの上を滑るように移動するのである。

　なお、世界中の一斉とも言えるプレート移動は、地球の急速な膨張と共に発生した。かつてTVのCMで、地球の「一つであった大陸」が分解して移動し、現在の世界地図のようになった動画があったが、あのCMで一つだけ誤りがあった。それは、あの陸地の移動は地球の膨張につれて起きたことが、表現されていなかったことである。

5 *海溝*

　皮膜が海嶺からの圧力を受けつつ大きな陸塊にぶつかる所では、皮膜は破れ、そして皮膜の端が地球内部へ沈み込む場所が生まれた。その部分の海は自然と谷深となり、学問上ではそれが海溝とされている。ところで、小笠原海溝には近くに陸塊が存在しない。後述するが、海溝は陸塊とは関係ない理由でも誕生し得る。

　筆者は、海溝とは「プレート間の立体的な圧力調整機能が働く場所」と捉えている。多くの場合は、押す側のプレートが押される側のプレートの下に沈み込んでいる。二つのプレートがぶつかり合うとき、押す側が沈み込むことによって垂直方向の圧力調整が成され、その結果プレート面積が水平面で程良く調整されるのである。

二つのプレート境は、最深で皮膜の厚さをもって谷深となる。この具体例が小笠原海溝で、そこでは太平洋プレートがフィリピン海プレートの下に潜り込んでいることが視認されている。なお、プレートのぶつかり合いで、押す側が押される側のプレートの上に乗ってしまう場合も想定できる。この場合は地図で見ると、海溝は押される陸地の反対側に築かれている。インド半島東部やベンガル湾のアンダマン諸島東側の海溝が該当事例と考えられるが、数は少ない。ヒマラヤのアンナプルナ山の裏手には、巨大な海の生物アンモナイトの遺物が、それこそゴロゴロと存在している。ヒマラヤの山々は、発掘物の状況から、かつては海底に位置した地殻で形成されていることが分かっている。この例も押す側のプレートが、押される側のプレートの上に乗った事例と考えることができる。海洋性地殻の厚さを考慮しつつ考察すると、潜り込み調整の代表例である日本海溝の深さが最深部で8,000mを超えている。乗っかり調整のヒマラヤの標高も、最高部で8,000m超えである。この数字の一致は偶然ではないであろう。海洋性地殻の厚さは、僅か10,000m程度なのかもしれない。

西太平洋における新たな海溝とプレートの誕生経緯

　筆者は地学については専門ではないが、歴史的資料や証言を起点として考察した地学に関する推論を、以下に述べる。それは海溝の移動・消滅・誕生に関することである。

1 *海溝の移動・消滅・新たな誕生が起こり得る*
□大陸沿いに実在した最初の太平洋プレート西端ライン

　旅客機備え付けのフライトナビを見ていて、気付いたことがある。太平洋の海溝は、アリューシャン列島からカムチャッカ半島、

千島列島、東日本、伊豆・小笠原諸島、マリアナ諸島を結ぶ線と、伊豆から更に西日本を経て、沖縄諸島、フィリピン諸島を結ぶ線がある。その線の長さも海の深さも、世界中で他に例を見ない。ところで、よく見ると次図（第4図）のように、その海溝線よりも大陸側にもう一本薄い線（太い点線で表示）が見える。この線も、中国東岸、東シナ海、日本海、オホーツク海、ベーリング海でほぼ繋がっている。実はこの線が朝鮮島を大陸に押し付け半島にさせた最初の海溝線であり、しかも太平洋プレートのかつての西端ラインであったと、筆者は考察した。

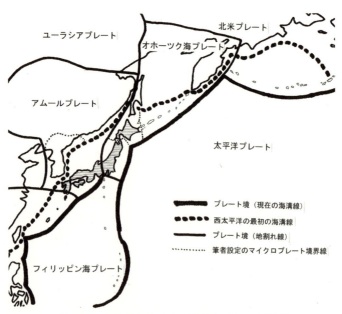

第4図　日本列島をめぐる海溝とプレート地図

第一章　日本列島の形成

□海溝は移動・消滅・誕生する

　海嶺は地球のヒビ割れであるから、その位置が変わることは決してないが、この古い海溝線の発見は、「海溝は恒久的な存在ではなく、移動・消滅・誕生ということが起きる。」ということを筆者に認識させた。そのことを証明する一例として、インド大陸の例を述べる。インド大陸は、かつてインド洋からヒマラヤ方面に向かって動いた。海溝が動かないものであるならば、大陸沿いに海溝はないはずであるが、現実にはインドの海岸線に沿って存在している。海溝もインド大陸と一緒に動いた、つまり「海溝は動く」のである。

② 新たな海溝誕生による日本海プレートの誕生

□二番目にフィリピン海溝、三番目に日本・小笠原海溝誕生

　その認識から、筆者に新たな考察が生まれた。次図（第5図）に示すように、点線表示の西・北太平洋の最初の海溝線の次に、二番目として台湾とフィリピンの東側に新たな海溝が生まれた。さらに三番目として、現在のカムチャッカ半島から日本列島東側、小笠原に至る海溝が生まれた。二番目と三番目は順序が逆も有り得る。

□東西の海溝を結ぶ裂け目線が生まれて日本海プレート誕生

　やがて日本列島南部に、二番目と三番目にできた海溝を東西に結ぶ地殻の裂け目線が生まれ、北海道を含む日本列島は、太平洋プレートから新たに分離独立したプレート（筆者仮称 ── 日本海プレート）の上に乗ることになった。

□日本海西プレート、日本海東プレート、北海道プレート

　再び第4図をご覧頂きたい。現在の地質学上は、筆者仮称の日本海プレートは、ユーラシアプレート（図でアムールプレートを含

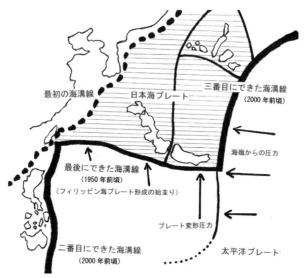

第5図 西太平洋における海溝線誕生歴

む）と北米プレート（図でオホーツク海プレートを含む）と名づけられた、二つの巨大プレートの先端部分となる。図と名称が異なる理由は後述する。これらの巨大プレートは、上述の"最初の海溝線"により、太平洋プレートの西端ラインで切断されているので、大陸名のついたその名称は、筆者が考えるには根本的な誤りである。筆者仮称でそれぞれ、ユーラシアプレート部分は「日本海西プレート」と、また北米プレート部分は「日本海東プレート」とでも名づける方が、より適正である。後述するが、日本海プレートにはもう一つ、日本海東プレートからさらに分離したと推定される、「北海道プレート（筆者仮称）」が存在する。

3 地学の常識は多くは"説"であり真実とは限らない

　参考までに、私たちが教科書で習ったような地学の常識は、単なる説であって確定事項ではないケースが多い、ということを指摘しておきたい。地学というのは、地中を掘って確認することができないので、実はよく分からないことだけなのである。たとえば、糸魚川 ─ 静岡構造線以東は北米プレートということになっているが、実はこれはユーラシアプレートの一部であるという説や、また第4図で示したように、北米プレートからは独立したオホーツク海プレートとする説もある。さらにユーラシアプレートの日本列島部分に関しては、最近のプレート地図を見ると、第4図のようにアムールプレートと別名になっていて、ユーラシアプレートからは独立したプレートになっている。要するに地学では、疑問の余地のない確定事項のように書かれていても、実は皆現時点での有力な"説"であり、それぞれが恒久的な事実である可能性はむしろ少ないということを忘れてはならない。

4 日本海プレート誕生の具体的な経緯

　西太平洋の一連の海溝形成の動きを、以下にさらに詳細に述べる。

□ プレートねじれが原因で誕生した日本・小笠原海溝

　第3図の東太平洋海嶺上部（北アメリカ大陸西端部）から西に向かう圧力と、同海嶺下部（南アメリカ大陸西部）から北西に向かう圧力との交差により、超巨大であった太平洋プレートにねじれが生じた。大陸近くまでの西方に伸びきっていた太平洋プレートは、南東方向つまり横目方向からの圧力に相当弱い状態になっていて、プレート自体に皺がいくつも生じ、そのうち最も弱かった箇所に大き

なヒビ割れが生じ、第5図表示の三番目の海溝線が誕生した。

□列島南部のプレート境界線誕生は同方向圧力差が原因

　三番目の海溝線は、誕生当初は南方は小笠原海溝までであった。その海溝線から西方に向けての東太平洋海嶺からの圧力は、新しい海溝線がその多くを吸収してしまうため、圧力はかなり小さくなった。一方、小笠原海溝から南方のマリアナに至る部分については、海溝線はまだできていなかったため、台湾やフィリピン近くの二番目にできた海溝線に向かって、東太平洋海嶺から相変わらず強い圧力が働いていた。その結果、二番目海溝の上端と三番目海溝の下端を結ぶ、圧力差が生じた境界部分で海底地殻に亀裂が入り、やがて完全に割れ、太平洋プレートから分離・独立した日本海プレートが誕生した。

日本列島東島と西島の合体

□日本列島は東島と西島の二島に分かれていた

　再度、第5図を見て頂きたい。日本列島の移動が始まる前は、日本列島は東島と西島の大きな二島に分かれていた。記紀の記述の中に、丹波から静岡方面への移動が具体的な地名をもって何気なく書かれていた。それは下関海峡を通ってのグルっと西回りではなく、当時は糸魚川 ― 静岡構造線の所が陸地ではなく海峡となっていたため、短距離の海路で行くことができたのである。

□東島が西島に追突・合体

　東太平洋海嶺からの強大な圧力を得て、太平洋プレート全体が西方に拡大させられた動きにより、その上にあった日本列島二島も、プレートとともにゆっくりと西方に移動した。やがて日本海プレー

トが誕生し、さらに日本海プレートが東西に分裂した。その後は、日本海西側プレート部分は太平洋プレートの圧力を直接は受けなくなり、専ら日本海東側プレート部分がその圧力を受け続けた。そのため、東側プレート上に存在した東島は、日本海溝の場所で徐々に太平洋プレートに直接押されるようになり、東島はプレート上を西方に向けて滑るように移動し始め、やがて西島に追突・合体するに至った。こうして西暦50～150年の頃、北海道や能登・伊豆・房総などの半島部を除く、現在の日本列島に近い地形が、現在とは向きは全く異なるものの誕生した。

□ 合体部分が隆起して北・中央・南アルプスが誕生

　東西二島合体の際に合体部分全体が隆起し、現在の北・中央・南アルプスが形成された。東島は西島を、日本列島の動きが停止するまで押し続けたことになるので、合体部分では陸地が隆起して標高の高い山々が形成された。移動前期は列島北側に、移動後期は南側に、より多くの負荷がかかったと推測できる。北アルプスが先に高くそびえ立ち、100年くらい後から今度は中央と南アルプスが、北アルプスに追いつくように峰を連ねるようになった、ということになる。

□ 北は糸魚川、南は天竜川が合体境

　合体線は、北は糸魚川、南は天竜川の位置であると、筆者は考える。中央アルプスと南アルプスの平行配置が、陸地合体のときに生じる典型的な地形を成しているためである。糸魚川 ― 静岡構造線の位置を、南部は富士川に置く説もあるが、その説では中央アルプスと南アルプス形成の様子を説明することができない。

□合体により断層も数多く誕生

　形成されたのは山々だけではなく、断層も多く生まれた。大阪や神戸付近の断層は皆南北方向への線を描いている。これらは、二島合体時の衝突による力ベクトルに対して直角に形成されているので、この時に誕生したと考えることができる。衝突の影響が神戸にまで及んだということは、その衝突の強さを物語っている。

長野県の「塩」が付く地名は日本列島二島合体の名残

　長野県には「塩の道」と呼ばれる古道が存在する。観光ガイドでは、古代より内陸地に塩が運ばれた道というふうに説明されているが、本当にそれだけであろうか？　長野のような内陸地は中部地方にいくつもあるのに、道に「塩」という字がつく名称が存在するのは、筆者の知る限りにおいては、この道だけである。「塩の道」は、列島東島と西島の合体線にほぼ一致する。合体時の東西の島の形状は定かではないが、かなりの凹凸状態でぶつかり合ったことは、容易に推測できる。すると、まるで湖や池のように、合体後も海水が陸地内部に取り残されてしまった場所も、相当数存在したはずである。それらが塩田になり、あるいは耕作不向き地として残ったというようなことは、なかったのであろうか？　「塩の道」とは、そのような痕跡が線状に繋がっていた場所とも、筆者には思えるのである。糸魚川—静岡構造線に沿って、現在は内陸地であるのに、「海」や「塩」、あるいは「海岸」に因んだ地名が、「塩の道」あるいはその延長線に沿って現存する、あるいはかつて存在した、または言い伝えが残っている、というようなことが、調べれば多く出てきそうに思われる。あるネット記事によると、「日本歴史地名大系」の見出し検索調査によれば、日本全国で「塩」のつく地名は、海沿いの都道府県を抑え、内陸地の長野県がダントツの最多であるとの

第一章　日本列島の形成

ことであった。

プレート変形作用が日本列島を形成

　東西二島が合体後、日本列島はさらに大きな動きに巻き込まれることになった。

□二つのプレートを凹ませた東太平洋海嶺からの異常な圧力

　再び第３図の海嶺地図を参照して頂きたい。海嶺線に直角に交差する直線は、北アメリカ大陸西域においては他と比較してとても長い。この直線の長さ、太平洋プレートを押す圧力の強さが、太平洋を東西にこれほど大きくし、また日本列島を形成した直接原因なのである。それらの圧力が直接当たる部分が現在の日本海溝と小笠原海溝であり、この強力な"押し"が、日本海プレートと爾後に誕生するフィリピン海プレート部分を、西方向に圧縮・歪ませた。

□フィリピン海プレート変形が列島を押し上げ

　次図（第６図）で斜線により表示した部分が、太平洋プレートからの圧力のため、圧縮させられた箇所である。その影響として、フィリピン海プレート部分では、三番目にできた海溝線に近い部分（東北地方のすぐ南側）は北方に、また少し離れた部分（九州地方の南側）は北西方向に、プレート地形が突き出す形となった。その結果、日本列島が乗る日本海プレートを北・北西方向に大きく押し上げた。それと同時に、日本海プレートとの境界線部分でフィリピン海プレートが沈み込みを始め、新たな海溝（初期の静岡トラフと南海トラフ部分）を誕生させた。

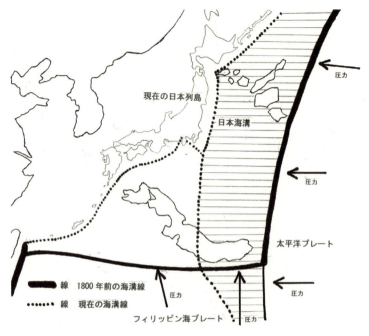

第6図　日本列島移動前後比較

□トラフの発生理由

　トラフという名称は珍しい。トラフとは大規模な海溝という定義になっている。上記二つのトラフに加え、伊豆半島から日本海溝に繋がる海溝も相模トラフと呼称されており、三つのトラフの延長は約二千メートルにも及ぶ。筆者の論と重ね合わせると、トラフという名称がついた場所は全て、第6図で一本の横線となっている所で、フィリピン海プレートで北方に変形させられた部分である。このことにより、トラフという形態が生まれた理由について、一つの推定が成り立つ。

第一章　日本列島の形成

　まず認識すべきは、通常の海溝は海嶺からの圧力を受けて形成され、そのため海溝が受ける圧力ベクトルの向きは一定方向であるのに対し、三つのトラフ部分はプレートが横を押されて縦に延ばされた部分なので、トラフの場所で発生した圧力ベクトルは非常に複雑であったということである。つぎに、日本海溝と小笠原海溝が生まれたと同時にこの変形圧力が生じたことになるので、僅か数百年という、地質学においては非常に短い時間の中で、三つのトラフが形成されたことを忘れてはならない。

　日本海溝と小笠原海溝は、地球上で海嶺からの最も強い圧力を受けた場所で、強烈な力を受けつつも、時間をかけつつ変形した場所である。これらの海溝は8,000mに及ぶ深さを持つ海溝となり、海溝の姿形も整然としている。押される側のプレート部分も少しずつ綺麗に削られていくから、そのような形になる。ところが、三つのトラフについては、沈み込む場所も二重あるいは三重となり、幅広で非常に複雑な形をしている。これは、あまりに急激な変化であったため、押される側のプレートの形には凹凸があり、その地殻が削られていく働きが作用中に、押す側のプレート部分に追突線に平行するような亀裂が入ってしまい、その部分も沈み込みを始め、結果として、かなり幅広な海溝帯ができてしまったと考えることができる。また、接触面の凹凸関係により、押す側が押される側の固い部分に突き当たった場合、押す側の地殻が固い部分の横側に回り込むように変形し、今度は横からも押す力が働くようになり、押される側の地殻が褶曲し、あるいはめくれるという事態も想定できる。その結果、三つのトラフに沿う陸地部分では、他の海溝では見ることができない珍しい地形が現出し得るのである。

　日本には、日本海溝と小笠原海溝という世界で最も典型的な海溝と、海溝としては例外的で非常に珍しい形をした三つのトラフとい

う、両極とも言える外観の海溝が、隣り合わせで存在している。このような素材に直接触れることができる日本の地質学者たちが、世界の海洋地質学をリードしていくことを期待したい。

□フィリピン海プレート自体に他を押す圧力なし

　ところで、地質学者がフィリピン海プレートの強力な北方圧力について触れることがよくあるが、現象面だけのことで、その原因について述べたことは記憶にない。このプレートはどの海嶺とも接続はない。南方の海嶺からの圧力も一切受けていないため、このプレート自体では北方向への圧力を持てない、という認識が必要とされる。

日本列島は九州を軸にして約90度反時計回りに回転
□プレートの形は可変

　筆者の論によれば、日本海プレートやフィリピン海プレートの形は、信じることができないほどに変えられたことになるのだが、果たしてそのようなことが可能であるのか、疑問を持たれる読者も多いと思われる。プレートを構成する海洋性地殻（皮膜）というのは、大陸性地殻よりも地球内部側にあるその形成過程からも、その形が変化できるような、ある程度の柔らかさを持った地殻であるらしい。押し押される力によって、プレートの形が変わるということである。もしプレートが固くて形が固定化されているとプレート間に大きな隙間ができてしまうが、現実には世界中のどのプレートもそのようにはなっていない。

□約90度の回転だけでなく列島全体が北西方向に移動

　第6図に示したように、フィリピン海プレートは、東太平洋海

嶺に発する太平洋プレートの西に向けての強力な拡大圧力によって、主に北方向にプレートの形を大きく歪め変形させられた。横を押されたため、縦に伸びたのである。そのすぐ北側上部分に存在したのが日本列島である。日本列島の現在の東北地方は、フィリッピン海プレートの形の変化が最も大きかった所に位置し、太平洋プレートから遠い部分にあった西日本側に働いた力よりも、はるかに強烈な北方向に押し上げられる力が働いた。そのため日本列島は、九州を軸にして約90度反時計回りに回転したように見えた。ところが、この動きは回転だけでなく、実は回転軸であった九州も距離は短いながら動き、列島全体が北西方向に押されて移動していた。

フィリッピン海プレート変形が発生した傍証
□もがれ裂かれた姿の「ノ」の字の形海溝の存在

次図（第7図）をご覧頂きたい。フィリッピン海プレートのこの変形の動きの傍証となる海溝が、二ヵ所に存在する。一つは、三番目にできた海溝ラインの先である南方に、弓形をした裂け目が連続して三つ見られる。マリアナ海域からフィリッピンに向けての海溝線で、ここだけは綺麗に切断されておらず、「ノ」の字の形をした海溝となっている。それは、マリアナ海域から小笠原海溝に至る部分が強烈に横押しされたために、四角形の底辺に当たる部分が、もがれ裂かれた姿になっている。もう一つは、沖縄の東方海中にある、逆「ノ」の字形の小さな二本の海溝である。これら二ヵ所の海溝は、上述の海嶺からの力が作用したとき、固めの粘土で実験すれば必ず現れるようなヒビ割れの姿形をしている。

□沖縄海域での沈没島の時代考証

もう一件、この事実の年代を確認できる事柄がある。沖縄の与那

第7図　現在の海溝地図

国島のすぐ脇に、人工構造物を有する沈没島が二十数年前に発見され、その地上であった部分の構造物の研究が進んでいる。筆者の論に基づけば、あの沈没は紀元前後に発生したことになる。その沈没島に限らず、沖縄海域では複数の島の沈没伝承がある。それはフィリッピン海プレートの変形に伴う新たな海溝誕生の動きにより、鹿児島・沖縄・台湾を結ぶ線でフィリッピン海プレートの沈み込みが始まり、あの沈没島もその動きに巻き込まれたのである。このことは、沈没島と沖縄島を含む周辺の島々での、過去に存在した、あるいは現在も存在しているかもしれない構造物との形状比較により、

沈没の年代推定が可能となるであろう。あの沈没島の構造物は自然構造物であるという有力な説もあるが、もし人工構造物であるならば、沈没島の存在は海溝形成の傍証なのであり、海溝誕生が千万年や億年単位というような、気の遠くなるような古い時代ではないということが、近いうちに証明されよう。

第三節　日本列島移動に伴う地形形成

日本列島の山地・火山群の形成

　日本列島の位置・形態の変化は、水平面だけではなかった。山地形成という垂直面でも、一変という言葉が当てはまるほどに大きな変化を得ていた。日本列島本州を縦断する山地群は、日本列島が強く北西方向に押され移動したときに生まれたと、筆者は考えている。その全体を論じるには文量過多となってしまうので、典型例として東北山地を中心とした関東以北を説明で取り上げたい。

1 水平方向圧力起因の隆起による山地形成

　まず山に関して述べると、①奥羽山脈、②北上高地、③出羽山地、④阿武隈高地、⑤越後山脈、⑥三国山脈は全て、東太平洋海嶺から西方への圧力や、フィリピン海プレート上端部の変形から生ずる圧力ベクトルに対し、完璧なまでに直角のラインを形成している。これは、列島が押し上げられたときに受けた強力な圧力により、第8図［1］から［2］への変化のように、水平方向圧力で列島の幅が狭められ、陸地内部が隆起したと考えることができる。太平洋側は圧迫された側なので、日本海側よりも遥かに強い圧力を受け、第8図［3］のように二重に皺ができた。それが北上高地と阿武隈高地である。

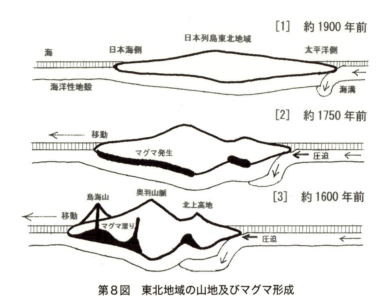

第8図　東北地域の山地及びマグマ形成

2 移動に伴い摩擦発生したマグマによる火山形成
□マグマは陸地移動時の摩擦で発生

　日本列島の火山の相当数は、列島陸地が動く時に生じた海洋性地殻との摩擦が主原因で、この時期に誕生したと考えられる。地上で高地となっている所は、実は目に見えない下部もまるでバランスを取るように出っ張り、海洋性地殻を地球内部に向けて押しつけている。その状態で大陸性地殻が移動すると、押される側つまりは日本海側の海洋性地殻との接触部に強い摩擦が生じ、第8図［2］のように、発生した高熱のために岩石が溶け、マグマ（溶岩）が発生する。

第一章　日本列島の形成

□日本海側の火山が生まれたしくみ

　押される反対側である日本海側は、太平洋側と比較すれば地殻歪みの影響は少なめと考えられ、比較的平坦な地が多いと思いきや、山の数は多い。しかし、それらの山々は山脈の形をとっておらず、独立した山々が連続的に存在しているように見える。発生したマグマは高熱であるため、強い上昇力を伴っている。マグマ発生自体は摩擦面全体で起きるが、その後マグマは勾配天井を伝うように上昇移動する。そのため全体傾向としては、陸地の中央部分よりも押される側の海岸に近い部分に、より多くの量のマグマが溜まることになる。地表に山や谷があるように、大陸性地殻の下面にも凸凹があり、内陸部ではマグマはその凹部に溜まることになるが、海岸近くの場所では、薄めの陸地地殻がマグマの上昇力に耐え切れずに隆起し、単独の丘や山を形成し、そしてその地下にマグマ溜まりが形成される。その部分は、やがて地震などをきっかけとして地表に噴出し、火山が形成される。日本海側の独立した山々は、そのようにして形成されたと考えることができる。日本海側で地図上火山とは表示されていない山々も、その下部にはマグマをごっそり溜めていて、火山予備軍となっている可能性が極めて高い。三国山脈から奥羽山脈に至る日本海側の月山、鳥海山、田代岳、岩木山などの火山と、三国山脈以北の温泉地の分布は、考察のマグマ溜まりの位置関係と見事なまでに一致している。

3 日本列島他地域や世界に見るマグマ及び火山誕生類似例

　この火山と温泉地の分布傾向は、現在地図を確認すると、本州中部や九州を除く西部にも、規模の差はあるものの当てはまっている。

□中国・九州地方

中国地方の大山、三瓶山、青野山などの火山や、日本海側に集中している温泉地がそれである。

九州については、日本列島が約90度左回りに回転させられた時以前、鹿児島が西端に、そして筑紫が東端に存在した時期に、日本列島東西二島が合体後も、太平洋プレート圧力によって列島全体が西方に移動させられたと想定すると、同様の傾向と判断できる。当時の九州中部以西、現在の九州中部以南に火山と温泉が集中している。天孫降臨時には、既に九州地域に火山は存在したと思われる。雲仙岳や経ヶ岳など九州西部の火山は、列島回転の時期に生まれたと推定できる。

□中央高地

中央高地についても、同様の推定ができる。富士山、赤岳、蓼科山、霧ヶ峰、浅間山、烏帽子岳、榛名山、白根山、四阿山、飯縄山、黒姫山、斑尾山、焼山などの位置関係は、皆が糸魚川 ― 静岡構造線の東側にあって、南北に一つの火山圏を形成している。この位置は、日本列島東島が西進した時の西端に当たり、火山が多い九州の鹿児島付近のかつての状況と一致する。列島東島の西方移動にともなってマグマが大量に発生し、また蓄えられたと推定できる場所である。富士山を除き、赤岳以北に火山が集中しているのは、これらの地域は日本列島が北西に押し上げられた動きによっても、マグマが更に増加したためと考えることができる。なお、富士山の溶岩は、他の安山岩とは異なり玄武岩である。それは海洋性地殻の成分かもしれないので、他とは異なったメカニズムが働いた可能性もある。火山の話ではないが、北・中央・南アルプスの誕生は既述のとおり東西二島合体時であったが、次の列島押し上げ時にも南北方

向に縮まされたことが容易に推定できる。そのため山の標高が高まり、現在のように高峰が連なる形になったと考えることができる。

□マグマ発生原因二つ

　地学の授業では、「海溝場所での地殻摩擦によってマグマが発生し、火山もその延長で形成される。」と習ったが、それは正しくない。世界地図を見ても、火山の配置はそのようにはなっていない。柔らかめの海洋性地殻同士の接触では摩擦高熱は得にくいし、海溝地点の圧力を受ける側の地殻が、マグマが生じる前に圧力で砕かれ削れてしまう。マグマが発生する原因は二つありそうである。一つは、筆者の論である「陸地移動の際の大陸性地殻と海洋性地殻との摩擦が原因」とするもので、海嶺からの圧力を考慮して世界地図を眺めてみると、この例はフィリッピンやインドネシアの火山においても的中している。もう一つは、イエローストーンやトルコ、アフリカの火山例で、地球のヒビ割れに関連して、マントルなど地球内部物質の上昇に関連して生まれた火山である。

４ 二千年足らず前に山地形成された現実性

　地質学者の間では東北山地形成の時期は300万年前と認識されているが、僅か1600〜1900年前の出来事であった。それは、これほど完璧な地学的類似事件が同一場所で複数回起きるようなことは、どのようにしても考えることはできないからである。

□1600年以内の造山運動例①昭和新山

　それにしても、あれほど大規模な山地の形成が、今から僅か二千年足らずの間に起きたというようなことを、信じることはできない読者は大多数であろう。しかし、北海道の昭和新山を思い起こして

ほしい。あの山ができた原因が、太平洋プレートによる圧力と無縁であるはずがない。今から約60〜80年程前に誕生したあの山は、太平洋プレートの圧力がゼロとなる僅か50年程前に誕生したのである。約2000年も前であるならば、地球の地学的な動きは今よりずっと活発であったはずであり、しかも実際に日本列島が大きく北西方向に押し上げられたとすれば、三国や東北の山地群の形成は決して推測できないことではない。

□1600年以内の造山運動例②箱根山地

　もう一例、箱根山地を思い浮かべて欲しい。箱根山地は前節で既述のように、伊豆島が本州にぶつかり接続して半島になった時に形成された。かつては誰も信じなかったようなこの話も、今では科学的に証明され「史実」となった。この時期は、日本列島が現在の位置に定まった後なのである。そして、歴史学者からは無視され続けてきたが、「宮下文書」の記述によって、この事実は古代人によって目撃されていたことが記録されている。つまり、今から僅か1600年くらい前の頃に、あの大規模な箱根山地が形成されるほどの造山運動が起こり得たのであるから、それよりも更に前に東北山地が形成されたとしても、決して非現実的な話ではない。

島根半島や能登半島の形成
□日本海側では本州の動きにつれ静止島々との合体発生

　次に、日本海側の地形について言及したい。太平洋プレートとフィリピン海プレートとの圧力により、本州部分は大きく北西方向に動かされたものの、本州部分と大陸との間に存在した島々は、日本海溝と本州部分が太平洋プレート圧力を吸収したために、殆ど動かずにいたはずである。すると、本州部分が動くにつれ、本州部

第一章　日本列島の形成

分と島々との合体が次々と発生したことになる。このようなケースの場合は衝突力が弱いと考えられるため、接続部の形態は山地とはならず、平野部もしくは丘陵部である可能性が高い。

□本州と静止島々との合体具体例
　このように考え日本地図を俯瞰すると、島根半島や能登半島、そして男鹿半島は、高い可能性でこの時期に今の姿になったと思われる。また、津軽半島や下北半島も前者ほどの高い可能性はないものの、同じことが起きたことが推測できる。さらに、本州ではないが、九州地域の長崎周辺の地形も同様の推定が成り立つ。伝承では島が近づいてきて合体したようになっているが、実際は列島本体が島に近づいて行ったのである。

瀬戸内海と四国の形成
　さらに、瀬戸内海と四国の誕生について述べたい。四国と本州は、現在の地形から判断しても、かつては一体であったことが容易に想像できるが、いつ、どのようにして双方が分離したのかが不明であった。

1 瀬戸内海誕生の経緯
□中国地方は四国地方を引っ張り上げていた
　再び第6図の日本列島移動前後比較の地図を見て頂きたい。青森県付近と鹿児島県付近とを比較すれば、青森県の方が鹿児島県より4倍くらい長い距離を動いたことになる。これは、フィリピン海プレート変形に伴う日本列島押し上げ圧力の違いによるもので、伊豆・小笠原海溝に近い部分ほどプレート変形の度合いが強く、そこに近い東北地方が最も影響を受けた。四国への押し上げ圧力は、青

41

森県付近が受けた圧力の半分にも達していなかったが、中国地方は本州東部と日本海側を通じて繋がっていたため、四国地方部分よりも倍くらい強い北西方向移動への力が働いた。そのため、四国地方にも北西方向に押し上げられる力は働いていたものの、四国地方は中国地方に引っ張り上げてもらっている形となった。

□四国及び島々が本州より切り離されて瀬戸内海形成

やがて、「引っ張る」と「引っ張られる」の境界面である、赤穂や備前付近から広島方面に向けて、大きな亀裂が生まれ、先ず四国と淡路島が中国地方から分離され、その後淡路島は四国からも分離された。かなり後に小豆島も本州部分から分離されていった。分離されたそれぞれの陸地は、その押し上げ圧力は本州部分よりも半分以下であったため、北西に進む本州部分とは反対に、南東方向に徐々に取り残される形となり、瀬戸内海が形成されていった。亀裂が生じて陸地が南北に分断された時、陸地は綺麗には裂けず、大小

第9図　分離以前の本州・四国一体想定図

第一章　日本列島の形成

様々な断片が多数生まれた。それが瀬戸内の島々である。

② 四国分離以前の地理想定
□ 元の位置は高縄半島が広島湾、讃岐地方が山陽笹岡付近

　四国などが分離される前の本州・四国一体時の地理の想定は、現在の地形から判断して、第9図のように、四国の高縄半島が広島湾に、讃岐地方が山陽の笹岡付近に、それぞれ位置したと推定できる。広島湾と燧灘付近は空白ができてしまうが、そこには江田島や大島など、ちょうど空白を埋めるように、大小の多くの島々が存在している。この第9図と現行地図上の四国の位置の違いが、本州部分が動いた方向を示している。

□ 九州佐賀関半島と四国内海付近で繋がっていた可能性

　四国は九州とも、九州の佐賀関半島と四国の内海付近で繋がっていた可能性が高い。四国が中国地方の南東方向に取り残されていった時、四国西部地域も九州から離れていったと考えることができる。

③ 関門海峡の誕生

　中国地方と九州地方は、現在の下関市と北九州市付近を屈折点として、大きく「く」の字を描いていた。九州地方よりも中国地方の方の北西方向への移動圧力が強かったため、「く」の字の上辺部に反り返るような強い力が働き、結果として「く」の字は屈折点の所で折れてしまい、関門海峡が誕生した。

④ 卑弥呼から応神天皇までの150〜200年間に瀬戸内海誕生

　瀬戸内海と四国が生まれたこれらの動きは、卑弥呼の時代から応

神天皇の御世までの僅か150〜200年間に起きた、日本列島の南東から北西への移動の動きに際してのことであった。魏の使者が瀬戸内海を通らず、大回りをして出雲や丹波経由で奈良に至った理由も、当時はまだ瀬戸内海は存在していなかったためである。逆に、第九章第五節で語ることになるが、倭の五王が加羅から瀬戸内を通って大阪に至り河内王朝を開いた理由も、それまで存在しなかった瀬戸内海が開け、新たな海上交通路が誕生したためである。

5 紀州と伊勢が本州から分離しなかった理由

日本地図を眺めてみると、この論に従えば、四国のように分離されても不自然ではない場所が、日本列島にもう一カ所存在する。名古屋から大阪にかけての地域である。紀州と伊勢は引っ張り上げるには重い存在で、木津川辺りで本州と分離されてもおかしくなかったように思われる。この節の最後で述べることになるが、第14図に示すように、この地域はかつて島であった部分が接続した部分なので、再び離れてもおかしくないように思われるが、実際はそのようにはならなかった。この地域には鈴鹿山脈や布引山地など、日本列島東西二島合体時に形成されたと思しき南北に連なる山々が存在し、また奈良には笠置山地もある。第2図や第8図に示されたように、山がある部分は地中においても均衡を取るように出っ張っていて、地殻としては厚みを形成し、割れにくいのである。もし裂け目ができるのならば、名古屋方面から裂けるはずであるが、とりわけ鈴鹿や布引の山々がまるで「コの字形釘」を打ち込んだように、ストッパーの役割を果たしたと推定できる。その視点で中国・四国地方を再度点検してみると、これらの領域の山々は皆裂け目と並行して山地形成されており、裂け目付近に山は少なく、山があっても谷目伝いに裂けたことがわかる。本州・四国境目の領域は、地殻とし

第一章　日本列島の形成

ては南北に引き裂く力に非常に弱かったことを指摘できる。

伊豆・三浦・房総半島の形成

　日本列島の地形を眺めていて、当節で既述の部分以外の太平洋側においても不自然な形と認識できる箇所が、伊豆半島、三浦半島、房総半島の三カ所である。伊豆半島は既に触れているので、残り二カ所について言及する。

□推定しにくい東京湾の形成原因

　一見してわかることは、これらの地域は山々の存在や山並みの向きなどにおいて、隣接地域とは地形的に連続性がないということである。また、これら二地域の存在によって成り立つ南北に細長い東京湾の形成原因も、現地図上では推定しにくいことである。房総半島と三浦半島が現在位置には存在せず、ある時期に本州部分と接続して東京湾が誕生したと推定すると、以下の推論が成り立つ。

□銚子、佐原、柏、千葉というラインで房総半島接続

　これら二地域は、伊豆と同様にかつては島だったのである。日本列島が北西方向に押し上げられたとき、この二島も同様に同方向に押し上げられたのであるが、列島本州部分が大陸のプレートに向かって押し付けることができる限界点に達し、その移動の動きを停止した時、あるいは停止する間際に、そのような負荷を負わない二島は未だ動き続けていて、本州部分に追突・接続したことを推定できる。本州部分とその二島は移動方向が同じであったため、追突とは言ってもその衝突力は非常に弱く、まさに"接続"したという状況であったと考えられる。その視点で地図を点検すると、房総半島に関しては、雑駁ではあるが銚子、佐原、柏、千葉というラインで

第10図　西暦400年頃の関東太平洋岸部の想定地形

の接続が想定できる。

□房総島の接続が生んだ低湿地帯や広大な堆積平野

　利根川はその接続線に位置し、利根川下流域はかつて海の一部であったものが、堆積が進んだことにより、現在の位置まで河川として延長されたと見做すことができる。すると、霞ケ浦や北浦は、かつては海水で満たされていたことになる。これらは、房総"島"の接続により海水が半ば閉ざされ気味となり、そのことにより河川土砂の堆積と陸地化が進み、時間をかけて淡水化した可能性を考慮できる。近くにある涸沼では内陸であるのにシジミが採れるが、霞ケ浦や北浦でもシジミが採れる、あるいは過去に採れた、というような話はないのであろうか？　貝塚の分布地図から想定すると、野田

第一章　日本列島の形成

や水海道など利根川沿いのかなり奥地までもが、房総島接続以前は海であったことが推察される。千葉北西部や茨城南部の低湿地帯や広大な堆積平野は、房総島の接続によって生まれたようである。

□房総島の接続に起因する一対名称の上総と下総

　それはともかくとして、房総島が接続後は、利根川の水流で小さな途切れはあるものの、房総から足利まで山地や丘陵地帯が続き、この地形的にやや小高い部分が関東平野の東西を分けたことになり、居住の人々にとっては房総から足利まで連続して、地形的に一体感を持ったかもしれない。そのため、千葉と足利とは相当離れているのに、「上総」と「下総」というような一対の名称がつけられたと考えることもできる。

□三浦半島の接続

　三浦半島に関しても、鎌倉市を含む、江ノ島から横浜市の戸塚区、保土ヶ谷区、南区、磯子区にかけての丘陵及び低山地部分から半島までの部分は、かつて島であり、後に接続した可能性が高い。それらの部分は、一見すると多摩丘陵の延長のようにも見えるが、山ひだの向きが全く異なるということと、山地形成は通常はＬ字型にはならないという二点において、延長ではなく独立していると判断できる。なお、三浦半島に関しては、逗子から横須賀にかけて、現在は鉄道が通っている近辺での接続も、容易に推察できる。これは、半島先端部分はさらにもう一つ、別の島が接続した可能性がある。

□その他の島の接続

　上述の三つの半島に加え、さらに大隅半島においても、鹿屋付近

から志布志湾にかけての位置で、肝属"島"が九州本体に接続したと見受けられる。九州部分の北西方向への動きは本州部分と比較して小さく、また90度あまり回転しつつの動きであったため検証が容易でなく、一応疑念程度で述べさせて頂いた。

北海道の形成

　北海道は、一見してその姿が異様であり、いくつかの島々が合体してできたであろうことを、筆者は自然と想像してしまう。北海道が、いつどのようにして現在の形となり、現在位置を占めるようになったのか、その考察が列島関係では一番困難であった。とにかく古代の地図関係資料に乏しいのである。

1 北海道が今の位置に存在するのは鎌倉時代以降

　北海道の形成に関して、二つだけ確かに言えることがある。

□古地図には列島は津軽半島と下北半島まで

　一つは、北海道が今の位置に落ち着いたのは、おそらくは鎌倉時代のことであった。平安時代以前の古地図には、日本列島は津軽半島と下北半島までしか描かれていない。北海道が少しでも描かれた古代地図を、筆者は一枚も見たことがない。北海道には古代の埋蔵文化財が多く、その関連の資料館も存在する。それらは、東北以南の日本列島から出土する内容と大差はないので、本州も北海道も古い時代には同じような人々が住んでいたと思える。しかし、そのことと北海道の形成や位置関係は、別のことである。

□北海道で歴史年を確認できる最初は西暦1457年

　北海道の歴史をネットで手繰ってみると、西暦十三世紀頃からア

イヌ人が北海道での生活を始めたようである。十五世紀になると内地和人の北海道への移住が相次ぐようになり、彼らは不当な交易や収奪でアイヌ人を圧迫した。そのような背景のもと、1457年に和人蠣崎信広に対し、アイヌ人酋長のコシャマインが戦い破れたことが、北海道での歴史年を確認できる最初の事件となった。この事実を踏まえると、日本列島和人の間で北海道の存在が知られるようになったのは、概ね西暦1400年前後のことであったらしい。

□西暦二〜五世紀頃に本州近辺に北海道の存在なし

　北海道が古代も現在位置にあり、そしてアイヌ人の北海道への移住が真実十三世紀（鎌倉時代）であったとすると、筆者にとってそれはかなり不可解なことになる。先ずは、「西暦二〜五世紀頃の、日本列島が現在位置に落ち着く前の造山運動が活発であった時期に、アイヌ族はなぜ東北から北海道に避難しなかったのか？」ということである。このことと古代地図に北海道が書かれていないことを併せ考えると、北海道は当時本州近くには存在しなかったと、考えざるを得ない。

□八世紀末でも北海道は今の位置にはなかった

　時代が下がり、「八世紀末（奈良時代末）に、東北のアイヌ族は源氏によって武力制圧されたが、その時に、アイヌ族は東北とは目と鼻の先にあったはずの北海道に、なぜ逃げ込まなかったのか？」ということである。それは、西暦二〜五世紀頃と同様に、地図に北海道が描かれていない事実と併せて考えてみると、信じ難いことではあるが、八世紀末の時点でも北海道は今の位置にはなく、控えめに見ても一定程度は本土からは離れていて、当時のアイヌ族の視野に及ばなかった、あるいは遠すぎて渡航が困難であったことが

推測できる。あるいは、さすがにこの時点では北海道は本土近くまで移動して来ていたものの、本土住民はそのことを認知できずにいて、北海道は相変わらず遠い位置にあると思われていたのかもしれない。日本列島から大陸寄りに存在する陸地は、大陸から列島への色々な渡航があって認知されやすいが、太平洋側については、船を繰り出しての漁業などなかった当時は、北海道の存在に気付いた人はそのまま北海道に居つくか、あるいは北アメリカ大陸方面に流されてしまい、列島に北海道存在の情報がもたらされにくかったのかもしれない。

2 北海道と青森は海底では切断されている！

確かに言えることの二つ目は、北海道と青森は、双方の地殻は海底で一体的に繋がっているように見えるが、実は切断されているということである。それは青函トンネル工事のときに証明された。津軽海峡の深瀬の真下部分で、工事中に突然尋常でない量の海水が溢れ出し、工事は一時断念するまでに追い込まれた。後述するが、その場所は筆者がプレートの境目としている所である。

3 北海道は大小8島の集合体

北海道の地形を地図上で判断すると、次図（第11図）のように、七カ所くらいで山の向きなどの違いによる不連続性を認識できる。

　①網走、美幌、陸別、足寄、池田、豊頃
　②浜頓別、音威子府、名寄、旭川、富良野、日高、平取
　③石狩、江別、千歳、苫小牧
　④寿都、黒松内、長万部北方
　⑤北檜山、今金、長万部南方

第一章 日本列島の形成

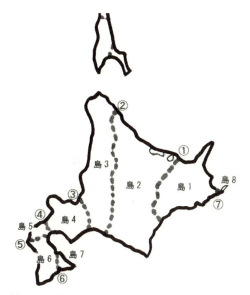

第11図　北海道の地形分析（一部樺太を含む）

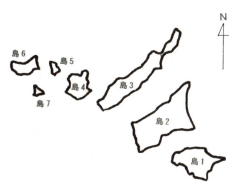

第12図　北海道を形成した島々の位置関係

51

⑥森、七飯、函館
⑦根室半島付け根

　⑥と⑦を除き、①から⑤までの主要部分の接続面の向きに着目した。それらは明確に規則性があるのである。切断面を円の半径線に見立てると、それらは①から⑤まで順番が狂うことなく、円の存在が浮かび上がるのである。そこで、九州を軸点にして日本列島が反時計回りに回転した様子を、北海道にも当てはめてみると、合理的な一つの推測が浮上した。

　第12図を参照して頂きたい。第11図で示された①から⑤の断線で形成される６島が、ハワイ諸島のように北西・南東方向に連なった形で存在し、それらが列島と同じように北西方向への押し上げ圧力を受け、島１から島６まで反時計回りに順次接続していき、さらに動きの最終段階で⑥と⑦が接続したと推測すると、現在の北海道のような姿が現出するのである。

　詳述すると、北西方向への強い押し上げ圧力が働くと、島２が受ける圧力は、島１が受けた圧力分を免れるため、島１よりも押し上げで移動する速さが遅くなる。その結果、島１が島２にぶつかり接続する形となる。このようにして、接続一体となった島１島２が島３と接続し、この動きが島６まで繰り返される。海溝のすぐ側にある島１が受ける圧力は、海溝から遠い所にある島６よりも倍以上に強く、また島１部分は、第５図に示したように、フィリピン海プレートと日本海プレート東部の北方向への変形圧力を、最も直接的に受ける位置にもあったため、結果的に、島６を軸として島１に至る部分が反時計回りに回転するような動きが生じた。島６も距離は短いながらも動くので、ちょうど日本列島が形成された時と同じような動きが、北海道形成時にも起きたことになる。

④ 主要6島合体に役割を果たした古代の千島海溝
□ 島々は一列を成すかのように海溝線の位置に並ぶ

　六つの島がまるで一列に並ぶような想定は、決して無理ではないどころか、状況分析を行うとむしろ自然なこととなる。アリューシャン列島や千島列島の例を見れば歴然としている。海溝線が形成される前段として、海洋性地殻に地殻歪みから生じる皺ができると、皺部分に膨らみが生じ、島々の移動はその膨らみ線の位置で移動を停止させられるため、かつては散らばっていた島々もやがて、まるで一列を成すかのように綺麗に並ぶ。また、海溝線の押される側に存在する島々は、海溝線の侵出移動とともに島々も移動する。

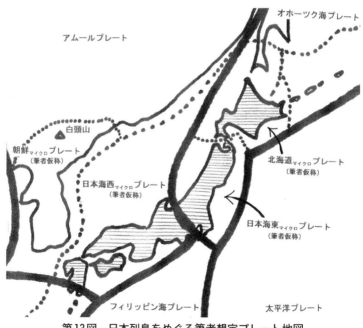

第13図　日本列島をめぐる筆者想定プレート地図

押される側で海溝線から少し離れた位置に存在した島々も、海溝線の侵出により、やがては海溝線の位置に揃って存在するようになる。

□かつて内浦湾まで延びていた千島海溝が6島を一列に！

　北海道を形成させた原因はプレートの動きであるのだが、筆者が考察した関係地域のプレート地図は、上図（第13図）のように通説とは全く異なっている。筆者の説が生まれるきっかけとなったのが、北海道南部に位置する日本海溝最上部の海溝の形であり、そこで日本海溝は東側に折れているとともに、内浦湾方向に少しばかりの"髭"を形成している。髭の先をさらに辿っていくと、苫小牧沖から津軽海峡を経て、日本海の津軽半島沖の深瀬まで繋がっていることを、飛行機のフライトナビで確認した。この線をプレート境と仮定し、かつての千島海溝が"髭"の先まで延びていたと想定すると、古代の千島海溝の存在が六つの島を綺麗に並ばせる役割を果たし、また北海道の東南方向から北西方向に向けての移動が、理論的に成立するのである。

5 稚内以北は切断されて樺太に合体

　第12図を見ると、島3の部分が妙に長細い形となっていることが奇異である。現在の稚内に当たる部分に、さらに細長い島が続いているように見える。樺太にはトゥーラ山南部に地形の不連続があり、そこから南部は、山々の地形と地質の判断から、北海道の稚内部分とかつて接続していたように考えることができる。その樺太南部は、北海道本体が北西方向に動かされていく途上で切断、分離され、最終的に樺太本体に接続したようだ。

第一章　日本列島の形成

中央構造線の形成
□中央構造線形成は日本列島が現在位置定着後の出来事

　歴史研究者が地学面に言及し過ぎている感は否めないが、もう一点だけ述べておきたい。それは九州、四国、紀伊半島を貫く中央構造線の形成に関することである。このことを述べておかないと、とりわけ四国の形成に関する説得力に欠けるためである。明確に言えることは、この構造線は日本列島が現在位置に落ち着いた後に形成された、ということである。淡路島と神戸を結ぶ断層も同じである。これらが生まれた原因を、筆者は一つだけ推定することができる。それはやはり、日本列島が北西に押し上げられた動きに付随することである。

□形成原因は列島の現在位置定着後の押し上げ残存圧力

　これまで専ら日本列島が北西に向かって移動する動きについて述べてきたが、その動きがなぜ現在地点で収束したかについても、考えねばならない。それは、フィリッピン海プレート変形圧力が及ぼした玉突き影響力が、限界に達したからである。第13図で示した日本海西プレートのバックには、ユーラシア大陸を構成する巨大プレートがあり、押すに押せない状況があった。それゆえ日本列島の動きは、日本海西プレート自らのプレート変形能力、及び大陸プレートへの押しつけ能力の限界点に達して停止したものの、フィリッピン海プレートからの押し上げ圧力は残存していた、と考えることができる。その力が、一方では伊豆島や房総島を本州に接続させ、また他方では、押し上げ圧力方向とはちょうど直角を成す方向に、海洋性地殻の皺とヒビ割れの発生を促し、それが真上の大陸性地殻にもヒビ割れや山地形成などの影響を及ぼした。それが中央構造線である。中央構造線は、九州から四国、和歌山、そして糸魚

55

川 — 静岡構造線まで繋がっている。筆者の論が正しければ、その先の東日本側についても同様の力が働いたはずであり、西側の線と繋がっているかどうかは別として、構造線あるいはそれに近い断層線が存在すると思われる。ただし東日本側は、その下部の海洋性地殻に断線が生じたとしても、中央高地という厚い地殻の存在が大陸性地殻のヒビ割れを防ぐので、西日本側のような綺麗な構造線ができるわけではないと考えられる。

近畿地方・紀伊半島と中京・両白・飛騨・木曽地方の形成

　章冒頭第1図の日本列島移動経過の紀元前1000年の箇所をご覧頂きたい。日本列島西島の東部において、二地域が分断されている。山地の形状を見ると、山並みの向きや山地の塊などの状況から、次図（第14図）及び続く第15図のように、小浜と今津を結ぶ丹波高地と野坂山地との境から、琵琶湖、宇治川、淀川の線と、今津、近江、伊吹、揖斐川・木曽川に至る切断線を描くことができる。

　この状態が本当に紀元前1000年時点であったのかどうか、定かではない。天孫族の渡来時期との関連も不確かであるが、既存資料にこの事に関する記述は皆無なので、推定で天孫族の渡来以前に、どんなに遅くとも日本列島が北西方向に押し上げられる以前に、これらは合体を済ませていたと考えられる。このように、日本列島西島からさらに二島が分かれて存在していた状態から合体したとすると、周辺陸地との比較割合から大き過ぎる琵琶湖の存在や、岐阜付近まで海であったと想定できる陸地内部に切り込み過ぎた形の伊勢湾の成り立ちを、容易に理解できる。シジミが採れる宍道湖や涸沼同様に、琵琶湖もまたシジミが採れ、そしてかつては海だったのである。また、宇治の標高は海岸線から40 kmも奥にありながら僅か

第一章　日本列島の形成

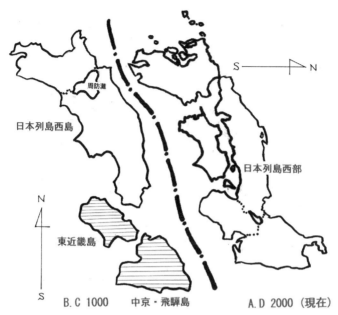

第14図　日本列島西島への接続前の東近畿島と中京・飛騨島

31ｍであり、宇治・京都から大阪平野に至る広大な地域が、かつては海か低湿地帯であったことが想定できる。

　紀伊半島の白浜、那智勝浦や本宮、十津川などで温泉が出る。日本列島の温泉配置で、有馬とこの場所での温泉存在が筆者のマグマ形成理論上の疑問点であったが、その一つの謎は、この図の想定で解ける。紀伊半島を含むこの地域がかつて大きな島であったとなれば、その島が太平洋プレートの西方圧力によって西方移動させられたときに、ある程度の山地形成が成され、押される反対側となった紀伊のこの地域にマグマが溜まったことになる。おそらくは、東近畿島（筆者仮称）はもう少し右側に傾き、白浜や那智勝浦がもっと

57

第15図　現在地図における関西三島接続線

西向きになっていたのだと推測する。ちなみに残された謎の有馬であるが、有馬は六甲山地の北側に位置している。六甲山地一帯がかつて島であり、その島が北方向に向かって日本列島西島に追突・合体したのであれば、筆者の推論どおりのマグマ形成が成されたことになるが、そのような伝承などが存在しているのであろうか？

　さらに、言及し過ぎかもしれないが、生駒山地とその下に連なる金剛山地は、笠置山地や鈴鹿山脈、布引山地と同じ方向に山地形成

されている。そのことにより、生駒・金剛両山地は日本列島東西二島合体時にできたと推定できる。海岸あるいは低湿地に面した奈良地域の存在は古いものの、防御上の価値も高い奈良盆地の誕生は西暦二世紀頃ということになり、そのことは第九章で後述する邪馬臺国の浅い歴史と符合することになる。

九州地方と日本列島西島との接続

　再び第14図を見て頂きたい。これまで沈黙してきたが、筆者は実は九州地方もかつて本州とは離れた島であったと考えている。その根拠は、周防灘の存在である。四国を本州との一体時に戻しても、周防灘と伊予灘西部の現海域は、どのように考えても陸地とはならない。国東半島の両子山火山は、かつては周防灘であった部分に火山爆発で生まれた新陸地であると考えることができるので、海域は現在よりもさらに広かったことになる。陸地の中に大きな水域がある場合、必ず何らかの明確な形成理由が存在するが、この周防灘のケースはなかなかその理由が見出せない。そこで唯一想定できることは、琵琶湖と同じような経緯で、中国地方と四国地方が一体であった頃に、列島西島と九州地方とが合体し、その際に双方の陸地の形状の関係で、陸地とはならない大きな隙間が生まれてしまった。それが周防灘である、ということである。すると接続部分は豊後水道と関門海峡ということになり、これら二カ所は四国が分離される際に切り離されたように書いたが、実はかつて接続した部分が再び離れたという可能性もある。そのように考えると、豊後水道沿いには瀬戸内海との比較で、分離の際に小分割され独立したと推定できる島数が、かなり少ないことに納得できる。

　接続の原因は太平洋プレートの西方拡大の動きに基づくプレート作用に因るもので、列島西島が九州地方に接続したものであろう。

この推論の確度は高いと考えているが、接続時期の想定がつかないので、論としては成立していない。これまでの日本列島関係の陸地の接続関係で、接続後に再度分離したケースはない。それは接続した時の圧力ベクトルが、押し押されるという関係一点に関して、列島移動の動きが終息するまで基本的に変わることがなかったためである。九州地方のように一旦接続した後に再度分離するということは、フィリピン海プレート変形に伴う一連の動きとは別の時に接続されたことを意味し、それは東近畿島や中京・飛騨島の日本列島西島への接続よりも遥かに早い時期であると考えることはできるが、それ以上の推測はできないでいる。

第四節　日本列島形成に関連する総合考察

地質学の専門家による筆者類似の日本列島誕生論

　これら日本列島の形成に関することは、あくまで筆者の推論に過ぎず、専門家による考証・検証が必要である。しかしながら、筆者の論は素人考えとも言えないことを知った。この書を初めて電子書籍で世に出した翌月の2017年6月29日に、産業技術総合研究所（茨城県つくば市）の高橋雅紀研究主幹（地質学）が、日本列島誕生にフィリピン海プレートが大きく関与したという新説を発表していた。太平洋プレートとフィリピン海プレートの動き、日本海溝の西方向への移動、関東甲信越から東北地方にかけての山地形成の可能性など、その説は筆者の論と驚くほどよく似ている。高橋氏の説はあくまで、海嶺の動きが止まってしまった後の現状分析に基づくもので、筆者のそれは、海嶺がまだ活発に活動していた頃の歴史資料に基づくという、論考の起点は異なるものの、内容の大筋は近いものである。ただ、氏の年代設定は300万年前であり、筆者の

それは僅か2000年以内という違いは、氏をはじめとする専門家たちに受け容れてはもらえないであろう。

現在の日本列島は地球膨張完全停止後の地学新時代
□ 西太平洋地域での陸地の東方移動は有り得ず

　それにしても、「日本列島はユーラシア大陸から分離して、東方の現在位置に移動した。」というような既存の説は、もう公にすべきではない。「西太平洋地域は、複数の海嶺から、世界的に稀な最高レベルの強さの海洋性地殻圧力を受けた場所である。」という認識が、まず必要である。その西方への圧力の存在と影響を考えれば、西太平洋で陸地が西方から東方に向かうことは、地学的にはほぼ有り得ないことなのである。全ての陸地移動は、先ずは海嶺線の存在と影響を考慮しなければならない。

□ 1990年代前半で膨張は完全停止し縮小に転じた地球

　また、「陸地の移動は、あったとしても年にミリかセンチほどである。」という学者の思い込みが生じた原因は、二十世紀が地球膨張の終末期にあったためである。飛鳥昭雄氏によれば、地球膨張は約4500年前に始まり、1990年代前半で完全に停止し、以後地球は縮小に転じたそうである。日本とドイツ間の距離の縮小現象を発見し、これをデータで証明したのは日本の天文台であったそうである。

□ 東日本の地殻が急速に緩みつつある

　今や海嶺の動きは完全停止し、海溝の沈み込みの動きだけが継続している。日本列島は今や太平洋側から押される動きがゼロとなり、沈み込む海溝の動きにより、逆に海溝側に引っ張られている状

態となっている。日本列島全体の地殻の緩みが急速に進みつつあるが、ここで考慮すべきは、フィリピン海プレートの変形作用が戻るということは考えにくいので、巨大な海溝である日本海溝と小笠原海溝の沈み込み継続を中心に、地球膨張停止の日本列島への影響を考慮すべきである。すると、日本海溝線近辺と"構造線"の部分が受ける影響は、とりわけ大きいと推測できる。北海道から東北そして関東に至る太平洋側部分と、日本列島東西二島の合体部分である糸魚川 — 静岡構造線近辺、さらには和歌山から四国そして九州に至る中央構造線部分は、これまで押されてきた逆モーションが働く場所となる。また、房総半島など過去は島であって日本列島に合体した接続部分も、多少の影響は受けると予測できる。これらの中でも特に、日本海溝直近の東日本の地殻が急速に緩みつつあり、日本海溝に平行してヒビ割れ発生が進んでいる。新しい断層が次々と生まれ、古い断層も更に亀裂が進んでいることが、容易に想定できる。

□ 地殻の急速な緩みが直接原因の東日本大震災

　東日本大震災（3.11東北地方太平洋沖大地震）も、このことが直接原因の地震と考えることができ、従来の地震発生のメカニズムを適用するには、その後の余震発生との関連から無理がある。一つの地震の余震としては、地震発生の地域が広過ぎる。構造線の東側の長野県の地震まで余震に含めてしまうことは困難である。これらは余震ではなく、大地震の影響を受けて数多くの新たな小地震が発生したと考える方が、理に適っている。

□ 最近の多くの地震や活発な火山活動も同原因

　近頃ニュージーランドの牧場で、突然大きな亀裂が生まれたことがニュースになったが、ニュージーランドと日本はともに海溝沿い

第一章　日本列島の形成

に存在する、地学的に非常に似通った条件にある国同士であり、日本でも目に見えない地中で同じことが起きていると考えて良い。このことを理解すれば、最近の日本列島における多くの地震や活発な火山活動に納得がいく。この状態はまだ始まったばかりである。大地震が続いているが、地震や火山の天災はまだこれからという覚悟が必要である。これらのことを悟れば、日本列島のどこにも原発など置けないことを理解できよう。

驚くほど非科学的な従来の年代測定法
□ 億年単位の年代測定法は実は考案されたもの

　執拗ではあるが、年代測定について一点だけ述べておきたい。詳しくは南山宏氏の著書『地球史を覆す「真・創世記」』を一読すれば明快であるが、地球の誕生は46億年前であるとか、地層の形成は億年から数千万年前などというのは、科学創世記の科学者の妄想である。これらは、上述の「陸地の移動は年にミリかセンチ」という現状から割り出した年数に見合う年代測定法が、"考案"され採用されたものである。たとえば、東太平洋海嶺から生まれた海洋性地殻が、マリアナ海溝に到達するまで2億年かかるとされているが、計算根拠はこの"ミリかセンチ"なのである。

□ 恐ろしいほどに信頼性に欠ける従来の年代測定法

　考案された年代測定法の代表的なものは、ウラン半減期の計算に基づく年代測定法や、カリウム / アルゴン法、鉛 / 鉛法などによる計測であり、結果数値が億年など、とてつもなく大きいことが特徴である。ところが、どれも恐ろしいほどに信頼性に欠けている測定法である。たとえばウラン / 鉛法では、測定対象に最初は鉛206が存在しなかったことが前提となっているが、測定対象の最初の状態

の真実は何人も知り得ず、もし最初にほんの少しだけでも鉛206が存在していたら、億年単位で結果が異なってしまう。この年代測定に頼ること自体が、極めて"非科学的"なことなのである。地殻の年代測定にはカリウム/アルゴン法が採用されることが多いが、この測定法は精度が低くて結果にバラツキが多く、同じ検体の測定でも1万年から1000万年というふうに差が出てしまう。

□実は常識に合う検査結果だけが採用されてきた

通常、年代測定を行うときは複数の測定法を利用し、また同一測定法であっても複数の検査機関に検査依頼を行う。多くの場合その結果は驚くほどに違いが出るが、学会の常識に最も合う結果だけが採用され、他の検査結果は信頼性を損なうため闇に葬られてしまっていることは、一般的に知られていない。

炭素14逓減法の問題点
□大気濃度の変化を想定した検査結果補正が必要

年輪法という例外を除けば、最も信頼性の高い検査法は炭素14逓減法であるが、この方法は検体に有機物がなければ使うことができない。さらに、この方法も「地球環境は不変」という前提条件で成り立っているが、たとえば琥珀に閉じ込められた太古の空気の酸素濃度が現在の1.5倍ほどであるというように、地球の大気環境も相当変化したことが科学的に証明されているので、この方法についても、検査の精度と信頼性という点に関しては常に一定の疑念がつきまとい、検査結果の評価に一定の考慮が必要とされる。たとえば、2000年前の検体について、年輪法と比較して100年くらい短い値が出てしまう。この2000年間に筆者推定で地球は5％前後膨張し、地球表面積増加の分だけ大気は薄くなったはずであるから、検

第一章　日本列島の形成

体の古さに応じて検査結果に追加の年数加算をする必要が生じる。酸素濃度に限らず大気の濃さについて、10％から50％に至るまで、現在よりも濃い場合の検査結果の補正数値を用意する必要がある。

□従来方法に代わるAMS法で検査し直すべき

　炭素14逓減法については、現在はAMS法（加速器質量分析法）という新しい検査法が確立されている。これは従来の培養を必要とする方法とは異なり、培養せずに検体から炭素14を一個単位で正確に数えることができるもので、検査精度は飛躍的に高まったそうである。従来の方法は、とても信用できるものではなかった。たとえば、西域の楼蘭で発見された少女のミイラは、最初の炭素14逓減法による検査では6440年前とされたが、再検査では3650年前と判定された。二回の検査でこれほど差が出てしまえば、二回目すら信用することはできない。中国の黄河流域の旧石器時代の遺跡関連の年代測定は、軒並み5000年前から7000年前という数値であるが、これは検査精度の低さだけが問題なのではなく、設定された年代に合う数値だけが取捨選択されてきたためと推察される。これらもAMS法で再検査を行えば、全く違う数値になってしまうと考えられる。これまで真摯な歴史学者たちは、信頼度の極めて低い従来の炭素14逓減法による検査結果数値に、いわば踊らされてきたのである。再検査が可能なものについては全数、新しい検査法で再検査することが望まれる。

新たな年代測定法によれば地球年齢は最長で200万年以内
□"陸地は簡単には動かない"という先入観

　原子力発電所の立地に関して、敷地の断層年齢判断において、「12万年前に誕生」というようなカリウム／アルゴン法での数値が

65

頻出し、TVで発言する科学者は、「その数値は疑問の余地を挟まないほどの確実な事実」とでも言うふうに、自信を持ってその数値を使っている。ところが筆者の論では、日本列島の主要な断層の誕生に関しては、近畿地方が形成されたと推測する3000年前以内、あるいはそれよりも古いかもしれないが、九州が日本列島西島に接続した時が最古なのである。地球に関して億年単位の数値が世界中の教科書で採用されてきたために、"陸地は簡単には動かない"という先入観を、世界中で一般的に持たれてしまった。

□ 既に破綻している従来の地質年代理論

　東北山地の形成は300万年前とした学者の年代推定根拠は、独自検査ではなく地層判断で成されたと推定される。地層形成時期を判断する「地質年代」とは、放射分析年代測定法を足がかりに、地球誕生から論理的に起算された年代推定であり、これは科学ではない。地球の地磁気測定や大気中のヘリウム含有量の変化を算出基礎とする新たな地球年代推定によれば、地球年齢は最長で200万年以内、最短説では僅か2万年であるそうだ。金星年齢が僅か4000年であることが連想される。また、もろもろの検査に基づく地球年齢推定は、その大半が10万〜20万年に集中している。進化論を捨て去り、旧約聖書に書かれているとおりに人類が他の天体から地球に連れて来られた、そして同時に他の生物も連れて来られたと仮定すれば、短い地球年齢も想像できないことではない。さらに、火山爆発が関係する特殊な地層の存在が暴いた矛盾露呈により、従来の地質年代理論は既に破綻している。確とした新たな地質年代理論が成立していないために、今でも従来の地質年代理論を使用しているに過ぎない。科学者としての正直・誠実のモラルを貫くために、年代測定検査を行った場合には、せめて検査結果はすべて公表すべきで

第一章　日本列島の形成

ある。

□年代設定に当たって必要な裏付け

　さらに一点だけ、地質年代から年代を割り出しているケースについて、一言だけ述べたい。「想像力を働かせて裏付けを取ってほしい」、ということである。たとえば、これは白亜紀の地層であるから7000万年前の出来事であるとした場合、現在の気候が7000万年続いた場合のかつての状態は如何様であったのか、ブレインワークで検証する必要がある。7000万年の間、雨も現在と同じように降ったのである。現在の年間降水量による土砂発生量を7000万年分積算すれば、たとえば日本列島は超高層ビルのような陸地になってしまい、7000万年説は論として成り立たなくなる。それは非常に簡単な計算であるのだが、学者たちはこれまでその種の疑問を持つことを避けてきた。別の例で、石器時代や縄文時代が1000年、2000年という長さで続いたとされるが、考える動物である人間が、それほどの長い期間進歩もせずに存在し得たかどうか、考えてみる必要がある。たとえば、放送番組で無人島に漂着して数日間生活するというものがあるが、その僅か数日間の生活でさえ、人は色々と工夫して少しでも良い状態を作り出す努力をする。日本列島への渡来民もしくは漂着民が、1000年も2000年もの間、進歩らしい進歩もなく、裸のような状態で過ごして石器を使い続けたという設定には、自ずから無理がある。

　かつて日本人は、個人はともかくも全体としては、戦争期間の想定と物資供給の裏付けなく戦争に突入し、大敗した。日本の科学で、同じようなことを繰り返してはならない。思考には演繹と帰納の二方向・二種類があり、一つの論を形成するには両方ともの作業が必要となる。筆者に言える資格があるとも思えないが、地質年代

のような既存の説や常識をただ信じるのではなく、自らの頭で検証し直すという作業を怠ってはならない。「本当だろうか」あるいは「何かが間違っているかもしれない」というふうな、自問を欠かさない姿勢が、とりわけ科学者には必要である。

第二章　世界史で棚上げされた重大出来事

第一節　世界史の原点「ノアの洪水」

実際に起きた「ノアの洪水」

　日本列島の過去の姿とともに、もう一つ確かにしておかねばならないことがある。それは「世界史の始まりはいつか」ということである。民族移動を一つひとつ当たっていくと、必ず中東に行き着く。逆に言えば、人の歴史は中東から中国、あるいはヨーロッパやアフリカに拡がっていったことは、明白である。その事実に適合する出来事が「ノアの洪水」であり、本書ではこの件について正面から取り組んでみたい。真摯な歴史研究者にとってはあまりに荒唐無稽な内容となるため、この節は飛ばし読みも可能である。

1 日本史と世界史双方から無視されている「ノアの洪水」

　筆者が子どもの頃の教科書には、「ノアの洪水」という言葉は載っていたものの、伝説のような取り扱いになっていたような記憶がある。日本史に限らず世界史においても、「ノアの洪水」は研究者たちに無視あるいは棚上げされていると言ってよい。

□発掘や痕跡などで現実味ある「ノアの洪水」話
「ノアの洪水」は、聖書という"一宗教書"が記載した単なる宗教ストーリーであったのであろうか？　それにしては、突然の洪水で死んだ母子の亡骸が発掘されたり、中国で発見された恐竜の死滅原因は洪水であることが判明したり、果ては「ノアの箱舟」の遺物自体がトルコで発見されたり、洪水にまつわる痕跡が数多く発見され

ている。また、野菜や果物のルーツを辿ると、皆とてつもない高地に行き着く。そこはどこも植物の生育には悪条件であり、理解しがたいことであるが、かつて地球は水に覆われ、水が引いていくのと一緒に高地から低地に向かって栽培が進んだと想定すると、この問題は解決される。何かの事実から針小棒大に拡大された伝説とか、捏造された宗教ストーリーのように思われてきた「ノアの洪水」話が、現実味を帯びてくる。

□無視あるいは棚上げされてきた理由

　この問題の重要性は、もし洪水話が史実であったら、それは人類の再出発を意味するから、世界古代史の総点検を迫られてしまうことにある。論説がシリアスになればなるほど、世界中の研究者たちから強い反論やら非難が浴びせられ、研究者としての命脈も断ち切られる恐れがあるので、多くの研究者が簡単にはこのテーマに触れることができなかったのである。

2 飛鳥説ではノアの洪水の大量の水は月内部から飛来
□飛鳥説 ── 未発見天体の異常接近が洪水引起し

　飛鳥昭雄氏の著述によれば、「ノアの洪水は、太陽を挟んで地球と正反対の位置にある未発見天体で、NASAの暗号名『ヤハウェ』という惑星が、約4500年前に地球に異常接近した際に、惑星ヤハウェと地球との間に挟まれてしまった月が、その際に生じた強烈な潮汐力によって完全破壊一歩手前までのダメージを受け、氷天体であった月内部の大量の水がスプラッシュされて地球に達し、その水が地球全体を被い尽くして洪水を起こしたもので、人類は箱舟に乗ったノア以下8人を除き死滅した。このとき地球もヒビ割れによる強いダメージを受け、そのとき始まった地球内部気圧の低下が原

因で、地球は体積が1.5倍になるまで膨張し、酸素濃度も洪水以前の半分位の濃度まで低下した。」とのことである。

□ 奇抜であるが否定材料もない飛鳥説

　旧約聖書には、ノアの一家が船に入ってから7日後に「天の窓が開かれた。雨が40日40夜降り続いた。」とあるが、その原因となった事件については、日にちも様子も書かれていない。飛鳥氏が述べたように、異常接近の時間がごく短時間であったとしても、地球、月そして未発見天体と一列になったと想定すると、月は地球と未発見天体との双方から潮汐力を受けたわけで、月が完全破壊一歩手前までのダメージを受けたことは十分に理解できる。二つの天体間で潮汐力が働いた場合、気体や液体などの流体は、潮汐力の弱い側から強い側に引き付けられるのかもしれない。潮汐力が働く時間がたとえ短くとも、流体が一旦一方の天体の重力圏を離れてしまえば、後は慣性で他の天体に到達する。火星の地上に川の痕跡がありながらも現在水がないのは、かつて水があった時に、火星よりも大きい他の天体に潮汐力で水が奪われてしまったことが原因かもしれない。このように考えると、飛鳥説はこの上なく奇抜であるが、否定する理由も見つからない。

③ 筆者が「ノアの箱舟」話が事実と判断した根拠
□ 事実と判断した具体的根拠

　このような壮大な話をすぐに信じることができる人々は、そうそうはいないと筆者も思うが、地球と月がともに自転しているのに月がいつも同じ姿しか地球に向けない理由や、同じく月の地球と反対側ばかりに隕石落下跡が集中していること、NASAの仕事を請け負った科学者からの月のリーク写真、NASAの軍事衛星が撮影した

天体ヤハウェの地上写真、その他のリーク情報と歴史の実際の動きとを勘案した結果、筆者はこれを事実と判断した。

□最大の根拠は「旧約聖書の記述に虚偽なし」
「ノアの箱舟」は実際に起きた出来事であった。その判断の最大の拠り所は、聖書の記述である。旧約聖書、とりわけ冒頭部分の「創世記」には、普通の人であればとても信じることができないような記述が多い。しかし、筆者の長年の研究過程において、聖書には虚偽はこれまで一つとして存在しなかったことを知った。たとえば、「アダムのあばら骨からイブが生まれた」などは、表現の問題として許容されなければならない部分もあるが、人類がたった一人もしくは二人から始まったことは、現在ではDNA分析で科学的に証明されている。旧約聖書で荒唐無稽と思われるような記述は、DNAやコンピュータなど、科学が進歩すればするほど逆にその真実性が証明されてきた。

洪水発生は紀元前2290年頃

世界史の真実を探る際に、最初に、そして最後まで悩まされるのは、「ノアの洪水はいつ起きたのか？」ということである。その設定次第で、年代表記がガラっと変わってしまうのである。聖書学者はこれを「約4500年前」とし、飛鳥氏もそれを準用しているが、筆者は約4290年前とする。その根拠を以下に示す。

第二章　世界史で棚上げされた重大出来事

1 計算根拠1　旧約聖書年齢記述

旧約聖書系図	後継を得た年齢	没年齢	誕生年	没年	地球膨張残関連指数
アダム	130歳	930歳	B.C 3946	B.C 3016	
セト	105歳	912歳	B.C 3836	B.C 2924	
エノシュ	90歳	905歳	B.C 3731	B.C 2826	
ケナン	70歳	910歳	B.C 3641	B.C 2731	
マハラエル	65歳	895歳	B.C 3571	B.C 2676	
イエシド	162歳	962歳	B.C 3506	B.C 2544	
エノク	65歳	365歳	B.C 3324	（生去）	
メトシュラ	187歳	969歳	B.C 3259	B.C 2290	
レメク	182歳	777歳	B.C 3072	B.C 2295	
ノア	500歳	950歳	B.C 2890	B.C 1940	
セム	100歳	600歳	B.C 2390	B.C 1790	0.697
アルパクシャド	35歳	438歳	B.C **2290**	B.C 1852	0.484
シェラ	30歳	433歳	B.C 2255	B.C 1822	0.477
エベル	34歳	464歳	B.C 2225	B.C 1761	0.518
ペレグ	30歳	329歳	B.C 2191	B.C 1862	0.341
レウ	32歳	239歳	B.C 2161	B.C 1922	0.222
セルグ	30歳	230歳	B.C 2129	B.C 1899	0.210
ナホル	29歳	148歳	B.C 2099	B.C 1951	0.102
テラ	70歳	205歳	B.C 2070	B.C 1865	0.176
アブラム	100歳	175歳	B.C 2000	B.C 1825	0.138
イサク	60歳	180歳	B.C 1900	B.C 1720	0.145
ヤコブ		147歳	B.C 1834	B.C 1693	0.101
レビ		137歳			
ヨセフ		110歳			
モーセ		120歳	B.C 1360	B.C 1240	0.066
ヨシュア		110歳			

※モーセの誕生年と没年は推定による

　聖書の「創世記」には、アダムからノアを経てヤコブに至るまでの系図が、子の出生時の父親の年齢と没年齢付きで記載されてい

る。それを辿っていくと、アダム出現から洪水発生までが1656年、洪水後についてはヤコブの誕生までが450年となっている。

2 計算根拠2　ヤコブのファラオ面会時の年齢が130歳

　ヤコブの12人の子の誕生時に関しては、ヤコブの年齢は全く記載されていないので、年数計算は一旦途切れるものの、模索のヒントを得ることはできた。ヤコブがエジプトのファラオに面会した時に、ファラオからヤコブの年齢を尋ねられ、130歳と答えていたからである。この時のエジプト王朝は、エジプト歴代の支配者で唯一黄色人種であったヒクソス人の第15王朝であった。なお、参考までに、ヒクソス人の王朝は、上エジプトに第16王朝がほぼ同時に存在した。

3 定かでない計算に必要な第15王朝の始まりの年

　その王朝支配期間は二通りの説がある。エジプト史の権威とも言えるマネトの説では6人の王で284年間、トリノ王名表では同じく6人の王で108年間となっている。ヒクソスの支配終了については多くの論説でB.C 1555頃になっているので、後ろをその年に固定すると、第15王朝の始まりは、マネト説では B.C 1839、トリノ王名表では B.C 1663になる。現在ではトリノ王名表の方が現実的であるという理由で主流になっている。肝心なことは、「第15王朝の始まりの年は実はよくわかっていない」ということである。

4 計算根拠3　イスラエル人のエジプト滞在期間が430年

　計算根拠とできる数字が、もう一つある。それは旧約聖書の出エジプト記に記載されている、イスラエルの人々がエジプトに住んでいた期間が430年であったと、明記されていることである。エ

第二章　世界史で棚上げされた重大出来事

ジプト脱出の年は明言されていないものの、諸資料に基づけばB.C 1280頃であり、誤差の範囲は最近の論説では広くはない。仮にB.C 1280と設定すると、ヨセフの兄弟たちが全員エジプトに揃った年は、430年前のB.C 1710だったことになる。同年にヤコブがファラオに面会したとなると、ヤコブの誕生年はB.C 1840であった。それを上の各代寿命表に当てはめると、ノアの洪水発生年はB.C 2290、そして人類の始まりはB.C 3946となる。

⑤「ノアの洪水発生年はB.C 2290」の検証

　この設定をヒクソス第15王朝に照らしてみると、第15王朝はB.C 1730頃の始まりとなり、トリノ王名表より約70年早く、またマネト説よりも約110年遅くなる。「第15王朝の支配期間はB.C 1730頃〜B.C 1555頃」という新説が生まれたことになる。筆者の想定で世界史を点検すると、セムの曾孫のエベルがB.C 2200〜2150頃に、ヘブライ人の先祖国であったエブラ王国を築いたことになり、考古学的な発見とその年代推定にさほどの矛盾はない。

⑥旧約聖書年齢記述の表の右端に示した指数の意味

　なお、旧約聖書年齢記述の表の右端に、地球膨張が進んだ度合いを示す指数を掲示した。これは、地球の表面積増加と、後述する紫外線光量増加の度合い＝寿命減少が一致するという仮定で、寿命の変化を指数で捉えたものである。ノアの洪水直後の寿命を450歳、最終的な平均寿命を70歳と設定し、寿命が減少した380歳分を基準に指数を割り出したものである。70歳という数字は、医療が進歩・普及する以前の数値を用いた。たとえばヤコブの指数は0.101であるが、寿命の変化率だけで判断すれば、地球膨張は九割方進み、膨張余力は一割ほどであると読める。数字個々についてはあく

まで目安に過ぎないが、変化のプロセスを見るのには参考になる。

人口歴史面からの「ノアの洪水」検証

「ノアの洪水は、紀元前2290年頃の出来事であった。」ということになると、その時点で人口は僅か8人だけであったことになる。「そのようなことで、多数の国家がひしめき多くの戦争が展開された世界古代史が、人間の数として成り立ち得るのか？」という疑問が、まず先に立つ。そこで聖書に述べられている系図と記述を点検してみると、以下のように十分可能であることが分かった。

□聖書記載の出産例に基づく計算では十分成立

　洪水前の平均寿命は長く、皆900歳くらいまでの寿命があった。洪水の100年前に生まれたセムは600歳まで生き、洪水後に生まれた3人までは440歳くらいにまでに寿命が縮まった。洪水後129年経って生まれたレウから3代までの寿命は230歳代であり、洪水後300年近く経って生まれたアブラハム以降は175歳、180歳、147歳と、寿命は100歳代にまで短縮した。洪水を境に人々の寿命は、時を経る毎に着実に短くなっていった。

　次図（第16図）に載っている人々は、アダムと神が指定した後継者たちである。寿命を示す棒と棒の間隔は、間隔の左側の人が後継者を得た年齢を示す。大洪水発生後はその間隔が大洪水発生前と比べて著しく短くなり、寿命が短くなっただけでなく、同時に子を持つ年齢も早くなった。そのことはつまり、大洪水を境に人間の老齢化が急速に進むようになったことを示している。

　聖書には、現在の寿命に近づいた、147歳まで生きたヤコブの妻たちの総出産数が記録されている。それによると、妻レアは33人、召使ジルパは16人、召使ラケルは14人の子を産んだ。召使との性

第二章　世界史で棚上げされた重大出来事

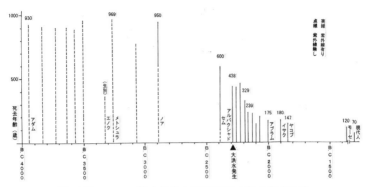

第16図　ノアの洪水発生と聖書記載人物の寿命変化

交回数は妻と比べれば少ないと想定できるので、ヤコブの当時で一人の女性は、かなり控えめに見積もっても、少なくとも平均で20人くらいの数の子を持ったと推定できる。20歳で第一子を得るとして計算すると、一組のカップルが、200年後には何と585万9370人にまで増えるのである。ノアの洪水が紀元前2290年に起き、ノアの子のセム、ハム、ヤフェトのそれぞれの妻以降の女性たちが、平均20人の子を産み続けたと仮定すると、紀元前2050年には、世界の人口は4億3945万1100人に達する。それはかなり厳しめの見積もりであり、セムは計算根拠のヤコブの時代の4倍も長生きしたのだから、実際は10億人以上には達していたであろう。「食料が追いつかない」あるいは「病死や戦死などの"死"が考慮されていない」、「不妊あるいはシングルの女性も一定程度いたはず」などという反論もあろうが、どのように厳しく算定しても1億人は下らない。人間の数という側面からの世界史は、「ノアの洪水は紀元前2290年頃」ということで、計算上は十分以上に成り立つのである。

寿命減少の原因は紫外線光量の増加

　人間の数に関する疑問は解けても、次なる疑問は「聖書に記載されている年齢は真実ではなく、大誇張あるいは歴史年数調整など何らかの意図が働いているのではないか？」ということである。現代では最長でも120歳までの寿命しか考えることができないのに、聖書での最長寿命はメトシュラの969歳である。現代人には、とてもこのような長寿は想定すらできない。しかし、実はここに世界史の大きな謎を解く鍵があったのである。

1 洪水後に初めて太陽光線が地上照射

　洪水を境に人の寿命が劇的に減少した理由は、飛鳥昭雄氏が指摘するように、太陽光線と人との関係にある。聖書には、「ノアの生涯の第六百年、第二の月の十七日、この日、大いなる深淵の源がことごとく裂け、天の窓が開かれた。」とある。「深淵が裂ける」とは、後に海嶺となる地球のヒビ割れが発生したことを指し、「天の窓が開かれる」とは、それまで地球を覆っていた厚い大気の層に、大きな裂け目ができたことを意味する。地球も洪水前までは、木星や土星あるいは金星のように、惑星外部からは地上が見えない厚い大気層に覆われていて、赤外線など一部の光線種類を除き、太陽光の地上照射が、それらの大気で遮られていたことを意味する。それは、聖書の中に書かれている、「わたしが地の上に雲を湧き起こらせ」と「わたしは雲の中にわたしの虹を置く」という、洪水後の神の言葉によっても裏付けられる。洪水前までは地上に太陽光が射さなかったので、雲も虹も存在しなかったのである。月からスプラッシュされた大量の水が、潮汐作用により7日間かけて地球に到達した時、地球の厚い大気層に大きな裂け目ができた。その裂け目を通して太陽光線が初めて地上に届き、空気の対流が起きて大気層大気

の撹拌が始まり、そして雲が生まれたのである。

② 紫外線光量は地球膨張による地球表面積増加に比例
□人々が浴びた紫外線光量に寿命が反比例

　太陽光線が地上に届いたことにより、人間を含む地上生物に決定的な変化を与えた。太陽光線の中の紫外線が生物の細胞を破壊し、老化を促し、生物を短命化させたのである。洪水を挟んでの人々の寿命の劇的な減少は、洪水後の人々が初めて紫外線を受け始めたことによるのであり、聖書の信じがたい長寿の記述は嘘偽りではなかったのである。人の寿命が一度にではなく徐々に減少していった原因は、おそらくは、地球上の大気が地球膨張とともに徐々に薄くなっていったことと関係し、その時々の地上に降った紫外線光量に寿命が反比例したと推測できる。

□当初100年で寿命が半縮するほど急激な地球膨張

　地球膨張は、確かに起きていた。聖書には、洪水時に水が引けていく様子がしっかりと書かれている。「天からの雨は降り止み、水は地上から引いて行った。百五十日の後には水が減って、第七の月の十七日に箱舟はアララト山の上に止まった。水はますます減って第十の月になり、第十の月の一日には山々の頂が現れた。（中略）ノアが六百一歳のとき（洪水の翌年）、最初の月の一日に、地上の水は乾いた。」と書かれているが、ここで着目すべきことは、水は蒸発して減っていったのではないということである。水は蒸発をすれば、必ず雨として再び地上に戻って来てしまう。水が減った理由は、地球が膨張して地球の表面積が増えていったことによる。それ以外の理由は立たない。しかも、山の頂が現れてから地上の水が乾くまで、僅か三カ月しか経っていない。これは地球膨張の動きが、

当初はそれほど急激であったことを示している。そのことは、寿命縮小の変化にも現れている。洪水の年に生まれたアルバクシャドから、65年後に生まれたエベルまでの三人の寿命は、いきなり洪水前の半分になっている。さらにその後100年程度の間に、寿命は洪水前の四分の一になっている。紫外線光量の増加と寿命の縮小が、医学的検証もなく"反比例"しているなどと容易くは言えないが、かなりの一致を見ていることは確かである。このことも当初の激しい地球膨張の傍証となっている。

□大気内酸素量の減少が生物に与えた影響

　第一章で既述のように、太古の遺物として発見される琥珀に閉じ込められた酸素量は、現在の1.5倍ほど濃かったことが分かっている。それは、かつて地球の大気は1.5倍濃く、確実に起きた地球膨張が大気を薄めたと考えれば、地球膨張の規模は地球表面積で1.5倍増えるほどであったことが察せられる。1.5分の1、つまり三分の二ほどに減少した大気中の酸素量は、上述の人間の寿命縮小に影響を与えなかったのであろうか？　この点に関しては、筆者には不明である。筆者はネパールの高地を訪れたことが度々あった。高度3,000mで大気中酸素量は半分となるが、そこで暮らしている老齢者も見かけていることから、実体験では酸素量の減少と人間の寿命との関係は見出せない。南米ペルーのクスコやボリビアのラパスなどは3,000m以上の高地に位置しているが、そこの住民の寿命が短いというような話は聞いたことがない。このように、酸素量の変化と寿命との関係は不明であるが、高地に住んでいる人々の体格は、印象としては小さめかもしれない。

第二章　世界史で棚上げされた重大出来事

地球膨張の動きとともに形成された世界の地理・地形
□ 地球膨張時のプレート誕生と移動により陸地が移動

　地球膨張の動きで把握すべきことは、人間の寿命の変化だけではない。世界の地理・地形も、この膨張とともに形成されていったことが、世界史を探求するうえでこの上なく重要である。地球膨張の動きにより、まず一枚であった地球表皮の地殻が断片に切り刻まれ、多くのプレートが誕生し、それぞれのプレートは地球のヒビ割れ部分から生じる拡張圧力を受けた。ヒビ割れの形は真っ直ぐではなく曲がりもあったため拡張圧力の方向は複雑化し、そのためプレートは様々な方向に動かされ、プレート上の陸地も一緒に動き、現在の大陸地図ができた。

□ 紀元前2000年頃には八割方達成された地球膨張

　人の寿命は、洪水後100年で以前の半分、次の100年で四分の一にまで縮んでいる。この変化は地球膨張の変化と一致すると考えれば、地球の膨張についても、最初の200年間で膨張総量の四分の三を達成したと考えることができる。つまり、さらに100年後の紀元前2000年頃には、地球膨張の動きは八割方達成され、大陸配置の大方が定まっていたと考えることができる。逆に言えば、紀元前2000年以前については、たとえばインド大陸はユーラシア大陸に繋がっていないのであるから、インド史は島民時代を除けば、紀元前2000年が最古ということになるのである。大陸配置が大方定まった後、約4000年の期間を経て、1990年代の前半に膨張の動きは完全に終息した。

真近い「ノアの洪水」話が真実となる日

　以上の論説は、単なる筆者の妄想に留まらず、歴史的事実であっ

たことが証明される日が遠からずやって来ると、筆者は以下のような理由で考えている。

1 「ノアの箱舟」実物の遺跡存在の極秘が解ける

それは先ずは、トルコのアララト山中において、第二次世界大戦直後の1948年に起きた大地震による崩落によって、極秘にされてはいるが、「ノアの箱舟」実物の遺跡が発見されているそうである。その遺跡は、たとえ今は極秘であっても、いずれ世界中の人々の目に晒されるときが来よう。最新科学による検証によって、世界中の人々がお伽話であると思っているノアの箱舟の話が事実であったことを、皆が知る時がきっと来ると、筆者は想像している。

2 "壊れかかった月"の実態が知れ水の行方が問題となる

次に、中国の月探査への参加である。参加の目的は領土欲とレアメタルの獲得であり、決して科学的な興味などではなかろうが、アメリカの干渉が及びにくい国の月探査への参加により、"壊れかかった月"の実態が、世界中に知られる日が来る可能性が高まると思われる。月の実態が映像で知られれば、月内部の水がどこに消えたのかが問題になり、「ノアの洪水」話が現実の事として捉えられる日が来よう。

3 惑星ヤハウェの実在が確認される

もう一つ、世界の真の歴史が明らかになる日が来る可能性がある。それは惑星ヤハウェ実在の確認、あるいは出現である。近頃、月だけでなく、火星への興味も世界中で増してきた。様々な事実を隠蔽してきたNASAは、先手を打って火星の探査をリードしているが、既に参加したEUに限らず、いずれいくつもの国が参加する

ことになるだろう。地球から火星に探査機が到着する前に、太陽の裏側の惑星ヤハウェが見えてしまうのである。さらに、別の問題もある。地球とヤハウェでは公転速度に若干の違いがあり、飛鳥昭雄氏が著書で発表したその数値で筆者が計算すると、惑星ヤハウェは既に地球から視認できる位置にあるのである。現在は太陽コロナが邪魔をして地球からは見えないようだが、それも時間の問題である。この惑星ヤハウェの実在が確認されたとき、それまでの宇宙形成理論が根本から覆されて大点検を迫られると同時に、惑星ヤハウェが地球に異常接近した可能性が浮上し、「ノアの洪水」についても、史実として真剣に取り上げられることとなろう。

第二節　地球小回転

地球小回転に言及する理由

「ノアの洪水」ほどではないにしても、世界史を論ずるうえで欠かせない出来事が、「紀元前701年に起きた地球小回転」である。このように述べても、殆どの読者にはピンと来ない話であろう。それは、直接影響を受けた場所が、現在のインド、西域、中国西部、カザフスタン、中央ロシア、北・南アメリカ大陸といったところで、世界史のメジャーパートから外れた地域ばかりであったため、これまで世界史での歴史記述に乏しく、殆ど注目を浴びてこなかったためである。インド史は古いが、インド研究史は恐ろしく浅く、インドからこの問題が提議されることはなかった。

□地球回転とは何か？

　地球回転とは、何らかの力が働いて地球が物理的に異常回転させられることである。通常惑星群は、恒星である太陽を中心に、円

板のような平たい面の上に存在している。これを黄道面と言う。それぞれの惑星は、通常はこの黄道面に対して垂直方向の回転軸を持ち、自ら回転しつつ太陽の周りを回転している。自らの一回転が一日であり、太陽に向けての一回転が一年である。なお、太陽系に関しては、殆どの惑星の地軸は大なり小なり傾いている。これは、太陽系全体に天体接近などの異常事態が過去に起きていたことを物語っている。

　現在の地球は、垂直方向から23.27度傾斜した地軸を持っている。地球回転前は、カナダのハドソン湾が地球の最上部に位置し、そこがN極となって地球は自転していた。そこに紀元前701年の地球小回転によって地球全周の八分の一程度の回転がかかり、自転軸は十六分の一程度ずれて現在の自転状態になった。地軸を中心とした地球の回転は、比重の重い地球中心部の回転でもある。地球小回転

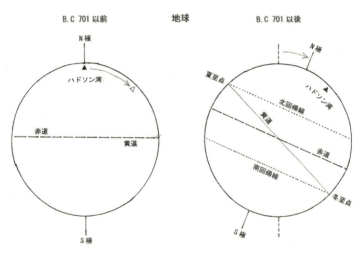

第17図　地球小回転前後比較

で地軸の移動が地球表面の移動距離の半分程度しかなかった理由は、地球全体が固体ではないためである。地球の中心部は最も比重の重い流体であり、地球表面に向けて少しずつ固体に近づく状態になっている。固体である地球の表面部分が回転しても、その回転力は流体の中心部までそのままには伝わらず、地球表面の陸地部分と地球のコア部分との間に回転のズレが生じ、それが地表の回転移動距離と自転軸の移動距離との不一致を生じさせたのである。

□小回転ではあるが人類に与えた影響は甚大

　たった地球全周の八分の一程度の地球の回転であるが、この出来事が人類に与えた影響は甚大であった。地球全体の気候に影響を与えただけでなく、暦が変わり、また人が死滅に近いような状態になって人口空白地域ができたのである。インド史や南北アメリカ史だけでなく、世界中の牧畜や農業従事民族にも深刻な影響を与えた事件であったので、世界史研究者が知るべき必須事項と考え、「ノアの洪水」の次に言及することとした。

金星の地球傍ら通り抜けにより地球小回転が発生
□地球小回転自体は学術的に認められた事実

　旧約聖書の列王記の中に、ダビデ王朝第十四代ヒゼキヤ王の主ヤハウェへの命乞い嘆願のくだりがある。彼が主ヤハウェの助命許可預言を聞いた際に、彼は即座に信ずることができなかったのか、預言者イザヤを通じて証しとなる"徴（しるし）"を求めた。イザヤは預言で日影が10度進むか戻るとヒゼキヤ王に告げると、王は「10度進むことは容易い。むしろ10度戻して欲しい。」とイザヤに告げ、イザヤがそのとおり祈ると、「主は、アワズの日時計に落ちた影を10度戻された。」ということが、実際に起きた。

エルサレムで日影が10度戻るように地球儀をいじくりまわしてみると、インド東部と南北アメリカ大陸を結ぶ線で、地球が全周の八分の一くらい回転したことに気付いた。それまでの北極はカナダのハドソン湾の下部辺りであったことが分かる。北極の位置は以前はハドソン湾にあったことについて、筆者は40年以上も前に科学雑誌記事を読んだ記憶があった。そのことは学術的にも証明されているが、正確にいつ、あるいは何故起きたのかということについては不明で、これまで色々な説があった。アワズの日時計のことは事実であろうことを薄ぼんやり考えているときに、飛鳥昭雄氏の著書に出会い、細部を知ることとなった。

□金星の異常接近が地球小回転の原因
　1950年と翌51年のアメリカでのベストセラーであった、イマヌエル・ヴェリコフスキー著書の『衝突する宇宙』によれば、紀元前2000年頃に、木星の大火山の大爆発で金星が生まれていた。それは古代マヤ人の天体観測によっても裏付けられる。金星の表面温度は現在数百度であることが分かっている。数百度と言えば、火の玉に等しい。そのことからしても、金星は誕生間近い惑星であることがわかる。その金星が地球の傍を通り抜けたことにより生じた強力な潮汐力（星が互いに引き合う力）が原因で、地球は自転方向とは90度前後異なる向きでの急激な回転と停止を余儀なくされた。ヴェリコフスキーが言うように、金星が木星の大火山から生まれて現在位置に定着したのであれば、金星は黄道面を移動して地球の公道線を横切る形になる。双方の惑星は一つのお皿の上に乗って太陽の周りを回転しているようなものなので、片方がもう片方の進路をゆっくりと横切れば、異常接近が発生する確率は非常に高い。地球異常回転の回転軸は、現在の日付変更線と赤道との交差地点と、ア

フリカのガーナ南方の黄道と赤道の交差地点を結ぶ軸線辺りとなり、その軸から最も遠い、地球の円周が最も長い部分、そこに存在したのが、次の第18図で示したインド東部や中国山間部、そして北アメリカ大陸東部と南アメリカ大陸西端部だった。

□急激回転該当地域では住人の大半が死傷

　この地域の地上にあったものは、遠心力で回転の反対方向に振られ、次の瞬間に回転方向に叩きつけられた。屋外にいた者、とりわけ山間部にいた者などの多くは死を免れなかったと推測できるし、屋内にいた者も多くは負傷したであろう。該当地域の人口の大半が一斉に、死ぬか怪我を負ったのである。埋葬や傷の手当てなど、とても追いつかなかったであろう。その後起きることは疫病の発生や食糧不足であり、さらに多くの人々が死を迎えたことを、容易に推測できる。中米などでは、大きな文明が理由も分からず終焉して遺

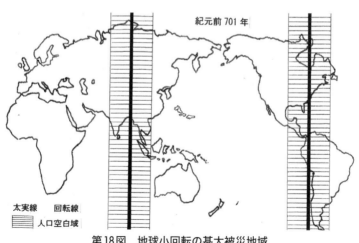

第18図　地球小回転の甚大被災地域

跡がジャングルの下に埋もれているが、これらの災禍が原因であった可能性を探ってみるべきである。

□イスラエル十部族が人口空白域に進出

このことにより、一時的な人口空白域が第18図のようにベルト状で発生した。インド、西域、中国西部、カザフスタン東部、モンゴル西部、中央ロシアなどは、人口ゼロとは言わないまでも人口は減少し、国としての機能を保つことができないほどに、既往民族や部族の力は弱体化した。そこに入り込んで来たというか、入り込めたのが、後述のイスラエル十部族である。たとえば中央アジアの地域は、中国北方の埋蔵文化財の分析においても、コーカソイドと呼ばれる白人種の民族が、かつて多く存在していたことが確認されている。この出来事を境に、中央アジアの住民は白人中心から黄色人種中心に、入れ替わったのである。

遠い過去の出来事にあらず ── 今でも食せるマンモスの肉

地球小回転が起きた証拠が、北極海沿いのシベリアに多数存在する。マンモスやサーベルタイガーの骨が、木片などの無数の残骸とともに発見されている。肉体の損傷を免れた僅かの生き物も、北海道くらいの緯度から突然北極の冷凍庫に入れられてしまったため、極寒の寒さのため呼吸器系を侵され、ほぼ即死に近い状態で突然死し、冷凍保存された。良い状態で発見されたマンモスのペニスが勃起したままで死んでいることが、このことを科学的に証明している。マンモスの絶滅は、何万年前の氷河期というような古い話ではなくて、今から僅か2700年程前（紀元前701年）の出来事だったのである。気の遠くなるような遠い過去の話ではない、それゆえに現在でも発掘されたマンモスの肉を、ステーキとして食べることがで

きるのである。

一年360日から365日へ ── 全世界で一斉の暦の改定

　もう一つ、この地球の大異変について、人類が残した明白な証拠がある。それが全世界で一斉に発生した暦の改定である。小回転以前の暦は、一年360日、一カ月30日で一年は十二カ月、月の初日（１日）は新月そして中日（15日）は満月であり、太陽と月の運行の関係は暦では見事なまでに一致し、整然として分かりやすいものであった。それが、地球に外部からの力が作用したことにより、地球の公転速度が５日ほど遅くなってしまい、一年は365日となり、新月と満月の月の暦との関係も崩れてしまった。そのため、暦の改定に伴い、世界中で"暦の変化を呪う言葉"が残されている。世界の歴史学者はこれまで、紀元前701年の時点で暦がなぜ突然変わったのか、その理由の想定がつかなかったため、この事実や言い伝えを無視あるいは棚上げにしてきてしまった。

春夏秋冬の四季は地球小回転以後に始まった！
□牧畜業への影響 ── 牧草がなくなってしまう「冬」
「地球小回転」を検証してみると、大変なことに気付かされた。それ以前は、赤道と黄道がほぼ一致していたことになる。ということは、「地球に四季が始まったのは、この時（約2700年前）から。」ということになる。以前は住んでいる地域の気候は、「暑い所は暑い、寒い所は寒い。」というように一定であったものが、以後は年内における寒暖の変化が生まれ、より重要で着目すべき点は、多くの牧畜民が、牧草がなくなってしまう「冬」の時期を迎えるようになったことである。このことにより、北半球の多くの民族が、北から南への移動を迫られた。北欧に居住したケルト人は、南下を始め

た。また黒海やカスピ海周辺に居住したアーリア人も南下し、居住地近くのイランや、地球小回転による大災害後の空白地インドの地に移り住み着いたとされる。

□農業への影響 ── 保存食重視の農業に切り換え

　牧畜だけでなく、農業関係も大きな影響を受けた。小回転前までは一年中安定して採れていた作物も、葉野菜さえ得ることができない冬の時期を迎えるようになったのである。この小回転を境に、一斉に保存食重視の農業に切り換えられたと推測する。たとえば、ヨーロッパのジャガイモである。ヨーロッパがガリアと呼ばれた時期が、この紀元前七世紀前後まで遡るのかどうかは定かではないが、狩猟民族であったガリア人でさえ、獲物の少ない冬の保存食として、ジャガイモ栽培を始めたはずである。中国北部方面の農耕民は栗栽培が盛んであったが、それは単に当時平地が不足していただけでなく、紀元前701年を境に保存食としての栗の重要性が極めて高まった事情も、きっと背景にあったはずである。

毎日見られた中米ピラミッドの階段日陰の蛇の姿

　赤道と黄道の一致ということで気づくことが、もう一点ある。中米のピラミッドの階段の日陰が、現在では年に２回だけ、春分の日と秋分の日だけ蛇の姿になる。それは、この地球小回転以後のことで、それ以前はほぼ毎日見ることができた光景であったことになる。僅か年２回だけしか見ることができないのであれば、春分と秋分の日だけに姿を見せる特別な意義を探し当てねばならないが、毎日見ることができたのであれば、階段をそのように造った動機は、「蛇と彼らの神が密接な関係を持っている。」ことを示すことにあり、それ以外の特別な意味を求めることは必要なくなる。

第二章　世界史で棚上げされた重大出来事

　このことでもう一つ考えるべきことは、このピラミッドは紀元前701年よりも前に建てられていたことである。ピラミッドの建築技術がエジプトのそれと一緒であり、しかも建築時期が紀元前701年よりも前ということは、建て主はエジプトピラミッドの建築者であったヘブライ人で、紀元前965年以降にタルシシュ船団で米大陸に渡った人々に、自ずと限られてしまうのである。

　さらにもう一点、重要な事がある。このピラミッドを造った人々は、理由不明で消滅してしまった。地球小回転の影響はこの地域を直撃しているので、地球小回転こそが彼らの消滅原因であったと、推定することができるのである。

第三章　世界の中の日本民族

第一節　日本人渡来に関する常識と盲点

天孫降臨が印象付ける日本人のルーツ
1 多くの日本人が密かに思う「先祖は朝鮮半島からの渡来」

　日本人は日本史を学ぶとき、必ず「天孫降臨」を教えられる。「天孫」とは「神アマテラスの孫」という意味で、ニニギを筆頭とする天皇家の一族を指している。"降臨"であるから、少なくとも日本人もしくは天皇家は日本以外の地から来たことは間違いないと、日本人なら誰しもが思うのだが、それ以上の追及はない。そして多くの日本人が言葉には出さないが思うことは、「たぶん、朝鮮半島からの渡来であろう」ということである。それは単に地理的に近いとか、両民族の外見が似ているというだけでなく、日本史において陶器や製鉄、仏具などの高度な技術がしばしば朝鮮半島から伝わって来ているし、朝鮮半島からの渡来も実際多かったからである。

2 朝鮮半島からの渡来思考は島国文化コンプレックスが原因

　日本人が天皇家の祖先は朝鮮半島からの降臨・渡来と考える決定的な理由は、文化コンプレックスに因るものである。「日本人の祖先は穴倉生活を送るような原始的な生活からスタートし、大陸からの影響を得て徐々に文化的に成熟してきた。」ということを、学校で徹底的に教え込まれるためである。そのため日本人の多くは、こと古代史に関しては、「大陸の高度な文化、石器時代に始まる低い島国日本の文化」というような先入観を持たされている。日本人に

第三章　世界の中の日本民族

とって、朝鮮半島は"大陸の一部"なのである。

日本人は大陸から渡来した民族の集合体
1 考古学に頼り過ぎない歴史解明が必要

　日本古代史は混迷を重ねてきた。その大きな理由の一つは、考古学に比重が掛かり過ぎた歴史解明である。「日本の太古はそれこそ何もない石器時代から始まり、日本人は生活道具の進歩や生産力の向上により徐々に発展し、現在に至った」という考古学ストーリーに対して、歴史学では異なる史筋立てを用意できなかった。考古学は一瞬の時間を切り取る写真に似ている。写真は決して嘘はつかないが、それは動画ではないので、写真に頼りすぎると全体を見誤ってしまう。また、考古学は帰納法である。少ない断片を寄せ集めて、まるでジグソーパズルのように仮想の全体像を模索していく。帰納法は演繹法と対である。考古学成果に歴史学の演繹的アプローチがうまく絡まってこそ、双方に真実は見えてくる。歴史学研究者はもっと積極的に仮説なりを述べるべきである。

2 文化レベルの異なる夥しい数の民族渡来の末の単一民俗化

　日本に限らず一般的に島国というのは、大陸から締め出された夥しい数の民族・部族・集団の受け皿、という側面が強い。魏志倭人伝においても、「九州地域で、雑多な民族が、衣類などそれぞれの出身地の文化様式をもって、部族単位に生活していた。」と述べられているし、邪馬臺国の首都の様子については、その高い文化に驚嘆さえしている。日本列島に漂着した民族の文化度は格差まちまちであり、石器はともかくも、縄文、弥生時代は途中から同時進行していた。アポロ飛行船が月に着陸した時、地球上にはほとんど裸で原始的な生活を送る首狩族も同時存在していた。それと同様に、天

孫族の文化の粋を極めた宮殿がある一方、「土蜘蛛」と呼ばれた穴居住民族も、宮殿から遠からぬ場所で起居していた。石器を主体的に使うような原始的な生活を送った種族も確かに存在したのであろうが、現在の日本人の絶対数に与えた影響は極めて少ない。古代のいつの時期であっても、裸一貫のような状態で日本列島に漂着すれば、漂着民の文化レベルが如何様であっても、石器も使わざるを得なかったはずである。生活道具で時代を区切るのではなく、列島渡来時の事情をより考慮すべきであろう。様々なルートを経て、非常に数多くの文化レベルの異なる民族が、それぞれの文化を携えて日本列島各地に渡来し、最初の生活事情はそれぞれ異なったものの、島国の中で長い時間をかけて"単一民族化"した、それが日本人である。

③ 数多い日本の方言存在は多民族渡来の裏付け

それには証拠がある。50前後に及ぶ日本の方言である。方言というのは、一つの言葉が時間の経過をもって変化・分化するものもあるが、そのような例はむしろ少なく、多くの場合は、異なる言語の持ち主が一つの言語を共有するとき、発声法の違いや持ち寄った語彙の違いなどにより方言が生まれる。タイ人の英語と日本人の英語とでは、同じ英語なのに、音としては全く異なって聞こえるのと同じである。方言の数が多いこと自体が、多民族で構成されていることの裏付けとなる。

第三章　世界の中の日本民族

第二節　日本人はグローバル人種

世界各地に存在する日本人遺伝子 ── 血液型遺伝子が示す民族移動
1 日本民族は大変グローバルな人種であった！

　日本は島国であり、黄色人種としての容貌はともかくも、文化的には日本人は他国とは際立つ質の高さと個性を持つ"単一民族"であると、多くの日本人が思っている。ところが、実はそうではなかった。事実は真逆で、日本人と同じ遺伝子を持つ民族は世界各地に存在し、日本人が属する民族ほどグローバルな人種は珍しく、その拡がりと混血を含む民族浸透という視点においては、過去の大英帝国以上であった。

2 民族移動の歴史解明に必要不可欠な血液遺伝子分析

　日本という国は民族寄せ集まりの国であるが、それら民族の移動の歴史を解明するために、必要不可欠の著書が一冊ある。それは、松本秀雄氏が著した『日本人は何処から来たか』である。初版は1992年に出ているので、現時点で既に27年が経過しているが、この本が日本を含むアジアの古代史解明に与えた影響は極めて大きいと、筆者は考えている。松本氏は血液免疫抗体の中のGm型抗体に着目し、その型によって、白人、黒人、黄色人種はもとより、各民族の種別や、遺伝子構造の変化プロセスに基づく民族移動の経過までも、判定した。

3 考察前提として認識必要な注意点

　松本氏の著書は、DNA検査の普及初期のさらに初期段階で出されているので、世界レベルで検査結果を比較し物事を考察するためには、マクロ的には有効であるが、ミクロレベルでは何と言っても

第19図　黄色人種の血液型 Gm 遺伝子の世界分布

サンプル数が不十分であったことを、あらかじめ考慮しておかねばならない。また、図はあくまで現時点での民族分布に基づいての分析が示されているものであるが、民族移動がこぞって成された場合は図には示され得ないということを、認識しておく必要がある。これらの点を踏まえて、以下に考察する。

④ 世界各地に散在する日本人と同じ血液タイプ

　松本氏の著書内容を、筆者なりにアレンジした上図（第19図）をご覧頂きたい。タイプＡという記号が、日本列島のみならず、中央アジアやアメリカ大陸にまでも存在するということを、まず認識して頂きたい。それは、日本人の感覚としては「日本人は島国の単一民族」であるが、血を科学的に分析すれば、日本人はかなりグローバルな民族であることを、知って頂きたいのである。同じ血液

タイプが世界各地に分散して見られるということは、遠い過去であるギリシアやローマ、また近代史におけるイギリス、フランス、スペインやポルトガルなど、世界史で史実として行跡を知られている民族移動に、共通に見られる現象である。その中に、このタイプＡは含まれていない。

5 **一つ存在する未解明の大規模民族移動**

大規模な民族移動が過去に確実に起きていて、しかもその内容が解明されていない民族移動が一つ存在する。それが古代ヘブライ人の民族移動である。

ヘブライ人とは誰か？

日本語では「ヘブライ」であるが、英語では「ヒーブル」と発音し、言語によっては「ヘブル」や「ヘブリュー」、「エブル」であったりする。旧約聖書の創世記のセムの系図で、セムの末子のテラの子として登場するアブラム、後にアブラハムと呼ばれた人の子孫の総称がヘブライである。アブラハムには二人の子があった。直系はイスラエル人、傍系はアラブ人の祖となったため、ヘブライには広義では二つの民族系統が含まれるが、狭義ではイスラエル人だけを指すことが多い。以後、本書での「ヘブライ」は、狭義で使用する。

第四章　古代ヘブライ人の歴史

第一節　古代ヘブライ人とその祖先の歴史

アダムからソロモンまで

　未解明の大規模民族移動を行った古代ヘブライ人とはどういう民族であったのか、そのことを把握しておきたい。先ずは、アダムに始まる旧約聖書に書かれている人類の歴史を含めて、確認していきたい。

□ B.C 3946年頃

　創世記2-15「主なる神は人を連れて来て、エデンの園に住まわせ、人がそこを耕し、守るようにされた。」。

　人類最初の人であるアダムは、聖書によれば神様から"連れて来られた"のである。決して微生物から菌、虫、動物、人間というように、地球上で進化して人間アダムに至ったわけではない。人間と動物が生物構造上一致していることから考えて、聖書には書かれていないが、連れてこられたのは人間だけでなく動物も、そしておそらくは植物も、アダムに同伴されてきたと推測できる。ノアの箱舟で行われた動物つがいの同伴が、アダムが連れて来られた時にも宇宙レベルで起きていたと、筆者は考えている。宇宙はプラズマでできており、プラズマ作用の一つが瞬間移動である。この作用の科学的解明が進めば、アダムを含む地球の生命体全体が一つの星から地球へ瞬間移動で到達した可能性を、きっと導き出せることであろう。

　アダム以降ノアまでの系譜については、第二章第一節の「ノアの

洪水」で記載したとおりである。

□ B.C 2290年頃

　ノアの箱舟がアララト山中に漂着し、家族は現アルメニアのタガーマ州のハラン（タカガマハラ）に一旦落ち着く。ノアには三つ子の息子セム、ヤフェト、ハムがおり、それぞれが黄色人種、白人種、黒人種の元となった。洪水の水が引いた後、セム夫婦（黄色人種）は、ハランから川を下って現シリアのアレッポ近辺に住み着き、彼らの子たちは、シリア北部、イラク中・西部、イラン全域、シリア南部の旧カナン地域など、主にメソポタミア外縁に住み着いた。セムはノアの後継であったため、第二章第一節で記載のアルバクシャド以下の系図は、同時にセムの直系系図となっている。ちなみに、ヤフェト夫婦（白人種）は、ハラン北方のカスピ海や黒海方面に去り、彼らの子たちはウクライナやロシア南部、ヨーロッパ東部、地中海東岸地域に住んだ。またハム夫婦（黒人種）がどこに住み着いたかの記録は聖書にはないが、その子たちは現エジプト、スーダン、エチオピア、シナイ半島南部、メソポタミア、パレスティナ（別名カナン）に住んだ。

□ B.C 2190年頃

　セムの曾孫のエベルは、現シリアのアレッポ南西部にエブラ王国を築き、商業で栄えた。その後アッカドに支配されるが、B.C 1950年頃までエブラは都市として存続する。エブラ王国はやがてヘブライ人の始祖アブラハムを輩出した。アブラハムはカナン地域に移住し、そこで一子イサクを神に捧げるという神の試練を乗り越え、神の祝福と子孫繁栄を約束された。

　イサクの子のヤコブは天使と夜通し格闘して負けなかったので、

「神と人と戦って勝った」という意味合いの「イスラエル」という呼び名を神から得た。ヤコブには二人の妻があり、妻レアにはルベン、シメオン、レビ、ユダ、イサカル、ゼブルンが生まれ、妻ラケルにはヨセフとベニヤミンが生まれた。さらに、二人の召使にはダンとナフタリそしてガドとアシェルが生まれた。神の子とされた合計十二人の子が、最初のイスラエル十二部族となる。これがヘブライ人である。

□ B.C 1710年頃

ヤコブの子のヨセフがエジプトに渡り、そこで頭角をあらわした。このときエジプトは第15王朝で、セムの支族のヒクソスが支配していた。ヨセフはそこで宰相となり、飢饉のカナンから親と十二部族の兄弟すべてをエジプトに呼び寄せた。末子のヨセフがヤコブの後継となり、ヨセフにはマナセとエフライムの二人の男子が生まれた。この二人の子は、神の命によりヤコブの十二人の子に神の子として加えられ、ヨセフ族はマナセ族とエフライム族に分化した。イスラエル民族は合計十三部族となるが、レビ族は祭祀族として別扱いされることになり、イスラエルは再び十二部族となった。

□ B.C 1555年頃

エジプトは、ヒクソス支配の第15・16王朝からギリシア人支配による第17・18王朝へと変わり、ヒクソスと同じセムの支族であったヘブライ人は、被征服民として奴隷におとしめられた。ヘブライ人はそこで、ピラミッド建設などの土木工事の技術と苦役の双方を担った。また、ナイル川下流域では稲を見出し栽培していた。

第四章　古代ヘブライ人の歴史

□ B.C 1280年頃

　神の命に従い、モーセがイスラエル十二部族を率いて1月15日にエジプトを脱出し、40年間の荒れ野滞在を経て、カナンの地（パレスティナ）を征服した。征服途上でモーセは亡くなり、神の命によりヨシュアが指導を引き継いだ。ヨシュアはカナンを征服して十二部族の土地配分を決め、110歳で亡くなるまで十二部族のリーダーとして存在した。ヨシュアの死後は、土師（ハジ）と呼ばれた預言者が十二部族を指導・統括した。

□ B.C 1050年頃

　イスラエルの民が王の存在を求めるようになり、ベニヤミン族の若者サウルが預言者サムエルに油を注がれて初代王となった。サウルの時代は異民族支配を脱するための戦いの連続であり、ペリシテ軍との戦いの最中にサウルは自刃して果て、息子のイシュ・ポシェトが二代目イスラエル王となる。

　サウル王に敵視されたユダの若者ダビデがユダ王となり、サウル王家とユダ王家との抗争が続いた。

□ B.C 1005年頃

　イスラエル王イシュ・ポシェトが部下に刺殺されて後、ユダ族の王ダビデが（全）イスラエルの王となった。ユダ王家とイスラエル（ユダ王家以外の十一部族は自らを"イスラエル"と呼称した）との抗争はその後も続いたが、サウル王の血筋7人の処刑をもって和解に至った。ダビデ王は40年間在位して（全）イスラエル王国の基礎を築き、王国の版図を大いに拡げた。

□ B.C 965年頃

　ダビデ王の指名により、ソロモンが後継王となった。ソロモン王はダビデが築いた王国の基盤をさらに発展させ、王国の版図は最大となった。ソロモン王は陸海の交易を促し、とりわけ海に関しては、ヒラムとタルシシュの二船団を持って貿易を活発に行った。

□ B.C 925年

　40年にわたるソロモン王の治世の後に、ソロモン王の後継レハブアムが王位を継ぎ、そしてエフライム族のヤロブアムも（北）イスラエル王として即位した。そのことによりレハブアムは、（全）イスラエルではなく（南）ユダ王となってしまったわけで、この二つの王家は（北）イスラエル王国がB.C 722年に滅ぶまで抗争を続けた。ベニヤミン族はユダ王国に帰属した。

(北)イスラエル王国

　ヨセフの血を引く、エフライム族が王族として、マナセ族が貴族として、合計十部族の（北）イスラエル王国は統治されたが、青銅器製の僅かな武器しか持たないイスラエル人に対して、豊富な鉄製武器を持つアッシリアが優勢となり、（北）イスラエル領は徐々に侵食されていった。

□ B.C 734年

　ガリラヤ湖以北と、ヨルダン川東部の（北）イスラエル王国領がアッシリアの支配下となり、ルベン族、ガド族、マナセの半部族が虜囚となって、現イランの西部及び北部に連行された。マナセ族はヨルダン川西側にも領地を持ち、部族としては二つに分かれていたため、"半部族"という表現になっている。

第四章　古代ヘブライ人の歴史

□ B.C 722年

アッシリアが（北）イスラエル王国を完全占領し、アッシリアの粘土板の記録によれば、（北）イスラエル王国の王侯貴族だけでも27,290名が捕囚となり、現在のイラクやイランの地に連れ去られた。（北）イスラエル王国は消滅し、その民であった十部族のその後の足跡は、欧米の歴史家たちにはようとして掴めなかった。そのため、彼らは「イスラエルの失われた十部族」と歴史家たちから呼称され、彼らの行く先知れずは「世界史の七不思議」の一つとして取り扱われた。

（南）ユダ王国

ダビデ王から引き続くユダ族の王が、レハブアム、アビヤ、アサ、ヨシャフト、ヨラム、アハズヤ、ヨアシュ、アマツヤ、ウジヤ、ヨタム、アハズ、ヒゼキヤ、マナセ、アモン、ヨシヤ、ヨアハズ、ヨヤキム、ヨヤキン、ゼデキヤと続いた。B.C 587年に最後の王ゼデキヤが、父王ヨヤキンとともにバビロンに連行され、ユダ王国は消滅した。以下に、以後のユダ地域の年表を示す。

　B.C 587〜 B.C 539年　新バビロニア王国支配
　B.C 539〜 B.C 332年　アケメネス朝ペルシア支配
　B.C 332〜 B.C 305年　プトレマイオス朝エジプト支配
　B.C 305〜 B.C 141年　セレウコス朝シリア支配
　B.C 141〜 B.C 　63年　ヘブライ・レビ族ハスモン朝統治
　B.C 　63〜 B.C 　37年　共和制ローマ属州
　B.C 　37〜 A.D 　93年　イドマヤ人ヘロデ王家ローマ承認下で統治
　A.D 　44年　　　　　　ローマ帝国のユダヤ属州となる
　A.D 　66〜 A.D 　70年　第一次ユダヤ戦争

A.D 66年	イエス派のユダヤ教徒がエルサレム包囲を脱出・逃亡
A.D 74年	マサダ砦陥落し反乱完全鎮圧
A.D 93年〜	ヘロデ王アグリッパ二世の死で王朝終焉
A.D 132〜A.D 135年	第二次ユダヤ戦争
A.D 395年	ローマ帝国滅亡し東ローマ帝国が支配継続

　第二次ユダヤ戦争終了後にローマ皇帝ハドリアヌスが、「ユダヤ属州」という名称を「シリア・パレスティナ属州」と改めた。ユダヤ人にとっては彼ら自身の土地を、パレスティナという敵の名称にされてしまった。第一次ユダヤ戦争当時からユダヤ人の離散は始まっていたが、この属州名称改めによって離散は一挙に加速され、パレスティナの地からユダヤ人は消えた。

第二節　歴史に隠れた古代ヘブライ人の民族移動

エジプト滞在時代

　前節に書かれた歴史が、若干筆者の見解も含まれているものの、言わばヘブライ人に関する過去の記録であり、歴史の折々で彼らがどこに消えてしまったのか、その消息は公式には掴めていない。しかし、実はそのことに関する研究は数多く、著作も相当数あり、現在では大要は相当部分把握されている。ただ、それらの研究が、"古代ヘブライ人の民族移動"という視点での研究同士の結びつきが弱かったことと、研究成果は日本に多く、それが英語で発表されなかったことが、未だに古代ヘブライ人の民族移動が世界に十分知られていない現状を招いている。その解明のために、先ずは彼らが430年間滞在したエジプト関連から記述を開始する。

第四章　古代ヘブライ人の歴史

1 ヒクソスの時代から既に苦役を負ったイスラエル民族

　B.C 1710年頃にイスラエル全部族はエジプトに渡ったが、イスラエル人の繁殖力は絶大であったため、エジプト内部で人数的に一大勢力を成してしまい、ヒクソスからも警戒され敵視されるようになった。そのため、ヒクソスの時代から既に、イスラエル人は奴隷のような苦役を強いられるようになっていた。

2 エジプトを逃れ中国大陸に渡ったヘブライ人の実在

　B.C 1550年頃、ギリシア人支配の第17・18王朝に変わったエジプト王朝は、前王朝支配のヒクソスと同じセムの支族であったヘブライ人を、被征服民として奴隷におとしめた。歴史としては定かではないが、B.C 1600年以降のヒクソス人王朝の時代から、あるいはヒクソス人からギリシア人への王朝交代のこのときに、人口増に起因する食料や耕作地不足あるいは苦役逃れのため難民となり、エジプトを逃れたヘブライ人も存在したと、筆者は断定している。

　その時とほぼ同時代に殷の建国があり、また古代中国で初めて「倭人」と呼ばれた三星堆遺跡で知られる古蜀人の国家も、殷と同じ古さを持つ国家で、殷とほぼ同時存在していた。この古蜀の三星堆遺跡からは、高さ2.6m、重さ180kgの青銅器の立像が発掘されている。それは古代エジプトの神の立像を彷彿とさせる外見であり、古代エジプトの文化体験者が古蜀に存在したことを示している。また古代ヘブライ人は、エジプトのナイル河口域で稲を栽培していた。彼らの繁殖力が強かった背景として、彼らの米食を考えることができる。その稲の中国での栽培開始時期が、彼らのエジプト逃れの時期と一致するのである。さらに、古蜀人が古代ヘブライ人であったという決定的な物証がある。それは、三星堆遺跡で発掘された青銅の神樹である。その形態は、一本の木の三層に三本ずつ合

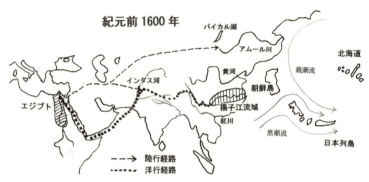

第20図　古代ヘブライ人のナイル河口域から揚子江流域への移動

計九本の枝を持ち、神樹の下に顔を下向きにした龍が存在する。終章第三節第35図のカッバーラ基本構図を参照して頂きたい。龍は蛇であり、三層三本の枝はカッバーラ基本構図の骨格そのものである。当時このユダヤ神秘主義を表現できた者は、古代ヘブライ人の預言者か祭祀族のレビ人以外になく、他の者の模倣など有り得ない。現時点ではエジプトと古蜀を結ぶ中間の記録は見当たらないが、エジプトから中国大陸に渡った古代ヘブライ人が実在したと、筆者は断定する。そして、中国の「倭人」は、確実に古代ヘブライ人であったのである。

　なお、古代インドのヒンディー文化の発祥は、中国大陸に渡らず北西インドに定住したこの時のヘブライ人によるものであり、その意味でヒンディー文化発祥がエジプトと古蜀を結ぶ中間に位置する存在たり得るが、詳細記述は次の機会に委ねたい。

(全) イスラエル王国時代
□ヘブライ人の広範囲拡散原因となった船団派遣

　ダビデ王朝第二代ソロモン王は、彼の即位年の B.C 965年頃以

降、鉄獲得のため採掘団をタルシシュ船団で世界中に送り込んだ。当時の鉄取得方法は現地生産・製品輸入であったため、一団は採鉄技術者やその人夫だけでなく、農業従事者や祭祀人に至るまで、集団生活に必要な人材ワンセットで構成されていた。これらのグループでは、遠隔地ゆえにタルシシュ船で回収されず、またある者は生産現地に住み着いて戻らず、結果的に大陸に残った人々も多く、彼らは現地に居ついて新たな文明を築いていった。タルシシュ船団に限らずヒラム船団についても、船団の世界各地への派遣はヘブライ人の世界への広範囲拡散原因となった。

□派遣時期により異なる乗組員の部族構成

　ソロモン王が送った船団の乗組員の種族は、イスラエル十二部族のすべてであった可能性がある。記録には現れないが、二国に分裂後の（南）ユダ王国も、海港エイラートを領有している間は、当然の事として船団を派遣して交易を続けたことが推測できる。そのときの船員は、ユダ族中心でベニヤミン族も含まれたと考えることができる。

　以下に、派遣目的地方面別に概要を述べる。

(1) インド大陸

　両船団の有力な中継地の一つが、南インド西岸のコーチン近くのクランガノールあるいは東岸のマドラスであった。クランガノールの拠点は後にコーチンに移り、そこにはヘブライ人の大きな集落が形成された。

(2) 中国大陸・日本列島

□タルシシュ船貿易の中継地となったアユタヤ

　タルシシュ船団の最大の中継地と目される地がアユタヤである。タイのアユタヤ近辺は、「世界の四大文明」でなく「世界の五大文明」としたら、五番目に指定されていたとされるほどに、古くから高度の文明で栄えてきた場所である。筆者は、「アユタヤの歴史は、タルシシュ船貿易の中継地となったことに始まった。」と考えている。そうであれば、アユタヤの歴史は現在から約三千年近く遡ることになる。筆者の地形分析によれば、当時マレー半島はクラ近辺で切断されていて、インド方面からは現在のようにシンガポール回りという大回りをせずに行き来できた、と推察される。アユタヤ拠点で船団が目指せる場所とすれば、中国、日本列島、フィリピン諸島、インドネシア諸島である。これらがタルシシュ船団の主要目的地であったと考えて良い。

□多数の船団が送られたと推測できる中国

　中国には砂鉄を採集するための川筋が多く、また土地のほとんどが鉄鉱石採掘の可能性のある山岳地であったため、記録には見えないが多数の船団が送られたと推測できる。その当時、黄河領域は既に多数の国が存在していたため、おそらくは未開発の揚子江領域に多く派遣されたであろう。その場合、大河揚子江のかなり奥地まで採掘団が進出したことが容易に推測できる。中国西部の古代の国々は、一般的には西域方面から渡って来ての建国と考えがちであるが、水路を伝って東方からというケースも有り得るのである。

□タルシシュ船団は日本列島にも来ていた

　彼らは日本列島にも来た。九州宇佐の地で彼らが見つけた鉄採掘

地が、当時の世界最大規模の鉄生産地となった。このことが、後にダビデ王朝が日本列島に避難する直接原因となった。

(3) 南洋諸島・南北アメリカ大陸

　タルシシュ船団はインドやアジアだけでなく、赤道の海流を利用して南北アメリカ大陸にも派遣された。ソロモン諸島やソロモン海の「ソロモン」という固有名詞は、ソロモン王の名由来である。南洋諸島に日本と似た内容の神話・伝説が見出されるのは、これらタルシシュ船の乗組員が現地定着したためである。アメリカインディアン、アステカ、マヤ、後代のインカなどが彼らの後裔である。彼らがアメリカ大陸で造ったピラミッドの技術が、エジプトで造られたピラミッドの技術と全く同じであった。それは、双方のピラミッドはともに同じ民族によって造られたのであるから、当然のことであった。また彼らがヘブライ民族出自である決定的な証拠は、ユダヤ神秘主義（終章参照）の文化が見出されることである。マヤの場合は船ごとの漂着であったようで、航海のための天文技術者も含まれていて、彼らがB.C 2000年頃に新しく誕生していた金星について特別な関心を持ち、緻密な観測を行った。

　北米のインディアンに関しては、（北）イスラエル王国の難民の一部が、シベリア経由でアラスカ方面から南下した可能性もないことはないが、主体はタルシシュ船で流れ着いた古代ヘブライ人の末裔であると、彼らの文化から判断できる。彼らは、日本人との違いを見出すのが困難でさえあるほどに、遺伝子分析デザインは双方よく似ている。西部劇に登場するインディアンは体格の良い洋風な顔立ちであるが、本物のインディアンは日本人に極めてよく似ていたのであろう。

⑷ 南北アメリカ大陸からの再移住

　これらの米大陸派遣グループの後裔の中から、再度太平洋を西に向かって新天地を求める人々が出た。彼らが最終的にどこを目指したのか定かではないが、イースター島にも渡った可能性がある。

　中南米から新天地を求めた人々の一例が日本の縄文人であるという説が、複数ある。その古き時代に、中南米で外洋航海能力を持てた民族は、タルシシュ船で中南米に渡った人々の末裔しか候補たり得ないが、縄文人がヘブライ人であるという説に関しては、筆者は強い疑問を持っている。もしそれが事実であれば、日本人のYAP(-)因子を持つ人々は43％なんて低い数字ではなく、少なくとも80％には達すると思われるからである。

(北) イスラエル王国時代
1 ルベン族、ガド族、マナセの半部族
□ スキタイの建国

　B.C 734年に、ヨルダン川以東のイスラエル二.五部族はアッシリアの捕囚となり、イスラエル滅亡前にイラン方面に連れ去られてしまったが、その捕囚地を初期のスキタイ部族が略奪のために襲撃したことにより、二.五部族は解放されてスキタイに合流した。その証拠は、クリミア半島に多数残っている彼らの墓石に見られる。特別これといった文化もなかったスキタイに、当時世界最高水準のヘブライ文化が加わることにより、スキタイは勃興した。

　スキタイは現アゼルバイジャン周辺のカスピ海岸付近で勃興し、現ウクライナからカスピ海方面にかけて勢力を持った。勃興後に黒海北岸に王国を建て、紀元前2世紀頃に消滅する。スキタイ勃興から、西暦18世紀初頭に中国の清朝が中央アジアで百万人近い遊牧民を皆殺しにして広大な土地を領有する時まで、実質的に約二千年

間の世界の支配者は、ローマや中国などではなく、スキタイを含むモンゴロイド系の騎馬民族であった。

□宗教的な理由によりスキタイを去り始めた二部族
　スキタイが隆盛に至るや、ガド族とルベン族は少しずつスキタイを去り始める。それは、スキタイの覇権を握ったマナセ族が、またもや多神教に陥ってしまったという、宗教的な理由であった。ヨセフ・アイデルバーグによれば、アフガンのバハラ地方に住むユースフザイ人の言い伝えによると、「(北) イスラエル王国から捕囚された人々は、捕囚直後にアッシリアを逃れて東方にさまよい出て、長年大陸を流浪した挙句、"中国の彼方の神秘の国"に落ち着いた。」ということである。マナセ族を除くスキタイ二部族も同様に、シルクロードを東方に向けて旅立っていった。

□サカ族と呼ばれたスキタイから東方に移住していく人々
　スキタイから東方に移住していく人々は、「サカ」族と呼ばれた。スキタイは英語のスペルでは「Scythia」であるが、発音では「SuKithai」である。言葉の変遷で母音はどんどん変化していくが、子音は残る。「SK族」ゆえに「サカ族」と呼ばれたのである。サカ族は、移住開始当初は、タクラマカン砂漠と続くゴビ砂漠を越えることはできなかったため、ウラル山脈とアルタイ山脈の間の広大なステップ地域に、暫定的に留まった。紀元前六世紀頃の地図で、この地域に「サカイ」や「サカラウロイ」という国名が見られる。「サカ」族の国々であった。アルタイ山脈の東側、つまり現モンゴルや中国の東北部には、匈奴が強大な勢力をもって存在していたことも、サカ族をアルタイで足止めさせた原因であろう。

□ シベリアやアラスカの黄色人種はサカ族由来

バイカル湖周辺は彼らの乾期の貴重な給水地であり、その周辺に長く留まったサカ族も多かったと推測できる。既述の松本氏の血液DNA分析で、日本人と同じタイプA型がシベリアやアラスカにも見られるが、これは残留サカ族と無縁ではない。おそらくは後世のロシアの毛皮ビジネスと深い関わりがあって、バイカル湖周辺域からシベリアの奥深くに分け入ったものと考えることができる。また、アラスカは日本人から見ればシベリアとは海を隔てているが、冬季の猟師にとっては陸続きも同じであった。エスキモーも、その流れを汲む一族と推定できる。

□ シルクロードが東に通じてサカ族は中国北部地域に侵入

紀元前二世紀頃となると、タクラマカン砂漠やゴビ砂漠を通り抜けるシルクロードが使えるようになり、黒海北岸に定住していたスキタイ人や、東方に行けずにアルタイ山脈周辺に居住していたサカ族、さらに現イラン地域に居住していた遊牧民が、大量に前漢時代の中国北部地域に侵入した。最北のシルクロードである北方ステップロードを使って東行し、これらに先行したサカ族の一部が、朝鮮半島のすぐ西隣に至り扶余を建国した。扶余の存在は紀元前三世紀の地図で既に確認できる。扶余はスキタイ文化を最も色濃く継承した騎馬民族国家であり、筆者にはサカ族の本隊と目される。小国高句麗が中国王朝に対してあれほどまでに強かった理由は、中国王朝の背後に控えるサカ族の騎馬民族群が、サカ族本隊が建国した句麗国を、陰に陽に支援したことも一因であろう。

□ サカ族の一部がインド・中国西南部方面に移動

サカ族の一部は、西域から方向転換し、天山南路の入り口からパ

第四章　古代ヘブライ人の歴史

ミール高原沿いを南下して、アフガニスタンやインド方面に入り、そこから洋行するか、あるいはチベット高原から中国南部に抜けるルートを取った。アフガニスタンやパキスタン西部域には、居残ったサカ族の末裔が今でも多く住んでいる。旧ソ連がアフガニスタンを侵略したとき、山岳戦でこれを防いだ部族が彼らであった。

　インド方面に抜けたサカ族の一つが仏教開祖の釈迦の国で、「シャカ」の名前は現地ネパールでは「サキヤ」と発音するが、それはスキタイの「SK」から来ている。「サキヤ」は「主ヤハウェのサカ人」という意味であろう。

　サカ族の一部は、チベット・インド方面からさらに東行し、中国西南部に国家を樹立した。中国王朝からは「倭族」と呼ばれたが、彼らが最初の倭族であったわけではない。倭族の呼称は、サカ族の中国西南部到着以前の古蜀時代に既に存在していた。

　現在のウィグル国周辺にしばらく留まっていたサカ族の一部も、月氏の西遷や匈奴の圧迫の影響を受けてインドに逃れ、紀元前85年にインド・スキタイ王国を建国し、一世紀近く国家として存続した。

　スキタイに最後まで留まったマナセの半部族も、スキタイ滅亡後は北方騎馬民族に加わったと推測できるが、具体的にどの集団であったのかの特定はできない。

2 エフライム族、マナセの半部族、シメオン族、イッサカル族、ゼブルン族、ダン族、ナフタリ族、アシェル族

　B.C 722年にヨルダン川以西の七.五部族は、現イラクやイラン南西部地方に捕囚され、彼らは元の地に戻ることはなかった。アラビアンナイトなどに見られるバグダッドの繁栄は、彼らが中心となって興したものである。フラウィウス・ヨセフスの『ユダヤ古代誌』

113

によれば、「この地域には膨大な数のヘブライ人が住んでいた」とある。

　この現イラク・イラン地方から、中央アジアを経て中国西部に至った、あるいはインドやチベットを経て中国南部に到達したイスラエル七.五部族の人々も、多数存在した。騎馬民族総人口に占める彼らの割合は最多であろうが、捕囚地から中央アジア方面に去った彼らの足取りを掴めないために本書の記述が少なく、記述の分量からしてサカ族の方がずっと多いように思われてしまうかもしれない。実際は捕囚後発組のヨルダン川以西七.五部族の方が、数としては騎馬民族としてメジャーなのである。筆者の考えでは、秦の始皇帝もその一人であった。ちなみに、シルクロードを開発したのは彼らであり、シルクロード交易の民であるソグド人（ヘブライ語でソグディ・ヤは「主ヤハウェの崇拝者」を意味する）は彼らの後裔であった。

(南) ユダ王国時代

　B.C 701年頃、アッシリアがユダ王国に攻め込み、エルサレムが包囲されるに至ったとき、多数のユダ王国民が難民となって一時的にエジプトに逃れた。このとき既に滅亡していたユダ王国滞在のイスラエル王国民も、行動を共にした。

　B.C 587年頃、ユダ王国は新バビロニア王国に滅ぼされ、王を含むユダ王国民4,600名がバビロンに捕囚された。その後、B.C 539年に新バビロニア王国はアケメネス朝ペルシアに滅ぼされ、捕囚のユダ王国民は帰郷と神殿建設を許されるが、捕囚地にそのまま居つく者、捕囚地からアフガンなどの東方やシルクロードを北方に伝い移住する者も、存在した。

　西暦66年、暴動に端を発したユダ王国遺民のローマ帝国に対す

る反乱により、エルサレムはローマ軍に包囲されてしまうが、一瞬の隙を突いてイエス派のユダヤ教徒が脱出に成功した。彼らはシルクロードを伝って中央アジアの天山山脈の麓に居つき、その後に多数が日本列島やインドに移住した。中央アジアに残留した者たちは、景教を興し布教した。

古代ヘブライ人の民族移動と様々な日本人起源説との関係

　記紀に天孫族は日向に"降臨した"と書いてある以上は、日本人の起源は外国に求めなければならない。これまで、日本人の起源については関心が強く、多くの研究と著作がある。その内容もバラエティーに富み、一般的にはそれらの説の間に関係は見られないように思えるのであるが、筆者が知る範囲では、それらは皆日本に渡来した古代ヘブライ人に、直接間接に繋がりがあったので、以下に整理する。

1 エジプト時代関連

　エジプト下流域説 ── ヘブライ人はこの地域に430年間生活した。稲作などに絡んで関係付けられた。

　中国揚子江河川域説 ── 稲作と高床式住居に絡めた、日本史で最初の倭人ルーツ説である。筆者が知る限り誰も記してこなかったが、エジプトを去った古代ヘブライ人が揚子江沿いに住み着いていた。

2 (全)イスラエル王国関連

　日本・ユダヤ同祖説 ── 部族及び歴史上の時期を問わず、日本人とユダヤ人との宗教や文化の相互比較をして類似点を見出した。

南インド説 —— 海洋交易拠点のヘブライ人の文化影響を得たタミル族の言葉と関連付けられた。

中・南米説 —— タルシシュ船団で到着したヘブライ人の末裔が興隆した。

イースター島説 —— 南米ヘブライ人の再移住先の一つと目される。

マオイ説 —— 南米発のヘブライ人の一部と見なされるが、真実性は疑問。刺青などの文化比較による類似説。

3 (北) イスラエル王国関連

シュメール説 —— (北) イスラエル王国人捕囚場所、古代シュメール文字で日本の古文書を解析した。

スキタイ関連説 —— スキタイはヨルダン川東岸のイスラエル二.五部族起源。文化比較による類似説。

バイカル湖畔説 —— スキタイから再移住したサカ族の一部の定着先。血液遺伝子解析に基づく始原説。

キルギス周辺の中央アジア説 —— 同上。文化及び容姿比較による類似説。

北方騎馬民族説 —— 同上。日本での埋蔵文化財による起源説。

中国西・南部説 —— 主にインド経由の (北) イスラエル王国人の移住先。文化比較による類似説。

朝鮮半島説 —— スキタイ起源の扶余が日本列島に難民となって定住。

4 (南) ユダ王国関連

シュメール説 —— バグダッドなどにユダ王国人捕囚者の一部が住み着いた。

朝鮮半島説 ── 加羅と新羅は天孫族（ユダ王国人）が建国した。

第三節　古代ヘブライ人の民族移動に関する考察

ヘブライ人に限らず黄色人種全体が中東よりアジアに移動
1 アジアのすべての黄色人種は中東方面からの移民者

　日本人のルーツについて語るとき、中東の話を始めると多くの人はいぶかしい表情をする。それは現在の地理からすればあまりに離れていて、現実感を持てないからである。しかしながら、日本人に限らず、中国人はもとより東アジアや東南アジアのすべての黄色人種が、中東方面から移民してきたことを知れば、意外感は消える。黄色人種の祖であるセムの子たちは、まずメソポタミア周辺に住み着き、そこで一大勢力を成した後、長い時間をかけて次々と消えていってしまい、現在の中東エリアでは、黄色人種残存の確認はなかなかとれない。現在での黄色人種の主な分布は、中東からは遥かに離れて、中央アジア、東アジア、東南アジアそして極東である。これらの黄色人種は確実に、トルコやシリア、イラン、イラクの地から東の果てに移住してきたのであるが、その移動の時期やルートがほとんど解明されていない。

2 ネットの古代地図検索で把握できる黄色人種の東方移動

　この西方より東方への黄色人種移住の様子をおぼろげながら確認できる方法が、一つある。それはインターネットでの古代地図検索である。現在、地図情報はかなり充実し、4000年前でも20年や5年単位で地図の変化を確認できる。それらを古い順に並べて変化を見ると、最初は中東の限られた地域しか国家を確認することができ

ないが、それが黄河の上流域に点在として飛び、つぎに西域などにも国家が現れ始める。ある時点でインドにも国家が現れ、次第に揚子江や中国南部、東南アジアというふうに広がっていく。同時に、中東エリアから、ヘブライ人を含む黄色人種の国が消えていくのである。例えばエジプト第15・16王朝を築いたヒクソスであるが、民族としてのヒクソスはエジプトから消えてしまう。現在のエジプト人に黄色人種との混血の様子は見られないので、ヒクソスは現在のアジアの国のいずれかのルーツであるはずである。

スキタイ文化と日本文化との類似

ヨルダン川東岸のイスラエル二,五部族起源のスキタイといえば、黒海のクリミア半島や現在のウクライナ周辺が中心域であった王国で、日本からはあまりに離れていて、通常ではとても日本人のルーツと関連するとは思えない。ところが、江上波夫氏の著書『騎馬民族国家』には、その二つの民族の共通性を納得させ得る記述が豊富に見られるので、江上氏の著述を借用しつつ、筆者の論を展開する。

1 天神を祖に持つ民族意識と三種の神器

日本を支配したダビデ王家避難隊のヘブライ人は、主ヤハウェを始祖とする家系の意識を持っていた。実際の始祖は第十四代ヒゼキヤ王、あるいは更に遡って初代ダビデ王であるわけだが、彼らは主ヤハウェとの契約の民であったわけだから、彼らを派遣したヒゼキヤ王を天神ヤハウェに置き換えると、日本に降臨したニニギは天神の孫にあたるため、彼らは自身を「天孫」族と呼称した。

第四章　古代ヘブライ人の歴史

□著書抜粋

　スキタイは「王族スキタイ」、「遊牧スキタイ」、「農業スキタイ」そして「農耕スキタイ」の四族に分かれ、農耕スキタイを除く彼らは同族という強い血縁意識を持っていた。スキタイ王国建国者である彼らは、「天神を父系の祖にもつ子孫」であり、王権は天から親授されたものであるという観念を持っていた。具体的には、天上最高神パルギオスとドニエプル川の神の娘との間に、最初のスキタイ人である三人の子が生まれ、末弟タルギオスの子コラクサイスが王族の祖先となった。

□考察

　この話立ては、宇宙最高神アンと地球母神キとの間に最高神の子エンリルが生まれた構図と一致する。末弟タルギオスは太陽神エンリル、後のヤハウェに相当する。コラクサイスは天神の孫にあたり、スキタイ族は日本と同じ「天孫」族となる。ちなみに、ホオリや神武も末弟であり、「末子相続」についても共通している。

　スキタイ人は中央アジアやインド、中国・朝鮮にも展開したため、日本と共通するこのような意識は、騎馬民族系においてサンプル数としては少なくないと思われがちだが、時間を遡れば日本とスキタイが肝心なのである。偶然ながら、双方の王国の実質的な開始時期も紀元前七世紀でほぼ一緒であり、建国に関しては双方に直接の関連はあり得ず、類似の大元はダビデ王朝あるいはヘブライ人としての過去にある。

　神話では、末弟タルギオスは「天から三点の黄金の宝器が下され、彼がそれを手中にしたため、二人の兄から王として認められた。」とされている。これは日本の「三種の神器」と一緒であり、ダビデ王朝の「三種の神宝」と一致する。

2 墓制
□著書抜粋

　スキタイの墓は円墳である。中には円錐型の空間が築かれており、それは遊牧民のテントの中とよく似ている。最下部に墓室を持ち、防腐処理を施した遺骸を埋葬するとともに、傍らに后妾の一人を扼殺して殉葬し、その上に杯の捧持者、奏楽者、侍臣、厨夫、馬丁、馬その他一切の新品の副葬品と、ときに黄金の杯を埋める。一年後には50人の侍臣と50頭の良馬が追加で殉葬される。

□考察

　日本にも円墳は多かった。日本の古墳というと前方後円墳を思い浮かべがちだが、直径100mを超える円墳だけでも日本全国で303基も確認されており、小さいものも含めれば数としては、前方後円墳よりも円墳の方が圧倒的に多い。朝鮮半島も殆どが円墳であるし、現天皇家の墓も円墳である。スキタイの墳墓には上述のように殉葬者が多いが、日本の古墳にも殉葬者の数は多かった。殉死の悲惨な状況に耐えられず、垂仁天皇は埴輪をもって殉死者の代用とすることを指示したという逸話が残っている。

3 祇園祭の山車と「車の住人」であったスキタイ人
□著書抜粋

　王族スキタイと遊牧スキタイは家屋敷を持たず、草原上を漂泊する「車の住人」として知られ、彼らの多くは車上に小屋のある房車内に起居した。彼らは騎馬民族として、攻撃にも防衛にも容易に対処できるような生活形態をとり、集団で移動していた。

第四章　古代ヘブライ人の歴史

□考察

　筆者がこの記述で連想するのは、祇園祭の山車である。木製の大きな車輪と屋根つきの四角い小屋が特徴で、あの種の山車が農耕民族の倭人の生活様式に根ざした乗り物であったとは、とても思えない。筆者はもう一カ所、とてもよく似た山車を知っている。ネパールのネワール族の祭である、マッチェンドラナートの山車である。祇園祭の山車は壮麗で、ネパールのそれは極めて素朴なものであるが、基本構造は一緒である。筆者の論によれば、日本とネパール双方の出自にスキタイが関係している。現ネワール族はスキタイ出自のサカ族の末裔であり、日本は、建国者はダビデ王朝由来の天孫族であるものの、建国後にスキタイ出自の氏族が中国南部経由と朝鮮半島経由で多数渡来した。

④ スキタイ戦士と日本の武士
□著書抜粋

　スキタイは最初に遭遇した敵を倒すと、その血を啜ることになっており、敵の頭の皮を剝いで布帛とし、敵将の首級を上げればそれで髑髏杯(どくろ)をつくった。また戦場で殺戮したものは、悉くその首級を王のところに持参したが、それは、首級を携えてゆけば、彼らが獲得した略奪品の分配にあずかれるが、持参しなければもらえないからであるという。これらによってみると、スキタイの戦士は氏族民の資格ではなくて、個人の資格で戦闘に加わり、個人単位で戦利品の分与を受けたものらしい。

□考察

「敵の頭の皮を剝ぐ」ということで連想するのは、アメリカインディアンの風習である。血液遺伝子の箇所でも述べたが、彼らも日

本人と同じヘブライ人の血を引いていたのである。

　著書抜粋の最初の部分の「血を啜る」とか「頭の皮を剥ぐ」という部分は該当しないが、以後の部分は日本の戦国時代の武士そのものである。織田信長が、自らに背き敵となった実妹の夫であった浅井長政の頭骨を使い、黄金の杯を作ったことは、民族の歴史に根ざした行為であり、残酷無悲の象徴行為とされたような信長の独創ではなかった。血を啜り髑髏杯を作るような習慣は、戦国時代には残酷で廃れていたものの、日本でも歴史を遡れば実在した習慣であったのかもしれない。日本では、戦闘中首を上げる度に本陣に馳せ参じることはできなかったので、上げた首を腰にくくりつけて戦い、戦勝後に殿様に首検分してもらい論功行賞を得た。スキタイの場合は略奪品の分配が目当てであったが、日本では勝利で獲得した土地の分配が狙いであった。戦闘で倒した敵の首を切り落とすことは、古代ヘブライ人の習慣であった。

タイ国のルーツはスキタイ

　この項余談で、黄色人種の西から東への移動に関連して、タイ国のルーツに触れてみたい。筆者はタイ国には渡航中継の関係で数十回は立ち寄っており、タイ人全てではないが、何となく日本人に似ている部分があると感じている。

□鳥越説によればタイ国のルーツは夜郎国

　鳥越憲三郎氏は、タイ国の本源を現中国貴州省付近にかつて存在した夜郎国であるとしている。夜郎国は前漢の武帝に降って入朝し、紀元前109年には独立を認められ、前漢より国家としての正式な承認を意味する金印を授与されたものの、その後の前漢第十一代成帝のときに反抗し、紀元前後には滅びている。その後に夜郎国の

第四章　古代ヘブライ人の歴史

残党がタイに逃れて建国したとすると、タイ国の歴史は紀元前後からということになる。

□国名から察するタイ国のルーツはスキタイ

しかしながら、当章第二節で述べたようにアユタヤの歴史は古く、紀元前10世紀には遡る。筆者は、インドからチベット高原、さらに中国南部に抜けた「サカ族」の一部が、かつてはユダ王国のタルシシュ船団基地の一つであったアユタヤ周辺に、早くて紀元前6世紀頃、遅くても紀元前2世紀頃には居ついた。それがタイ国の始まりであったと考えている。Sukithaiの前部を省略すれば「Thai」となる。「スキタイ」の語の前部の「SK」ではなく、後部を使って自らを呼称したということは、「サカ族」とは何らかの区別をしたかったとも考えられる。スキタイを抜けた「サカ族」は「ガド族」が主体であったから、「タイ族」は「ルベン族」が中心であったのかもしれない。なお、夜郎国も倭族の一つであるので、夜郎国がスキタイルーツであった可能性も有り得る。例えば夜郎国の支族がタイ国を夜郎国滅亡以前に建国したなど、筆者の説は鳥越説と一致する部分があることも考慮できる。

□血液遺伝子デザイン面からの考察

ところで、松本氏が示したタイ人の遺伝子デザインは日本人のそれとは全く異なり、ヘブライ人以外の民族を示している。これは筆者の説が完璧に空振りである可能性もあるが、筆者は別の考えも持っている。バンコクのヤワラー通りの金（Gold）扱い業者の所には、タイ中の金が100％集められる仕組みができている。これは古代ヘブライ人の商業システムであり、ダイヤモンドなどの宝石類は現ユダヤ人に継承されているが、タイの金に関しては、古代の仕組

みが現代に継承されているように思われる。それはつまり、今なおタイ国商業の根幹部分は、古代ヘブライ人の末裔が掌握していることになる。タイの歴史を紐解くと、古代にカンボジア・クメールの侵略があり、またインドからの侵略もあり、ビルマ方面からの移民もあるなどして、タイ国住民は紀元後に相当数入れ替わり、また混血が進んだ。タイには少数民族も多い。松本氏の本が出版された1992年当時で、保険医療制度が完全普及した日本であればともかくも、タイ国で分析が必要なサンプル数が得られたとは、筆者にはとても思えないのである。また、松本氏の著書では、遺伝子デザインはタイ国北方のチェンマイやチェンライの位置に書かれている。その位置は、アユタヤ方面とは全く異なる部族が住んでいる所である。是非とも、現時点での豊富なサンプル数に基づく分析を求めたい。

東南アジアや南洋諸島人は中国東南部がルーツ

揚子江以南の中国南部からインドネシアを含む東南アジア、ハワイ諸島までをも含む南洋諸島の遺伝子は、中華人とは全く異なっている。これは松本氏が指摘していることであるが、第三章の第19図に示された遺伝子分析から判断すると、中国東南部地域から東南アジア、さらに南洋諸島に展開したということである。具体的には、中国東南・西南部地域はE型で、南部地域はD型であるが、この両地域ともにインド経由の民族移動ルートにピタリと一致する。E型の遺伝子デザインは日本人の型とは全く異なっているが、かつて倭族が存在した昆明付近の遺伝子はD型で、日本人のA型とE型との混血を示している。東南アジアや南洋諸島の人々の遺伝子はF型主体であり、日本人に似た遺伝子が若干混血となっているように見える。これらを総合すれば、かつて中東に存在したヘブライ人以

外の黄色人種種族が、インドやチベットを経由して、かなり古くから中国東南部地域に到達していたということである。その人々が中華人の南下による圧迫を逃れ、残留倭族との混血もある程度進めつつ、フィリピンやインドネシア方面に展開した、ということになる。

第五章　日本人のルーツ

第一節　血液分析から探る日本人のルーツ

日本人の半数近くを占める古代ヘブライ人の子孫
□日本人全体の43％が古代ヘブライ人の子孫

　古代イスラエル人は、現在では「ユダヤ人」と呼ばれている。ユダヤ人はそれこそ世界中に離散した。「唯一と言って良いほどに、ユダヤ人が来なかった国が日本である。」と、多くの日本人が思っている。ところが、その日本にはユダヤ人の本隊が来ていた。飛鳥昭雄氏によると、現在の日本人の中で最も数が多い種族は、血液にYAP(−)因子を持つヘブライ人の子孫であり、日本人全体の43％を占めているそうである。天皇家を中心に日本列島を長い間支配してきた民族である。

□現在の白人のユダヤ人はハザール人の末裔

　紀元前に「ユダヤ人」という呼称があったのかどうか筆者には確認できていないが、現在の白人のユダヤ人は実はヘブライ人ではない。彼らは、現在のウクライナやカスピ海近辺にあった「ハザール」もしくは「カザール」という国の人々の末裔である。「カザフスタン」の頭二文字である。発音する民族により「カ (kha)」であったり「ハ (ha)」であったりする。日本語でもカ行とハ行はよく入れ替わってきた。ハザールは西暦700年頃にできた国であり、ハザール人は「JEW」と呼ばれていた。ハザール国は東ローマ帝国とペルシアとに隣接し、双方からキリスト教とイスラム教を強いられ、窮したハザール国王は、「双方が共に信ずる旧約聖書」を信じ

る宗教であるユダヤ教を国教とした。ハザール国はその後1016年に、東ローマ帝国とロシアの連合軍によって滅ぼされ、ハザール国民は東欧や南ロシア、そして地中海西部の港市に難民として逃れていった。現在でもこれらの地域にJEWが多いのは、それゆえのことである。このことを発表したのは著名なユダヤ人アーサー・ケストラーであり、彼が『ユダヤ人とは誰か』という本を出版したときには世界中に衝撃が走り、国によっては発売禁止処置をとったところさえあった。ケストラーは発表後自殺した。

□ヘブライ民族は黄色人種

　ヘブライ民族はノアの子セムの子孫であり、セム族はモンゴロイドであるため、ヘブライ人の肌色は黄色である。旧約・新約聖書ともに、その登場人物で白人は、イエス・キリストやモーセを含めて一人もいない。

血液分析結果に見るアイヌ人の属性

　ヘブライ人以外の日本人の半数強を占める人々のルーツは誰なのか？　再び第19図の「黄色人種の血液型Gm遺伝子の世界分布」に戻って考察すると、筆者は、チベットやシベリアの遺伝子デザインと、日本人のそれとの一致度の高さに着目した。違いは僅かであり、違いがないと言っても良いほどである。

　ところで、古代ヘブライ人の先住民として、アイヌ人、蝦夷そして縄文人などの呼び名の民族名があるが、これらの区分は学問上定かではないようなので、筆者は主要先住民の呼称としてアイヌ人の語を使用する。日本列島には古代ヘブライ人より遥かに多数のアイヌ人がかつて存在し、古代ヘブライ人と相当な数的規模で混血が進んだはずである。それが事実であれば、上記二地域のデザインと

日本人のデザインが完全一致するようなことは、通常は考えることができない。アイヌ人の血が混じっている分、デザインも異なるはずである。そこで考え得る可能性は、以下の二通りである。

①通説とは異なり、実はヘブライ系の日本人はアイヌ族との混血は殆どせず、アイヌ族はヘブライ系和人によって大方死滅させられた。
②アイヌ民族も、古代ヘブライ人と親戚に繋がるほど、ヘブライ人に近い血縁関係を持っていた。

現日本人に占めるヘブライ人末裔の割合は43％ほどに限られ、残り57％がヘブライ人の末裔ではないとすれば、たとえば日本人全体の40％はアイヌ人であるなど、そこにアイヌ人の占める割合は高くならざるを得ない。すると現日本人の遺伝子デザインは大きく変化してしまうので、たとえば日本人とチベット人との遺伝子が完全一致するようなことは有り得ず、可能性は②だけに絞られることになる。アイヌ人は、YAP(-) 因子は持っていないが、ヘブライ人にかなり近い血筋であるということになる。その候補となり得る部族は聖書に数多く記されているが、特定はできない。

飛鳥氏は、アイヌ民族のルーツを中・南米に求めた。そうであれば、タルシシュ船で渡った古代ヘブライ人がアイヌ人の先祖であったことになり、日本列島では古代ヘブライ人同士の殺戮が長い間続いたことになる。その説では、日本とチベット或いはシベリアとの遺伝子デザインの一致は当然のこととなるが、YAP(-) 因子を持つ日本人は全体の八割九割を占めることになってしまう。とは言うものの、アイヌ人の出自に関して筆者に特別な論があるわけでなく、これ以上の言及は避けたい。

第五章　日本人のルーツ

第二節　言葉と文字から探る日本人のルーツ

ヘブライ語起源である日本語

　日本語がヘブライ語起源であるという研究は、代表的なものとしてこれまで二例ある。

1．川守田英二　著書『日本の中のユダヤ』ほか

　川守田氏は、1891年岩手県に生まれ、神学を学び渡米したキリスト教牧師であり、アメリカ西部の日本邦人教会長となり、終戦後のアメリカからの救援物資手配の先頭に立った人物であった。氏はヘブライ語に精通し、アメリカで学位を得て博士号も取得した。1960年に行年68歳で他界なされた。

　氏は日本民謡の中の囃子言葉に着目し、51例をもって詳細に解析している。また個々の言葉にも着目し、「大和言葉になった日本語」として、150以上の日本単語について語学系統的にヘブライ語起源であることを証明した。氏の解析はまことにもって緻密であり、日本の学界の中ではそれらは理解されず、博士の研究成果は学会ではこれまで棚上げされてきたものの、残された著書は今なお、日本語がヘブライ語起源であることを最も学術的に裏付けている。

2．ヨセフ・アイデルバーグ　著書『日本書紀と日本語のユダヤ起源』ほか

　アイデルバーグ氏は、ウクライナ生まれのユダヤ人で、1925年に現イスラエルの地であるパレスティナに両親とともに移住した。「イスラエルの失われた十部族」の研究活動を通じて日本に強い興味を抱き、来日して京都護王神社の見習い神官になるなどして、日本で生活しつつ日本語とヘブライ語（ヘブル語）との関連を研究し

た。

　氏は日本語以外に七カ国語を話す語学堪能者であり、上掲の著書では「ヘブル語起源の日本語」として500例を解説している。氏は別書『大和民族はユダヤ人だった』で、ヘブライ語起源の日本語は3,000以上に及ぶとも述べている。この研究成果はヘブライ語の実際の話者によるものである点が貴重であり、しかも平明な文で分かりやすく解説されている。氏の最も価値ある研究成果は、仮名文字とヘブライ語との密接な関連を示したものであるが、それは後述する。

　ヘブライ語起源というわけではないが、古代の日本語と一致する言語の研究が一例ある。

3．李寧熙（イヨンヒ）　著書『日本語の真相』ほか多数

　李氏は1931年東京生まれで、1944年に祖国韓国に帰り、韓国日報記者として、また女流文学者として、多彩な経歴を持つ。韓国古代史ならびに韓国古語の研究に着手し、古代韓国語と古代日本語の両方に通じた研究者として、「百済」という単語の由来から百済が大和国に属していたことや、古代日本語と古代韓国語は同語であったことを発表し、音韻変化の法則や豊富な事例を挙げて検証した。とりわけ万葉集を題材にしての解説は圧巻であり、古文解釈面においても氏の右に出る者は未だに存在しないと、筆者は感じている。李氏の研究は日本語とヘブライ語との共通性を探る目的ではないものの、日本列島と朝鮮半島に分かれ住んだ倭人の過去の言葉が同じであったことを証明し、それは、日本語とヘブライ語との共通性を探る研究に厚みを増している。古代韓国と古代日本、あるいは古代ヘブライ人との深い繋がりは、筆者が本書で検証していくことになる。

これら三例はすべて日本の学界では受け容れられずに無視の扱いを受けたため、日本社会ではあまり知られていないが、内容的には反論を許さないほどに精緻なもので、ヘブライ語は日本語の母語、あるいは兄弟語であることを、十分以上に証明している。その膨大な内容を逐一紹介することはできないが、ほんの一部として、「どっこいしょ」「わっしょい」「おっちょこちょい」「県」「郡」「町」「村」「歩く」「走る」「通る」「山」「川」「海」などがヘブライ語と一致し、また「頭」「おでこ」「おっぱい」「手」「足」「年」「月」「日」「雨」「風」「氷」「春」「夏」「秋」「冬」などが古代韓国語と一致すると知るだけで、日本語とヘブライ語あるいは古代韓国語との密接な関係は、自ずと理解されよう。

日本各地に昔の音韻のまま残るヘブライ語
1 日本民謡の囃子言葉

日本語がヘブライ語ベースでできていると言っても、何らかの音韻変化を経ている場合がほとんどであるが、昔の発音のまま残っている例があるので、それを紹介したい。その代表的な例が、「ヤーレンソーラン」などの日本民謡の囃子言葉である。上述の川守田英二博士によれば、そのほとんどが、神武天皇を讃える内容になっているが、そうではない民謡あるいは謡曲も、実は数多く存在する。たとえば、神武天皇の影響力などあり得なかった東北にまで、紀元前700年以前に使用されたヘブライ語が残っている。とりわけ岩手と青森南部は、源氏によって先住民が討伐された直後に秦氏が直轄した土地で、地名も「一の戸来（ヘライ＝ヘブライ）」というように民族名を使用したほどで、「ナギャド・ヤラ」という、主ヤハウェの聖櫃（契約の箱）を先頭に行軍した時に歌った歌で、モーセの時代以降のイスラエル民族の国歌ともいうべき古代ヘブ

ライ語までが、そのまま残っている。「岩手」も、「イワデ —— IWD = YWD」、「イウェフダ（ユダ）—— YWD」に通じ、またイワデは「ヤハウェの民＝神の民」を意味するヘブライ語の単語でもある。

2 田植え唄

　日本に残っているヘブライ語についてもう一つ書き加えれば、それは今も土地に残っている「田植え唄」である。海外 NHK 番組の特集番組で知ったが、岡山県南部の田園地帯に今も 200 を超える数の田植え唄が残っている。その儀式や唄の一部が画像で紹介されたが、それは古代のヘブライ語のようでもあり、またヘブライ文化そのものであった。ヘブライ人には神の名「ヤーウェ」をそのまま呼ぶことは禁じられており、「ヤー」とか「ヤウ」と呼んでいたが、その田植え唄では「ヤーウェ」と直接呼んでいて、非常に興味深く感じられた。現地の田植えの若い女性たちは唄の意味を解することもなく、暗記した歌詞をそのまま歌い続けて古代から現代にまで継承してきたが、筆者が聞くその限りにおいては、その歌詞はヘブライ語である。田植えは既にほとんどが機械化されているので、このまま田植え唄が消え去ってしまうことが危惧される。自治体など公的組織を含む関係者に、何とか唄の保存に努めて欲しいと願うとともに、その言葉がいつの時代のヘブライ語なのか、あるいはヘブライ語の兄弟語であるアラム語なのか、解明する方が出てきて欲しい。

日本固有文字である片仮名と平仮名はヘブライ語起源

　言葉の次は、文字である。仮名文字作成に関しては、第十章冒頭の「いろは唄」の項で後述する。西暦 66 年にエルサレムのローマ軍包囲を脱出した、神の道教徒（ユダヤ教徒の旧称）イエス派の

第五章　日本人のルーツ

子孫が作成者であるが、その仮名文字について、故川守田英二博士が、「日本語には文語と口語があり、文語はヘブライ語であり、口語はアルタイ語族が話した大和言葉で、文語のために片仮名が、そして口語のために平仮名が作られた。」と述べている。確かに、敗戦までの天皇陛下の正式なお言葉は、全て文語であった。昭和天皇による「終戦の詔」は、ラジオの不明朗な音も影響したが、それが文語で行われたため、一般国民には理解が困難であった。その詔が活字の文章になると、片仮名で表現されていた。また、アルタイ語族とはアジア北方の騎馬民族であり、彼らのルーツもヘブライ人であったため、文語と口語は基本としてはよく似ているのである。後述するが筆者の論では、文語は天孫族、口語は倭族の言葉というこ

発音	k	k	q	th	f	l	lu
ヘブル文字	コ	ケ	ア	ん	フ	レ	ル
仮名文字	コ	ケ	カ	ト	フ	レ	ル
発音	ko	ku	ka	to	fu	re	ru

発音	n	ts	s	h	w	、	ri
ヘブル文字	ノ	ろ	ワ	ハ	フ	ひ	り
仮名文字	ノ	そ	サ	ハ	ワ	ひ	リ
発音	no	so	sa	ha	wa	hi	ri

発音	r	n	a	w	z	f	th
ヘブル文字	フ	ノ	א	フ	ノ	フ	ナ
仮名文字	ラ	ナ	あ	ウ	ソ	プ	た
発音	ra	na	a	u	so	pu	ta

発音	、	ts	sh	m	m	n	i
ヘブル文字	と	ス	ヤ	ツ	サ	ケ	ス
仮名文字	ヒ	ス	シ	ミ	モ	ん	イ
発音	hi	su	shi	mi	mo	n	i

第21図　ヘブル文字と仮名文字との形態比較

とになる。

　その片仮名と平仮名のルーツについて、ヘブライ語の話し手であった故ヨセフ・アイデルバーグ氏が、仮名文字の一文字ずつについて詳細にヘブライ語の文字と比較し、その関連性を著書で発表した。それは、日本固有の文字であるはずの仮名のルーツが、実はヘブライ語にあることを明確に示しているので、第21図に紹介・提示する。これを見れば、仮名文字のルーツはヘブライ語にあることが一目瞭然であり、他の説明を要しない。

第三節　日本列島支配民族 ── 天孫族と倭族

天孫族と倭族

　さて、血液型遺伝子、言葉、文字という民族を判定する基本部分はすべて、多民族日本人の中核は古代ヘブライ人の末裔であることを示したわけであるが、日本列島を支配した彼らは天孫族と倭族というふうに、二つのグループに分かれていた。

① 天孫族はユダ王国二部族、倭族はイスラエル王国十部族

　天孫族というのは、次章の「天孫降臨」で詳述するダビデ王家避難隊に始まる人々であり、現天皇家に連なる人々である。ヘブライ部族としては、ユダとベニヤミンのユダ王国二部族に、祭祀レビ族の中枢が加わっている。一方、倭族というのは、ダビデ王家避難隊以外で日本列島に渡来した古代ヘブライ人の総称と言ってよく、部族的には殆どがイスラエル十部族と祭祀レビ族である。紀元前17〜16世紀にエジプトから中国に渡り、その後紀元前4世紀頃に揚子江を下って日本列島に到達した人々の中には、ユダ族やベニヤミン族も存在し得たが、後述する物部氏以外には部族としての特別

扱いは見当たらず、過去が遠過ぎることもあって彼らは天孫族の扱いは受けず、倭族として取り扱われたように思われる。

②「日本人は失われたイスラエル十部族」説に隠れた意図
□「日ユ同祖論」の大勢は「十部族論」

　戦国時代末期にイエズス会宣教師のケンペルが日本で布教活動をした際に、日本人と古代ヘブライ人との深い繋がりを見出した。その後、今からおよそ160年前、スコットランド商人であったノーマン・マックレオドが江戸時代末期と明治新時代の境の頃に来日して、日本人の生活文化や歴史、天皇家の様子などをつぶさに観察し、ケンペルの発見を知ったか知らずや、日本人は古代ヘブライ人の末裔であるという結論を冊子として発表するや、それ以後日本人の中にも同様の研究や発表を行う人が、若干ながらも出てきた。多くはキリスト教の牧師であった。日本書紀と古事記には旧約聖書と同一の記述が多く、旧約聖書をよく知っている日本のキリスト教牧師が研究者に多かったことは、当然の成り行きであった。ユダヤ教の聖職者などのユダヤ人の研究家も多く、川守田博士を除き、彼らほぼ全員が「失われたイスラエル十部族」説を唱え、「日ユ同祖論」の大勢は「十部族論」となっている。

□一部の十部族論に働く政治的・宗教的意図

　ユダヤ教の聖職者であるM・トケィヤー氏が彼の著書の中で、天皇家の出自をユダ王国ヒゼキヤ王とした故川守田英二博士を、頁を割き、これでもかというほどに低品位に罵倒した。筆者はそれを読んで気付いた。日本の天皇家がユダ族でダビデ王の末裔だとしたら、困るのはM・トケィヤー氏を含む白人のユダヤ人たちである。JEWはユダヤ人本流であるべきなのに、ユダ族宗家の天皇と肌色

も異なる自分たちは何者なのかを問われてしまう。彼らはそのことをひどく怖れ、何が何でも日本人の祖先はユダ族ではなく十部族でなければならないという、現白人ユダヤ人の政治的かつ宗教的な意図が、一部の十部族論には働いている。

③ 天孫族と倭族の性格の違い

ちなみに、天孫族と倭族の性格の違いについて、若干触れておきたい。天孫族は（南）ユダ王国人であり、エルサレムの地に戻り、そこで王権を回復する目的で、日本列島には一時避難の目的で渡来した。倭族は（北）イスラエル王国人であり、国が滅びて帰る場所もなく、中央アジアや南アジアをさすらい、自己生存のために建国しては滅ぼされる、あるいは滅亡を避けて他の地に避難するということを繰り返し、その一部が最終的に日本列島に到達した。天孫族と異なり倭族は、統一王という求心力を持つ存在もなく、また旧地で王権を回復するというような目標も持っていなかった。日本列島における天孫族にとっては、来るべき日に備えて血筋を残し勢力を維持することが最大の目的であったが、倭族は日本列島での居場所を失ったら他に行く所はもう何処にもなかったのである。倭族の領土的あるいは覇権への執着心は、「一所懸命」の字が如く、天孫族とは較べようもなく強かった。その視点を得れば、葛城氏の新羅での覇権争い、あるいは邪馬臺国時代、河内王朝時代そして大和王朝時代を通じて、奈良地域における葛城氏の権力争奪の凄まじいまでの執着を、理解することができるのである。このように考えると、葛城氏と縁の深かった尾張氏も、新羅や邪馬臺国での覇権争いの様子を見ると、実は天孫族ではなく倭族であったと推察できる。

④ 天孫族と倭族の実際の仲

　その性格の異なる天孫族と倭族両者の仲は、実際はどうだったのであろうか。それは、彼らがまだカナンの地にあった頃の歴史と関連する。サウル王からダビデ王への承継に端を発し、ユダ族と残り十一部族は抗争を繰り返した。この構図は、後にベニヤミン族がユダ族側につき、二部族と十部族との抗争という形に変化し、（北）イスラエル王国が滅亡するまで抗争は続いた。場所を日本列島に変えた後も、この抗争の"しこり"は残っていた。倭族が天孫族を日本列島での支配者と認めることは揺るぎなかったが、倭族の天孫族への内なる敵愾心は散見される。たとえば、中矢伸一氏が彼の著書で紹介した出雲神族末裔の富氏は、渡来の時期が早いという理由で中国南部経由の倭族に属すると目されるが、彼の天孫族に対する憎しみの感情は、単に支配者から被支配者へ転落させられた恨みだけでなく、尋常ではない根深さを感じざるを得ない。さらに例を辿れば、蘇我氏も倭族に属した氏族と想定すると、大伴氏など他の天孫族豪族との抗争の様子の中に、天孫族への敵愾心のような心情を読み取ることができる。歴史の表には出にくいこのような感情が、天孫族と倭族との間には常に存在したのかもしれない。聖徳太子の「和をもって尊しとせよ」の一言は、イスラエル十二部族が結束して統治に当たれと命じたことであるが、その実の内容は、かつてのユダとイスラエルとの抗争に起因する対立感情を抑えて大同団結しろということであり、彼がそのように言わねばならなかった必然性が当時存在していた、ということの証明でもある。

倭国の命名と日本人ルーツとの関係

　天孫族よりもまず先に、日本列島内支配層で圧倒的な数的多数を占めた倭族について言及したい。

1 漢書地理誌記載の中国南部倭族と日本列島住人倭人

「倭」という国名は中国王朝がつけたもので、決して日本人が自らつけたものではない。「倭」という固有名詞が日本人の呼び名として初めて歴史上に現れるのは、紀元前108年に、漢の武帝が朝鮮半島に楽浪郡を設置したときのことが記述された漢書地理誌の一節「楽浪海中に"倭人"あり。分かれて百余国、歳時をもって謁見に来るという。」である。同じ漢の武帝が同時期に、中国南西部からインドを経由してインド西北の大夏（バクトリア）に至るルート確保のため、長江上流の金沙江流域の倭族の国々を次々と滅ぼした記録が、はっきりと"倭族"と表記されて、漢書にある。全く同時期の同一朝廷による公式記録で、共通文字「倭」を含む、日本列島「倭人」と、中国南西部の「倭族」という、二つの表記がある。日本と中国という異なる場所であるとはいえ、それらが別民族であるという考えは、到底成り立たない。なぜ漢王朝は、日本列島の住人を「倭」人と命名したのであろうか？

2 倭族の国家分布

鳥越憲三郎氏の書によって倭族の国を列記すると、重慶の近くに「巴」、その少し上流の四川地域には「冄駹」、「徒」、「蜀」、「筰」、「嶲」、金沙江を遡って「邛都」、さらに遡って「昆明」がある。昆明から中国南部を海の方に抜ける広西方向に「滇」、「夜郎」、「且蘭」がある。これらの国々はすべて高地丘陵・山岳地帯にある。

3 漢字「倭」に込められた意味
◻ 漢字は秦の時代に作られた

突然であるが、筆者は漢字が作られたのは前漢ではなく、実は秦の時代であったと考えている。その根拠は、秦の時代の文化はユダ

第五章　日本人のルーツ

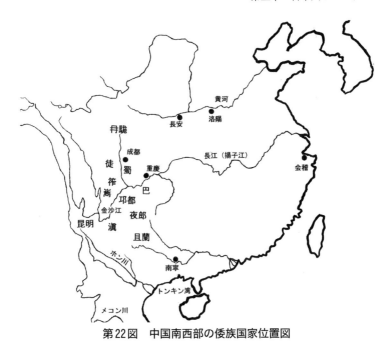

第22図　中国南西部の倭族国家位置図

ヤ神秘主義（カッバーラ・終章参照）に満ちていて、漢字もカッバーラを駆使して作られているためである。たとえば「秦」という国名も字を分解すれば「三人の木」となり、これは三神構造のカッバーラの図そのものを指し示している。秦という国は古代ヘブライ人の国であるということを、国名で堂々と示している。次の漢王朝は、中国の秦以降の名立たる王朝群の中では、唯一中華人の建国となるもので、カッバーラ文化に基づく漢字が生まれる素地はないに等しい。

139

□「倭」は秦の国より一段低い蔑んだ表現

「倭」の字を分解すると、「人の禾　女」ということになる。これはカッバーラでは、三神のアン（均衡の柱、夫・太陽神・神）、キ（峻厳の柱、妻・大地母神・聖霊）、エンリル（慈悲の柱、息子神・太陽神・主）のうち、大地母神・聖霊を指し示している。聖書でも主体は神・主であり、聖霊の登場は非常に少ない。秦の国はワ族を秦と同族と認めながらも、自分達より一段低い、いわば蔑んだ表現をとった。それが「倭」族であった。聖霊は決して蔑まれるような存在ではないが、ヘブライ民族にとっての男女の関係は、聖書に一貫されているように「男」が先にあり、「女」は男と一体となって男を補う存在なのであった。

④ 文献で初めて「倭人」と記録されたのは古蜀国人

　分布図の倭族の国々の建国時期は紀元前のいつ頃であるのか、個別には定かではない。「倭人」の名が初めて文献に現れたのは、紀元前1122年に建国された周の、第二代成王の御世を記述した『論衡』である。その「倭人」は古蜀国人であり、日本列島の住人ではなかった。古蜀国の「三星堆遺跡」からは殷代の青銅器が多数発掘され、その一つが第四章第二節で既述の、古代エジプト文化を継承したような神の立像である。古蜀国の特徴は、青銅器とともに金が大量に使われていることである。その使用量は、歴史上類がないとされている。そこだけ聞けば、ヨルダン川東岸のイスラエル二.五部族ルーツのスキタイ人と一緒かと思ってしまうが、建国時期はスキタイよりも千年も早い。三星堆遺跡からは、隣国「巴」国の土器も多数発見された。古蜀国は巴国とともに、殷代初期には存在していた。

第五章　日本人のルーツ

5 揚子江流域の倭族はエジプトから渡来のヘブライ人

　鳥越憲三郎氏は、稲作と高床式住居の特徴をもって「倭族」と定義している。その倭族の分布は、一部黄河沿いや山東半島にも存在したが、概ね揚子江沿いに点在していた。筆者は、第四章第二節で詳述したように、古蜀と巴を含めて揚子江流域のこれらの国家群を、「紀元前17〜16世紀にエジプトから中国に渡来したヘブライ人国家」と断定している。ヘブライ人と一口に言っても12の部族に分かれており、移住するようなときには必ず部族単位で行動した。それぞれの部族の本家筋はエジプトに残ったので、その当時は部族単位だけでなく、氏族単位で三々五々エジプトから消えていったというのが、実情であるかもしれない。それらが順不同で揚子江流域に辿り着き、氏族単位で集落やら国家を築いていったため、倭族国家は小国が分立したのであろう。到着当初は、近隣の集落や国家が同胞であるかどうかさえ、分からなかったと推測する。なお、倭の音は正確には「ワ」ではなく「ウォ」であったという中国学者筋の指摘を受け、鳥越氏は越国も倭族に加えている。越国は第22図の会稽を根拠地とする大国であった。

6 揚子江流域倭族はインダス河口経由で渡来

　余談気味であるが、彼らはどのようにしてエジプトから中国大陸に到達したのであろうか。筆者は、一つだけ推論できる。それは船を利用してインダス川流域に至り、そこから陸行して中国西南部の金沙江上流に至り、再び船を利用して揚子江流域に至る方法である。この論によれば、倭族は揚子江上流から下流に向かって展開したことになる。イスラエル人はエジプトで一大勢力を成したわけであるから、船の調達は容易であったはずである。エジプトと言うと砂漠の国であり、船など縁遠いように思う人もあるかもしれない

が、エジプトではかなり船を造る技術が発達していた。ギザのピラミッドの脇に埋められた船が、それを証明している。ギザの例はともかくも、エジプトの船の作り手の中核は、やはりイスラエル人であったと推測する。「嗣業」という彼ら独特の技術保全の仕組みが、日本での絹織物や伝統工芸・芸能同様に、船を作る技術を高め保全させたと考えることができる。船を用意した後の航海は、紅海を下り、季節風に乗ってインダス川河口までは容易に到達できた。船に運び込める飲料糧食の量を考慮すれば、そこから船でさらに先に進み、揚子江河口まで海行するというのは非現実的である。おそらくはインダス川沿いに北インドに進み、現ネパールのカトマンズ北方辺りからチベットに抜け、川下りをして揚子江の上流たる金沙江に到達するような方法が、最も現実的である。このように考えると、彼らの殆どが揚子江沿いに展開したことの理由が立つ。

7 不明な中国を目指した理由

しかしながら、一つだけ疑問が残る。彼らはなぜ、そこまでの旅程を覚悟してまで中国を目指したのか、ということである。稲作のためにナイル河口域と同じような居住条件を求めたことは想定できるが、今でこそ華北平原は広い平野を有するものの、今から3600年も前はそれほど堆積も進んでいなかったはずである。古蜀の遺跡例を見ると豊富な青銅と金が使われているので、中国地域はそれらの鉱物資源が潤沢に埋蔵されている地域であるというような噂が、エジプトに当時流れていたのであろうか。その当時の青銅は、金と比肩するほどに高価であった。それとも彼らは、最初はナイル河口域に似た様子の、インダス川と隣のサラスヴァティー川流域を目指したのであるが、そこは大インド砂漠拡大の影響で住・農業環境の悪化が進みつつあり、インダス文明を築いた先住民でさえその地を

第五章　日本人のルーツ

去りつつあった。現地を訪れて初めてそのことに気付いた彼らは、仕方なく次の候補地として中国の揚子江流域を目指した、と推定できる。筆者としてはこちらの可能性の方が遥かに高いと思われる。ちなみに、ノアの洪水とその後の地球膨張の関係で、世界の河川で本格的な堆積が始まったのは約四千年前からのことであり、紀元前16世紀頃に耕作用のまとまった平地を得ることができた場所は、大河流域に限られた。世界の四大文明がすべて大河流域となっているのも、そのような事情が背景にあった。

8 揚子江沿い倭族は滅ぼされて列島に渡来

これらの揚子江沿いの倭族国家群は、楚国及び秦国によって紀元前四世紀後半に大方滅ぼされ、その後の消息は掴めなくなっている。まず紀元前334年に楚の第三十五代威王が越国を滅ぼし、このことにより揚子江下流域の倭族国家群は終局を迎えた。引き続き揚子江上流域の古蜀と巴が、秦の始皇帝によって紀元前316年に滅ぼされた。蜀国については、紀元前176年に現ベトナム地域で滅びているが、それは王朝交代後の国であり、最初の王朝を築いた人々の行方は記録としては分からない。古蜀を含めて彼らの行方知れずの時期と、列島での稲作開始と高床式住居出現の時期が一致するため、彼らは揚子江を下って海路日本に辿り着いたと、日本の歴史家たちは判断した。

□ 稲作朝鮮半島経由説の考察

なお、その時期の朝鮮は半島ではなく島であった。揚子江河口には越の国であった会稽がある。会稽から真っ直ぐ東に向かうことができれば日本列島に至るが、黒潮の流れに乗ってしまうと、当時会稽から現在ほどは遠くなかったはずの朝鮮島に流されて行ってしま

うことになる。稲作も揚子江流域から朝鮮半島経由で日本列島に来たとする説が有力であったが、朝鮮半島での考古学的発掘に、日本の弥生遺跡に酷似したような発掘事例が存在したのであろうか。第六章第四節で後述するが、紀元前600年頃から朝鮮島南部は天孫族の領有で、そこでは当然稲作は行われていたはずであるので、そのことが稲作朝鮮半島経由説の根拠となってしまったのかもしれない。あるいは、日向の地と直接関係することになるが、水に乏しい中東カナンの気候を考えると、ユダ王国から直接来た天孫族は、稲作習慣がなかった可能性も考えることができる。日向における稲作は、いつ頃まで遡ることができるのであろうか？

9 漢書地理誌の「倭人」は金沙江流域倭族関連

　漢書地理誌の記録者の「倭人」の根拠に、これら揚子江流域の倭族が含まれていたのかどうか筆者には判断できない。しかし、少なくとも記録者たちの脳裏に浮かんでいたのは、前漢が滅ぼしあるいは従属させた金沙江流域中心の倭族・倭人であったと推測する。理由の一つには、揚子江流域の倭族が滅んだのは、記録者たちにとっては200年も前の出来事だったことによる。さらに、その倭族は滅亡までに1200年間も中国の地に存在したわけで、記録者たちが両倭族を同一民族と見做したかどうか定かではない。そういうことよりも、金沙江の方は彼らの目の前で滅ぼした倭族国家群であったため、彼らのその後の動向についても関心を持ち続け、彼らが日本列島に渡ったのを知っていたからこそ、列島の住民は倭人と認識したように思う。

□ 滅亡経過

　それら金沙江流域中心の倭族の滅亡について具体的に述べると、

先ずは前漢の武帝が、インド経由の大夏への交易ルート確保のため、紀元前110年前後に冄駹、笮、邛都、且蘭を滅亡させた。古蜀と巴を含み倭族の国々は次々と消滅し、武帝の代で最終的に生き残ったのは、武帝に徹底抗戦した昆明と、最初は楚、引き続き漢の属国となった滇だけであった。この両国の滅亡について中国王朝の各史書は一切触れていないが、滇国は時代が下がって西暦225年に、三国時代の蜀の諸葛孔明によって滅ぼされた。昆明は前漢武帝の交易ルート確保の意図を挫かせるほどの抗戦はしたものの、度重なる中国王朝への反乱で疲弊し、"自然消滅"したと考えられている。なお、「古蜀」の呼称は第22図にもあるように本来は「蜀」であるが、後世の三国時代にも「蜀」は存在したので、頭に「古」を付けて区別するのが通常のようである。

⑩ 金沙江流域中心の倭族はイスラエル十部族

金沙江流域中心の倭族の出自はどうだったのであろうか。

⑴ 最初に考えなければならないのは、彼らは揚子江流域で約200年前に滅んだ倭族国家群の後裔であった可能性である。古蜀の一派がベトナムまで下ったことを考えると、距離として可能性はあるものの、広大な丘陵地や平地での稲作を1200年間も続けてきた民族・部族が、急峻な山間地に住み着けるかという疑問が、先ず先に立つ。

⑵ この地域の人の流れは、インド・チベットから中国西南部へという具合で、上流から下流への流れである。そのインド方面からの流れでヘブライ人の歴史を探ってみると、紀元前586年のバビロンの捕囚であるが、捕囚されたユダ族とベニヤミン族の多くは、後にパレスティナに戻るかバグダッド周辺にとど

まったため、中国南西部に至った倭族とは関係が薄いように思われる。
(3) 残りは紀元前722年の（北）イスラエル王国滅亡後のイスラエル十部族の散逸が該当するが、彼らは二グループに分けられる。先ずヨルダン川以東にあったイスラエル二.五部族はスキタイ人となり、一部は西域、インド、チベットを経由して中国西南部に入った。次に、ヨルダン川以西にあったイスラエル七.五部族の一部は、捕囚後にイラン方面からアフガニスタン北部、インド、チベットを経由し、こちらも中国西南部に入ったと考えられる。つまり、金沙江流域中心の倭族の出自は、イスラエル十部族が主体であったのである。

11 倭族民の相当数は難民となって日本列島に渡来

　中国西南部の倭族は、このように中国王朝によって次々と滅ぼされていったが、彼らは決して「ただ滅ぼされ絶えた」わけではなかったであろう。地図で見ると中国西南部は険しい山岳地帯で、海から相当に遠いように見えるが、昆明から一本の川を下って、当時の港湾都市南海（現在の広州付近）に至るか、途中南寧（ナンニン）から少しの陸行を経て、現在の欽州付近の海岸に抜けることができた。また、昆明から多少の南行で紅川の上流に至れば、川一本でトンキン湾のハイフォンに抜けることもできた。倭族の相当数の王族・貴族・領民は、難民となって海を渡り、中国王朝の手の届かない日本列島に到達したと推察する。昆明も前漢との抗争による疲弊・自然消滅ではなく、同様に列島に渡ったと考える方が自然である。

12 倭族残党の列島渡来を知っていた中国王朝

　秦の徐福の列島渡来は紀元前三世紀であり、金沙江流域中心の倭

族の国々の消滅の時期はその約百年後である。古代ヘブライ人は離散後も連絡を取り合っていたので、列島にダビデ王統避難王朝が存在していたことは、大陸の倭族の人々も当然知っていたと考えて良い。ソロモン死後にヘブライ民族は国家として南北に分裂したとはいえ、民族としての同胞が住み、また聖櫃が安置されている日本列島移住への強い憧れを、大陸を追われようとしていた倭族が当時強く抱いたであろうことは、容易に推測できる。中国王朝は、「相当数の倭族の残党が日本列島に渡った。」という認識を強く持っていたため、王朝関係者は漢書地理誌に「列島の住民は倭人」と書きこんだと、筆者は考えている。

13 五十音神代文字は倭族のインド経由を裏付け

　倭族がどの時期に日本列島のどこに渡ったのかということについては、終章第一節の「弥生遺跡の分布」のところで述べることになるが、そのうち第二波と第四波は、紀元前七世紀以降のインドを通過している。その頃インドで誕生したアブギダ文字種（五十音を連想すればよい）が、日本で相当数の種類で漢字導入以前の神代文字として残っていることから、インド ― 中国西南部・南部 ― 日本列島という流れで、相当数の人の移動があったことが、そのことによっても裏付けられる。

第六章　天孫降臨

第一節　エルサレムから日本列島への王家避難隊の東遷

ヘブライ人の宗教「神の道」とその神ヤハウェ

　日本列島への倭族の渡来については前章で述べたので、次に天孫族の渡来について述べたい。

　日本の古代史を語るためには遠く時代を遡り、地中海東岸地域を語ることから始めなければならない。時は紀元前722年、今まさに（北）イスラエル王国が滅びんとしていた。現在のトルコに本拠を持つアッシリアの軍勢が、（北）イスラエル王国の首都サマリアを取り囲み、王国の陥落は時間の問題となっていた。（北）イスラエル王国はイスラエル十二部族のうち、ユダとベニヤミンの二族を除くヘブライ十部族で構成され、エフライム族が王族となっていた。

　この（北）イスラエル王国の滅亡は、彼らヘブライの神である主ヤハウェによって預言（神の言葉を人を介して民に伝える）されていた。彼らの宗教は今でこそ「ユダヤ教」として知られているが、当時は「神の道」と呼ば

第23図　（北）イスラエル王国滅亡前の位置（紀元前八世紀）

れていた。日本固有の宗教「神道」の語源である。「神の道」はその数百年も前にモーセによって確立されたもので、太陽神ヤハウェだけを信ずる一神教である。しかし、誤解のないように補足しておくと、「神の道」は一神教ではあるが、神界としては「神・主・精霊」の三神で構成されている。ヤハウェは「主」に相当し、「主ヤハウェ」は固有名詞化しているので、本書もその呼称を用いることとする。「モーセの十戒」の最初に「私の他に神はあってはならない。」とあるが、それは「(神は三人いるが、)ヘブライの民が信ずる神は私一人でよい。」ということであった。私はおまえたちの「主人」であり、私の父たる「神」と私「主」は一心同体であって、お前たちが直接信じるには「神」は高貴過ぎる方であるし、「精霊」は神界での役割が違う、ということのようである。

　モーセ以前のヘブライ人が信ずる神は、同じ太陽神ではあるが「ヴァール」と呼ばれていた。「ヴァール」とは「ヴァ・ハル」つまり「ハル神」のことで、ヤハウェとハルは同じ神であった。「ヴァール」神信仰は偶像崇拝に陥ったため、モーセが主ヤハウェの啓示を得て新たにリメイクした彼らの宗教が「神の道」である。「ヴァール」と「神の道」とは元は一つであったため混同がついてまわり、(北)イスラエル王国の民は繰り返し偶像崇拝に陥ってしまった。「偶像崇拝に陥れば主ヤハウェによって"打たれる"」ということは何度も繰り返し預言され、ヘブライ人であれば誰でも知っていることであった。この預言のとおりに、(北)イスラエル王国は主ヤハウェによって"打たれ"、アッシリアの軍に蹂躙された。

ユダ王国の第十四代ヒゼキヤ王

　この様子をつぶさに観ていた一人の王がいた。ユダ王国の第十四代王ヒゼキヤで、彼の治世６年、齢31歳の時であった。アッシリ

ア軍の蹂躙はすさまじく、暴行・略奪・破壊は言語に絶し、王は戦いに負けた後の惨めさや民の不幸を、現実の問題として知った。ヒゼキヤ王は、旧約聖書列王記下に、「ユダのすべての王の中で、その後も前も、彼ほどに主ヤハウェに信仰深い王はなかった。」と記されている。

　ヒゼキヤ王の治世第14年には、アッシリアの王センナケレブがユダ王国に攻め上り、王国の砦の町をことごとく占領してしまった。このとき主ヤハウェはアッシリア王を罰し、またエルサレムとダビデの子孫を守るために、侵入したアッシリアの兵を皆"打った"と旧約聖書の列王記に書かれている。ある朝、アッシリアの陣営にいた18万5,000人の兵がすべて死んでしまい、アッシリア軍は退却を余儀なくされ、アッシリア王は後に殺害された。作り話のようであるが、これは史実であった。

　この頃、ヒゼキヤ王は死の病にかかっていた。ヒゼキヤ王は主ヤハウェに、自身の信仰深かった過去を述べつつ命乞いをすると、主ヤハウェはこれを受け容れ、ヒゼキヤ王は三日後には主の神殿に上ることができると告げられた。

主ヤハウェのユダ王国滅亡預言とヒゼキヤ王の決断

　ヒゼキヤ王の病気回復を聞きつけた東方のバビロンの王メロダクは、ヒゼキヤ王への手紙と贈り物を携えてエルサレムに使者を送った。このときヒゼキヤ王は、宝物庫、武器庫、倉庫など、宮中の一切をその使者に見せてしまった。預言者イザヤは、「王宮にある物、あなたの先祖がこれまで蓄えてきたものが、ことごとくバビロンに運び去られ、何も残らない日が来る。あなたから生まれた息子の中には、バビロン王の宮殿に連れて行かれ、宦官にされる者もある。」という主の言葉をヒゼキヤ王に伝えた。

第六章　天孫降臨

　ヒゼキヤ王は自国が近い将来滅ぼされてしまうことを知り、一大決意をした。自らの家族と最も重要な宝物類を緊急避難させ、自国滅亡後の将来に帰り来て、再び王国が復活することを期したのである。この"ヒゼキヤ王の決意"こそが、現在の日本の始まりなのである。このことに最初に気付いた研究者は、第五章第二節で既述の故川守田英二博士であった。

避難させる「人」と「物」
1 避難させる自らの家族とは？
　"自らの家族"とは、ヒゼキヤ王の妻である王妃と子の全てであった。この王妃と子については、紀元前734年に、イザヤがヒゼキヤの父であるアワズ王に告げた預言がある。「乙女が妊娠して児を産もうとしている。その名をインマヌエル（我神とともにいます）と名付けなさい。」というもので、ヒゼキヤは当時立太子で19歳であった。その翌年にヒゼキヤの長男が産まれ、「インマヌエル」という名が実際に付けられた。「乙女」とは名前が特定されていないものの定冠詞付きであり、当時のユダ王国民が聞けば誰でもわかる人物であった。川守田博士によれば、それはヒゼキヤの新妻であり、イザヤの孫娘であったらしい。預言者イザヤはヒゼキヤ王の家族の避難行を先導することになるが、それは同時に自分の家族を助けることでもあったようだ。

2 避難させる最も重要な宝物類とは？
　"最も重要な宝物類"とは、主ヤハウェの台座である聖櫃アーク（「契約の箱」とも言う）と、「幕屋」と呼ばれる移動式神殿、ダビデ王家の王位を証する三種の神宝（モーセの石板、アロンの杖、マナの壺）であった。マナの壺だけはヘブライ十二部族のうちのガド

151

族が保管していたため、この時点でヒゼキヤ王の手の内にはなかったようである。この他に、宗教や宮中儀式の催しや王室の記録係など、王家の存続のために必要な組織・人・物資の一通りが避難されねばならない。どんなに少なくとも数百人以上の規模の集団となり、相当量の物資を運ばなければならなかった。

王家の避難先の選択
1 避難先はユーラシア大陸の陸続きでは危険

避難させる際に最も考慮すべきは、「どこに避難させるか」ということであった。ヒゼキヤ王が考えたことは、避難先はユーラシア大陸の陸続きでは安全ではないということであり、そこで大きな候補に挙がったのが日本列島であった。「インドネシアやフィリピンなど、大陸から離れた島はいくらでもあるのに、どうして"選りによって"日本列島だったのであろうか？」ということは、日本人の誰もが持つ疑問である。

2 九州宇佐の地はユダ王家所有の世界最大の鉄の生産地

アッシリアがなぜ軍事的に強かったのかというと、彼らは鉄製の兵器を所有していたからである。アッシリア兵は当時既に鉄製の武器どころか、防具である鉄製の鎧さえ身につけていた。わずかな青銅器の武器しか持たない古代ヘブライ民族は、アッシリアの圧迫に常に苦しんできた。ダビデ王家第二代ソロモン王は、鉄を得るために世界中にタルシシュという名の船団を派遣し、鉄鉱石や砂鉄を発見した場合は現地で鉄を生産し、そして（全）イスラエル王国に製鉄を持ち込んだ。彼らが見つけた世界最大の鉄の生産地、それが現在の日本の九州、宇佐の地である。宇佐に近い国東半島にある製鉄遺跡から、炭素14逓減法による年代測定で紀元前695年±40年頃

の、当時世界最大規模と推定される製鉄所跡を、坂田武彦九州大学教授が発見し発表したが、日本の他の学者たちは、製鉄に関しての列島内の他の事例との違い過ぎる年代差から、この発見を正面から受け止めることができず、棚上げにしてしまった。後述の天孫族の日本列島降臨と照らし合わせてみれば、紀元前695年というのは実に現実的な"時"であった。炭素14逓減法は木目による年代測定より、2000年前で100年程度短い値が出るので、実際はさらに年代が遡り、紀元前800年前後という具合に、タルシシュ船派遣の時期と一致する可能性が極めて高い。

③ 強力な軍事力と経済的な国力を見込める日本列島を選択

　鉄は当時無敵の武器の生産素材ではあったが、市場では金の値段より高く、富の象徴でもあった。ヒゼキヤ王は、「大陸から離れていて軍事的に安全であり、鉄製兵器を備えた強力な軍事力と、経済的に豊かな国力を見込め、かつ太陽神ヤハウェの太陽が大陸よりも先に昇る島（日本列島）」を、王家の避難先に選んだ。

避難先への移動ルートの選択と移動方法
① 選択の余地がなかった避難方向

　次の問題は、東海の島に向けて「どうやって避難させるか」ということであった。エルサレムの北にはアッシリア、東にはバビロンがあり、避難できる方向は西の地中海か南のエジプトに限られた。「東海の島」であるから地中海や大西洋に向かうこともできず、北東西への選択肢はなかった。ユダ王国は紅海に接する部分も領有していたが、避難当時は既にアッシリアに占領されてしまっていて、残るは隣国エジプトを通過する南方向しか選択の余地はなかった。これには当時いくつかの好条件が重なっていた。

② 黒人ファラオの誕生がエジプト通過好条件

　ユダ王国とエジプト王国との関係は従来必ずしも良くはなかったが、この時点ではエジプト通過に大きな可能性があった。それは現在のスーダンに位置するクシュ王国が既にエジプトを征服し、異色の黒人ファラオの王国が誕生していたからだ。紀元前1069年、（全）イスラエルが王政を敷く以前でペリシテ人の支配を受けていた頃、エジプトの下流域はリビアに征服され、リビア王朝が約300年間続いていたが、現在のスーダンに位置していたクシュが、中流域のエジプトをまず征服し、そして下流域のリビア王朝をも打破して、紀元前747年にクシュ王ピイは全エジプトを支配下に置いた。エジプトの神はアテン神であり、クシュ人であった彼はエジプト人に負けず劣らずの敬虔なアテン神信徒で、リビア王朝の影響下にあって退廃していくエジプトを看過できず、"古き良きエジプト"を再興するために、エジプトへの軍事制圧に乗りだしたものだった。彼は、クシュで産する大量の黄金を使ってエジプト文化の再興に心血を注いだが、近隣諸外国への支配欲はなかったため、ヒゼキヤのユダ王国とも悪い関係ではなかった。

③ 難民を装い大量の難民の群れに紛れ込んだ王家避難隊

　紀元前722年に（北）イスラエル王国がアッシリアに滅ぼされた際に、大量の難民がユダ王国やエジプト下流域に流れ込み、滞在していた。さらに、紀元前701年のアッシリアによるエルサレム包囲の際にも、ユダ王国の難民がエジプト下流域に逃げ込んだ。ユダ王国のすぐ南側はもうエジプトであり、両国は隣国同士だったのである。同じ年、「日影が10度戻る。」地球の異常回転により発生した民族移動が世界中で発生し、エジプト人にとって民族の流入・移動は日常的に見聞きすることで、決して珍しいことではなくなってい

第六章　天孫降臨

た。さらに、イスラエル王国やユダ王国からの難民の中から数多くの傭兵を採用したため、この時のエジプト人にとってヘブライ人は特別珍しい存在ではなかった。王家避難隊は、このような事情で難民を装い、大量の難民の群れに紛れることができた。

紀元前700年に王家避難隊エルサレム出発

避難隊の出発がいつであったのかの記録はないが、「主ヤハウェの預言」の翌年、紀元前700年にはエルサレムを出発していた。それは、避難隊一行がエルサレムを去るやいなや、ヒゼキヤ王はすぐに再婚し、紀元前698年にはマナセ王子が誕生しているからである。この王子はヒゼキヤ王の死後に元服前の12歳で王位に就いている。本来であればヒゼキヤ後継王は当時46歳のインマヌエルであるはずだが、彼は33歳のとき既に東海の島に向けて旅立ってしまっており、聖書は彼に関する一切について沈黙してしまう。王家であれば後継者確保策は最重要課題で、インマヌエルの他にも王位を継ぐべき男兄弟は存在したはずであるが、再婚後に生まれた12歳の王子が王位を継承したということは、最初の家族は揃って避難したということになる。

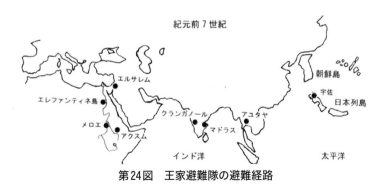

第24図　王家避難隊の避難経路

ナイル川とアトバラ川を遡りエチオピアへ
1 イスラエル王国難民とともにエチオピアを目指した避難隊

　避難隊は難民を装い、まずエジプト河口域に移動した。エジプトのファラオは、出発前の紀元前702年にピイの三代目に代わっていたが、エジプト復興に尽力する王家の方針に変わりはなく、彼らの避難のための情勢の変化は見られなかった。河口域には少なく見ても数万人、あるいはそれ以上の数に及ぶ難民が押し寄せていたと推定できる。難民の多くに目的地はなく、成り行きによって住める所に住もうとしていたが、（北）イスラエル王国から来たダン族ほか二～三の部族は、「聖書に記載があり、しかもこれまでも移住の実績のあるエチオピア」を目指していた。エチオピアは紅海に抜けることができるルートであったため、避難隊はダン族と行動を共にした。

2 ナイル川を船で上りメロエでアトバラ川行を選択

　難民の動きは遅く、一カ所に数年留まることもあった。河口域からナイル川を船で上り、アスワンの近くに移動した。エレファンティネ島という所に、暫く腰を落ち着けた。避難隊一行は、ダン族らと共にさらにナイル川上流のメロエに向かった。メロエはエジプト王の本国クシュ（スーダン）の首都であり、クシュ国の北方に位置し、ナイル川の本流と支流との分岐点近くにある。このメロエで難民の動きは大きく二つに分かれる。ナイル川支流のアトバラ川に入り、さらに上流のタカゼ川を通ってエチオピアに至るコースと、ナイル川本流をさらに上ってハルトゥームに至るコースの、二通りである。ハルトゥームに向かっても、そこから青ナイルに入り、青ナイル起点のタナ湖に至れば同じくエチオピアに至るが、こちらのコースを取ってエチオピアに至るには、約1600kmも遠回りになる

第六章　天孫降臨

ので、紅海に出るには不便なコースであった。一行はメロエに一旦腰を落ち着かせ、その後にアトバラ川に入った。

③ 現地ヘブライ人に聖櫃複製を提供後にエチオピアを去る

　水路、陸路を経て、一行は紀元前690年頃にエチオピアのアクスムに落ち着いた。このとき、避難隊のエルサレム出発から既に約10年が経過していた。インマヌエルの年齢は43歳になっており、インマヌエルの子（ニニギ）が成人していた。ダン族をはじめとするヘブライ人の難民たちは、最終的には皆が避難隊一行の素性を知っていた。そしてアクスムで、避難隊は主ヤハウェの神殿建設への協力を依頼された。聖櫃があれば、神殿建設が可能であったからである。このとき、既に移住して現地に住んでいたヘブライ人は、アクスムの地は神殿を建てる適地とは判断しなかった。そのため、避難隊は聖櫃の複製をつくり、それを現地ヘブライ人に提供し、アクスムを去った。

④ エジプト脱出ルートの発見はグラハム・ハンコック氏に負う

　ナイル川とアトバラ川を経て、エチオピアのアクスムに至る聖櫃の移動について、グラハム・ハンコック氏が詳細に調べ上げ、著書にして発表している。筆者は彼の成果により、エルサレムから日向に至るルートを発見することができた。彼は聖櫃だけに着目したため、エチオピアにある一キリスト教会に辿り着いたところで、彼の調査は終了したが、実は聖櫃はさらに日本の宇佐にまで到達していた。ハンコック氏が聖櫃だけでなく、モーセの石板などユダ王家の三種の神宝にも興味を抱いていたら、自ずと日本に導かれていたと推測する。王権と神宝がセットになっている例は、ユダ王家とスキタイ王家、そして天皇家くらいのものであり、いずれも三種である

ので、相互の関連性に否が応にも気づくところであった。

王家避難隊がエジプト民衆文字を創作

この項は余談となる。

1 「デモティック」文字は王家避難隊によって作られた

避難隊がエジプトを通過するのに10年を費やしたが、この間に彼らが「デモティック（民衆文字）」という、エジプトの新たな文字を生み出していたことを述べておきたい。その根拠を以下に述べる。

第25図　デモティック文字例

2 根拠1　文字作成の技術集団も避難隊に同伴

先ずは、ヘブライ人は文字作成の技術集団であり、「世界中の文字の殆どが、ヘブライ人によって生み出されてきた。」という、歴史と実績があることを挙げる。ヘブライ民族は、紀元前二千年代のエブラ王国の時代より"商業の民"であった。契約や売買記録、顧客管理など、商業には文字が不可欠であった。また彼らは、アブラハム以来"神の民"でもあり、宗教行事運営の記録や保全などに文字は必要であり、古代ヘブライ人に文字は必要不可欠のものであった。ヘブライ人は、ユダ王国の時代までに既に、エブラ文字、原シナイ文字、原カナン文字、古ヘブライ文字を誕生させた実績を持っていた。それらの字画像は、終章の第33図を参照して頂きたい。久保有政氏によれば、西暦七世紀以降に生まれたアジアにおける文

字の殆ども、ヘブライ人の宗教である景教の言語研究所によって、景教普及の手段の一つとして各国言語が開発されたそうである。その文字作成技術の担い手は、神の道祭祀族のレビ人であった。避難隊には最高位の祭祀が伴われていたはずであるから、文字作成の技術集団も必ず同行していたと推測できる。

③ 根拠2　文字誕生とエジプト通過の時間的一致

次に、デモティック文字誕生と避難隊のエジプト通過の時間的一致である。最古のデモティックは、紀元前660年に使われていたものが発見されている。避難隊は紀元前690年にはエジプトを去ってしまっているので、ブランクは僅か30年ということになる。

④ 文字誕生の背景と経過

王家避難隊はエジプト滞在中、彼らの正体を隠すため、ヘブライ文字を大っぴらに使用することを避けたことが、容易に推測できる。しかし、避難中といえども、彼らに文字のない生活を送ることは困難であった。彼らは先ず、ヒエラティック（神官文字）を使うことを試みたであろうが、エジプト人によって意図的に複雑化されていたヒエラティックは、彼らの日常生活では使いにくく、そこで彼らは、ヒエラティックを草書体で簡略化した文字であるデモティックを作りだし、仲間内だけで使い始めた。彼らの祖先は、入エジプトからモーセの出エジプトまで、430年に及ぶエジプト滞在の経緯を持ち、彼らはエジプト文化には精通していたことが、このことを可能にした。避難隊はすぐにエジプトを去ってしまったが、当時エジプトに溢れるほど存在したヘブライ難民が、この文字を継続使用した。デモティックは、紀元前600年にはエジプトの標準的な書体となっていた。この普及の速さは、当時エジプトでは、誰で

も使えるような簡易な文字の出現が待望されていたと、推察される。それこそ枯野に火がついた如く、新文字はエジプト社会に受け容れられ、広まっていった。

5 王家避難隊の子孫によって編み出された神代文字草書体

ついでながら、神代文字研究者に一言伝えたい。日本には草書体の神代文字が複数種類存在する。後述するが、日向と丹波、後には加羅にも降臨した天孫族が、降臨前のエジプトで作り出した民衆文字が、世界で初めての草書体文字である。神代文字の種類はあまりに多いが、文字が前もなく突然生まれることなど考えることはできず、筆者は、神代文字の草書体は、これら降臨天孫族の子孫によって編み出されたと考えている。

紅海とインド洋を抜けて南インドさらにアユタヤへ

□紅海から南インドへ

避難隊は初めて難民なしの単独の一行となり、紅海に出た。ここから先はダビデ王以来のタルシシュ船貿易路で、既知のルートであった。船を調達し、季節風に乗って南インドのコーチン方面に向かった。コーチンの少し北に位置したクランガノールは、タルシシュ船貿易の中継地かつ一大拠点であったため、多くのヘブライ人が居住していた。遥か後に、イエス・キリストの十二人の弟子の一人トーマスが、コーチンに来てイエスの教えを布教するが、それはこの地に数多くのヘブライ人が、当時既に存在していたからである。

□インド北部の混乱に起因した難民船に紛れて船行

この頃、インドの西海岸は混乱の渦中にあった。それは黒海北岸

からカスピ海にかけて根拠地にしていたアーリア人の一部や、イスラエル十部族を含む中央アジア方面の騎馬民族が、「エルサレムで日影が10度戻る地球の回転」による突然の気候変化のため南下し、異常回転による被災で言わば人口空白域となっていたインド北部とガンジス川流域に住み着き、インド十六大国が築かれつつあった。その影響を受けて民族・部族移動が発生し、西海岸沿いにはそれらの移住・難民船も多かった。そのため、インマヌエルの一行が目立つことはなかった。

□ 南インドの拠点は東西二カ所
　クランガノールは南インドの西海岸にあるが、ちょうど反対側の東海岸のマドラス北方付近にもヘブライ人は多く住んでいた。この南インドの民はタミル人であるが、彼らはヘブライ人と混血するとともに彼らの高い文化の影響を受け、現在でも約500語が日本語と一致していることが確認されている。このことについて筆者は、タミル族は南インドに移る前はインダス河北方領域にいたと考えており、そこでインド文化を確立した古代ヘブライ人から言葉の影響を強く受けたと推測しているが、詳細は別の機会に述べたい。
　クランガノールの次はマドラスに寄航し、水・食料を補給して一気にタイのアユタヤに渡った。

第二節　日向三代

紀元前660年にダビデ王家避難隊、日本列島に到着
1 真実に近い戦前国家行事の紀元節
　1940年、太平洋戦争開戦の二年近く前に、「紀元節」という国家行事があった。神武天皇が紀元前660年に初代天皇として即位して

から、2600年が経過したというお祝いの行事である。戦後という時代も既に過ぎ去った今、このことが史実であると思う日本国民は僅かであろうが、実はこの「紀元前660年」という年は、天皇家の歴史的な脈絡として実に現実的な時なのであった。ヒゼキヤ王派遣の「王家避難隊」は、紀元前700年にユダ王国を発ち、紀元前690年頃にはエチオピアに到着した。その後の足取りを考えれば、ダビデ王家避難隊が九州に辿り着くのは、紀元前660年頃になってしまうのである。

2 避難移動に時間を要して降臨者は高齢化

　ヘブライ民族は、イスラエル始祖のヤコブが兄エサウに再会するときに行った例に習い、全滅を避けるため、移動に際しては常に二手に分かれ、合流するということを繰り返した。また、常に先遣隊を派遣して安全を図った。そのため、避難隊一行の移動は、通常よりもかなり多くの時間を要した。九州への降臨時、インマヌエルは存命であっても73歳になっており、九州への渡航は無理であったためアユタヤに留まり、子のニニギが九州に降臨するが、ニニギの年齢もこのとき既に50歳代前半であった。記紀の系図に従えば、ニニギの子であるヒコホホデミ（ホオリ＝山幸彦）は30代前半、その子ウガヤフキアエズは10代前半であった、ということになる。

3 三種の神器は降臨者がダビデ王家直系後継者であった物証

　九州に降臨したのはダビデ王家直系の後継者であったということについては、物証がある。飛鳥昭雄氏によれば、ダビデ王朝から運び出された聖櫃（アーク）とモーセの石板は伊勢神宮内宮に、アロンの杖は熱田神宮に保管され、さらにマナの壺も伊勢神宮外宮に保管されているそうである。後述の神道の総元締めで天皇の補佐役

第六章　天孫降臨

である八咫烏（ヤタガラス）も、これを否定していない。三種の神器に関しては、天皇陛下がその代用品を見ることさえできないほどに、厳重に保管されているが、これらの物証は"物"であるがゆえ、いつの日か表に出る時が来るであろう。その時、日本国民は自らのルーツを自ずと知ることになる。

④ 現在とは合わない降臨時の記紀の地名と方角

　ニニギが九州に到着した場所は、コノハナサクヤヒメと出会ったとされる野間半島付け根の笠沙付近であろう。記紀では高千穂から笠沙に至るが、日向に落ち着くわけであるから逆の方が合点がいく。その笠沙は、古事記によれば朝鮮半島に向き合う位置にあると書かれている。現在の地図からすれば当てはまらず、奇妙この上もない。現状では松浦半島が朝鮮半島に最も近いが、その松浦半島は現在、西側に北松浦半島が、そして北側に東松浦半島が存在している。地名と方角が合っていない。第一章冒頭の第1図か第九章第29図を見て頂きたい。第一章で既述のように、日本列島がプレートの圧力で押し上げられ、反時計回りで90度回転したとされると、その90度を時計回りに戻してみれば、矛盾は見事に解消される。

日本史に特有な「血の規律」の存在
① 日本史理解に必須な厳格なる「血の規律」

　日本史を理解するうえで、もう一点知っておくべきことがある。それは支配者の血筋の問題である。外国人の目から見ると、日本の王都であった奈良や京都は無防備に等しい。通常ヨーロッパでも中国でも、王都どころか一つの町さえも高い塀で囲まれ、それらは武力攻撃に対抗し得る構造になっている。しかし、日本においては、先住民を征服するための砦や武士の城など戦闘目的の構造物を除

き、敵から厳重に居所を守るというような様子がなかなか見られない。それは支配者の間で、今の世では想像をすることが難しいほど厳格な「血の規律」が存在したからである。

2 天孫族の列島降臨目的は王家の血筋維持とユダ王国の復活

　ダビデ王統のヒゼキヤ王の血筋を引く男系男子で、かつ三種の神器を継承する者が血筋第一位であり、第二位にある者は第一位の家系が断絶でもしない限りは第一位に浮上することはない。天孫族の日本列島での存在目的は、何年経とうがいずれエルサレムに戻ってヒゼキヤ王の血筋を回復し、ユダ王国を復活させることだったのである。そのためには王家の避難先であった日本列島や後述する朝鮮半島での覇権争いなど眼中になく、血筋第一位や第二位にある者は、戻るときに備えて武力を整え、ひたすら沈黙を保った。彼らは、第三位以下にある王家の血筋にある者や王家の血筋にない者たちからの攻撃など、心配してはいなかった。それは、この血の規律は、避難王家を支えるヘブライ人たちの間で、天孫降臨から少なくとも1200年間は完全に保たれていたからである。古代日本のヘブライ人たちは上位筋にある王家を攻撃しないどころか、下位筋の天孫族が上位筋の天孫族に、抵抗をせず、利益交渉もせず、自ら得た覇権をただ譲るというようなことまで成し得た。このようなことは世界史的にも珍しいことであり、日本人と外国人とを問わず今の世に生きる人々にとって、当時の天孫族における「血の規律」の意識を知らずには到底理解できないことであった。

降臨後の居住地「高天原」は「ノアの箱舟」由来の地名
1 避難隊一行の船は到着ではなく漂着の疑い

　それにしても、彼らはなぜ宇佐の地に直行しなかったのかという

疑問が残る。当時のタルシシュ船は、南極さえ記載されている精密な古地図と、太陽や星から船の位置を正確に把握できる能力を備えていた。日本列島の位置が地殻変動により動いていたとしても、九州を見つけることができれば宇佐に至れるはずであった。天候が荒れて船も傷み、"到着"ではなく"漂着"状態だったのかもしれない。ニニギ一行の到着地は、当時の地形で日本列島では一番中国大陸に近い場所だったことになるので、そのようにも推測できる。

② 笠沙への漂着がノアの箱舟の漂着を思い起こさせた

　上陸してからは宇佐を目指し、先ずは南に下り、宇佐に近い日向を居住地として定めた。彼らは居住地を「高天原」と呼んだ。飛鳥昭雄氏によれば、高天原とは、旧約聖書の「ノアの箱舟」で知られるノアの家族が、現在のトルコの東端に位置するアララト山中に漂着し、水が引いた後に暫く住んだ場所である。現在はアルメニアのタガーマ州で、当時の地名はハランであった。「タガーマハラン」が「タカマガハラ」になった。ニニギの笠沙への漂着は彼らにノアの箱舟の漂着を思い起こさせ、ニニギが漂着後に落ち着いた場所の名も、ノアの時と同じにしたと推測される。

ニニギ

　次図（第26図）をご覧頂きたい。ニニギは、古事記ではホアカリの弟であるが、日本書紀では兄弟なしということで、ホアカリはニニギの子となっている。さらに日本書紀の本文では、ニニギは赤子で降臨したものの、降臨してすぐにコノハナサクヤヒメと結婚し、そのコノハナサクヤヒメはホノソリ、ヒコホホデミ、ホアカリの三子を出産して他界している。日本書紀の一書の二になると、三子の名はホノセリ、ホアカリ、ヒコホホデミ（別名ホヲリ）と

変化する。一書の六では三子は二子となり、名はホノセリとホヲリ（別名ヒコホホデミ）ということになった。さらに複雑なことは、海部氏の系図ではニニギの兄のホアカリの子の名もヒコホホデミであり、ヒコホホデミは従兄弟同士で二人同時存在している。さらに付け加えれば、日本書紀で神武の別名もヒコホホデミとなっている。

降臨時のニニギは、既述のように、既に50歳代前半の初老であり、降臨前に子孫を残す義務は当然果たしていたとみて間違いな

第26図　日向三代皇室系図

い。その配偶者は当然エルサレムからの避難同行のヘブライ人であり、列島の現地人ではあり得ない。配偶者とした美貌のコノハナサクヤヒメには醜女の姉のイワナガヒメがおり、この話は第十章で詳述するが、旧約聖書のイスラエル民族の祖ヤコブの結婚話のコピーである。実話ではなかったので、コノハナサクヤヒメはすぐに他界してしまって問題はなかった。

ホオリ

　古事記のホオリ（日本書紀ではヒコホホデミ〈本文〉とホヲリ〈一書の二、六〉）は、別名山幸彦として描かれている。ホオリも降臨時は30歳代前半であり、ヒゼキヤ王の血を継承させる義務を持つ者として、当然のことながら十代後半には伴侶を得ていたはずである。これも第十章で詳述するが、旧約聖書でニニギがヤコブと対比できるならば、ホオリはヨセフに該当する。ヨセフは兄（たち）が原因でエジプトの地に行かされ、そこでファラオの祭祀の娘を娶り、兄（たち）は後に弟に屈服する。ホオリも、兄が原因で竜宮城に行き、そこで海神の娘を娶り、後に兄は弟に屈服する。両方ともに話の筋骨格は同じであるがゆえに、ホオリに関する記紀の話そのものは創作と考えて良い。しかし、ホオリの存在自体を否定することはできない。

ウガヤフキアエズの父親疑惑

　ウガヤフキアエズについては、母トヨタマヒメの妹タマヨリヒメを乳母に迎え、そのまま妻にしたということと、タマヨリヒメとの間に、イツセ、イナヒ、ミケヌ、イワレヒコ（神武）の四子を設けたという記述以外に、記紀に内容のある記述はない。

1 籠神社宮司に伝わる極秘伝から浮上した皇室系図疑惑

ところで、ニニギ、ホオリ、ウガヤフキアエズの三代を「日向三代」と呼ぶが、日向三代に関わる複雑かつ混乱を来している皇室系図について、謎を解くための一つの有力な鍵が現れた。それは籠神社の宮司海部氏の家系に伝わる極秘伝である。籠神社海部氏とは、後述するホアカリ系天孫族の宗家であり、その家系図は国宝に指定されている。極秘伝の内容は、「海部氏の始祖はヒコホホデミであったが、西暦717年に、藤原不比等によりホアカリに変えさせられた。」というものである。この時は日本書紀が成立する直前、僅か3年前であった。古事記は712年に既に成立し世に出てしまっているため、もはや修正はきかない。そこで、古事記の筆記を主体に日本書紀と比較しつつ原因を探ってみると、一つの有力な説が浮かんできた。それはウガヤフキアエズの真の父親は、日本書紀に書かれているニニギ系のヒコホホデミではなく、古事記に書かれているホアカリ系のヒコホホデミだったのではないか、という疑惑である。

2 トヨタマヒメの妊娠にまつわる疑惑

そこで記紀の関係部分を詳細に手繰ってみると、不自然さに気づく。ホオリは、竜宮城を去るまで、トヨタマヒメの臨月真近い妊娠に気付いていない。それは、「ホオリはトヨタマヒメとは一緒に住んではいなかった。」ことを意味する。平安時代などは男が女の所に通っていたが、それと同じような状態であったわけで、女が妊娠しても、男は基本的に誰の子であるか判別できなかった。また、出産が近い状態まで気付かなかったということは、ホオリは相当長い間、姫とは会っていなかったことになる。かつて日本では、身分の高い者が宿泊すると、その家の娘を夜伽に出す風習があった。トヨ

タマヒメも、同じケースであったことが察せられる。さらに、訪れたのがホオリだけでなく、ホオリ以外の貴種、例えばホオリの従兄弟のヒコホホデミが訪れていたとしても、同じことが行われたであろう。

③ トヨタマヒメの夫はホオリの従兄弟のヒコホホデミ

このように書くと品の悪い邪推になってしまいそうであるが、重要なことは、海部氏のお膝元、若狭の式内名神大社の祭神が、ヒコホホデミとトヨタマヒメであることである。ここは古事記を書いた大氏の本拠地とも言える場所で、この両名は日本書紀に書かれているニニギ系のヒコホホデミではなく、丹波一族の海部氏の国宝系図のヒコホホデミとトヨタマヒメを示している。トヨタマヒメは、古事記でニニギの兄（国宝系図では弟）のホアカリの子、つまりホオリの従兄弟のヒコホホデミと、夫婦であったのだ。それゆえ、トヨタマヒメはウガヤフキアエズを産んだ後、宗家の子と看做されてしまっている我が子を置いて、ホオリの元を去らねばならなかったことになる。海部氏の真の始祖はホアカリではなく、海部氏系図と古事記に書かれているヒコホホデミである。ヒコホホデミは、天孫族本家筆頭ニニギの女であるはずのトヨタマヒメと結ばれていたため、日向に身を置く事はできず、日本列島西島では日向とは真反対の位置の丹波に、姫とともに去った（降臨した）ということになる。

④ 天皇家の正統性を揺るがす系図疑惑の表面化

これだけならウガヤフキアエズの父親"疑惑"で済んだことかもしれないが、記紀の成立時に古事記が日本書紀よりも8年先に世に出てしまったことが、深刻な問題を引き起こした。このとき、この

疑惑がホアカリ系天孫族の間で根強く囁かれたと推測される。日本書紀は、ニニギ系の神武を筆頭に万世一系を標榜しつつあったが、疑惑が表面化すると、天孫族の主流はニニギ系ではなくホアカリ系ということになってしまう。それは、記紀編纂当時の天皇家の正統性を否定することにつながる。

5 狼狽が明白な藤原不比等による系図操作

　そのため、秦氏のお抱えとも言えた藤原不比等は、古事記編纂後に、海部氏の始祖をヒコホホデミからホアカリに変えさせ、ヒコホホデミの名を日本書紀のものとするために、日本書紀本文では、本来のホオリをヒコホホデミに置き換え、さらにホアカリ系の系図を曖昧にさせるという意図で、ホアカリをヒコホホデミの父親ではなく兄弟にするという細工を行った。さらに、「実はヒコホホデミが天皇家の始祖」という流言の対応策として、日本書紀では初代神武天皇の別名をヒコホホデミとしてしまった。日本書紀の本文や一書の二では修正工作が露わであるが、一書の六では、修正工作が露見した場合の言い逃れ対策として古事記の系図を取り入れ、ヒコホホデミをホオリの別名としている。このように修正工作でも一貫性に欠け、日本書紀編纂者の混乱・狼狽振りが窺い知れる。日本書紀の皇室系図記載に大きな乱れがあるのは、この系図操作が原因である。海部氏の系図には、女性の名前に「トヨ（豊）」が数多く登場する。このことも、トヨタマヒメがホホデミの妻であったことの裏付けとなろう。

6 疑惑は日向降臨前に発生、ヒコホホデミは丹波に直行降臨

　ところで、ホオリの降臨時の年齢は30代前半であり、それまでの子に男子を一人も得られなかったなどの、よほどの事情がない限

りは、ウガヤフキアエズも降臨前に誕生していた。父親疑惑及び関連する登場人物は、皆日向降臨前の出来事であり、また人々であった。トヨタマヒメやその妹のタマヨリヒメは、実在していたとしても日本列島の人物ではない。また、ホアカリの子のヒコホホデミは、従兄弟のホオリとは一緒には住めず、日向に住むことなくいきなり丹波に降臨した可能性が高い。既述のように、この時の丹波の位置は、日向を表とすると日本列島西島の真裏に近い。ヒコホホデミは丹波の地を選んで降臨したのではなく、日向から限りなく遠く、しかも目立たぬ土地に"逃げた"ように、筆者には感ぜられる。

第三節　天皇家初代神武天皇

神武天皇の即位は紀元前600年
1 神武天皇即位年が紀元前660年とされた理由

　神武天皇はウガヤフキアエズの第四子ということであり、即位時の年齢は52歳とあるから、ニニギの降臨の8年後、父であるウガヤフキアエズの年齢30歳前後に生まれたとすると、神武天皇は実際には紀元前600年（辛酉）に即位したことになる。日本書紀と古事記では、神武天皇の即位は御年52歳で「辛酉」の年としか書いてない。「辛酉」は60年ごとに訪れ、いつの「辛酉」なのか、実はよく分からない。「紀元節」で神武天皇の即位年を紀元前660年と特定したのは、二つの理由がある。一つは、記紀に記載されている天皇の在位年数をすべて足し上げると、天皇家の最初の年は紀元前660年になる。もう一つは、中国に「辛酉革命」という考え方があり、それは1260年毎の「辛酉」の年に王朝は交代するというもので、記紀編纂時の直近の推古天皇時の「辛酉」から1260年遡っ

た年、つまり紀元前660年に日本王朝が始まったと考えられた。したがって、どちらの理由においても、「神武天皇の即位年は紀元前660年」ということは、記紀編纂時の一種の推察であり、歴史的事実というわけではなかった。「紀元前660年というのは天皇家の降臨の年であり、日本列島におけるダビデ王朝の実質的な始まりの年であって、神武天皇の即位年ではなかった。」とすると、筆者の論説とぴたりと符合する。

2 王家基盤確立後として妥当である神武即位年

ニニギ一行が笠沙に到着した時点の総人数は、おそらくは多くても二千人程度であったろう。日本史で船に関しては、丸木舟から始まり、時代とともに徐々に船体が大きくなっていくが、1948年にアララト山中で発見されたノアの箱舟遺跡、それとは別の氷中の船の遺跡も、全長200m以上という巨大さである。ソロモン王のタルシシュ船は、当初は長さが30mくらいであったという記録があるが、筆者は後にさらに大型化したと考えている。鉄を現地生産し、現地で生活するために必要な人々ワンセットを運んだわけであるから、農業従事者や兵士も含めて、数隻で船団を組んだとしても、一隻あたり二百人以上が乗船できる規模であったはずである。おそらくは多くの船に分乗して来たのであろうが、それにしてもその中で兵士たるものは千人にも満たなかったかもしれない。いくら武具と戦術に優れていたとしても、少なくとも数万人はいたと思われる先住民を駆逐することは、決して容易いことではなかったに違いない。それこそ現地妻を多く迎えて子を増やし、兵と格式を整えて王たる基盤を整えるには、相当な時間がかかったはずである。その点においても、降臨後60年経った紀元前600年の神武即位というのは、時期としては現実的である。

第六章　天孫降臨

③ 神武初代天皇実現の真の理由は系図疑惑の忌避

ところで筆者には、なぜ神武が初代の天皇となったかについて、強い疑問がある。神武は日本列島で生まれた初めての王となるが、そのようなことが理由とは考えがたい。格と実態を備えた実質的な大王として、神武が初代天皇とされたことは一応納得できるが、それでもニニギが初代であっても何ら不自然ではなく、また系図の頭に天皇位の空白が生じないため、かえって自然でもある。筆者は、これにはウガヤフキアエズの父親疑惑が絡んでいると、考えている。日向三代のいずれかを初代としてしまうと、疑惑がらみでホアカリ系天孫族の反発に会い、系図の不確かさの問題が表面化しかねない。日本書紀編纂派はそのことを危惧し、疑惑親子から外れた孫という、この問題には直接触れない神武を初代天皇に設定し、古事記にもこれを強要したと、筆者は考察した。穿ち過ぎであろうか？

「天皇」という称号
① ダビデ王家通算代数を使わなかった理由

初代天皇は神武であるが、「天皇」という称号を使わなければ、ダビデ王家第十四代ヒゼキヤ王に続いて、第十五代インマヌエル王、第十六代ニニギ王、第十七代ホオリ王、第十八代ウガヤフキアエズ王に続いて、第十九代イワレ（神武）王ということになる。なぜヒゼキヤ王に続く代数字を使わなかったのかという理由は、簡単である。ダビデ王朝がエルサレムとは別の地で密かに存続していることを、アッシリアやバビロニア、あるいは後のローマに知られたくなかったのである。もし知られれば、たとえ島国といえども、それらの国々から戦闘部隊を派遣され、破滅してしまうかもしれない危惧が、天孫族にはあったのである。

2 記紀が共通に意味示した暗号「天皇」

「天皇」という称号は、国史編纂の提唱者であった天武天皇の頃の七世紀より使われ始め、それ以前は「王」もしくは「大王(オオキミ)」であった。飛鳥昭雄氏によれば、「天皇」という字を分解すると、「工人、白、王」となる。「白」は聖書では太陽光を意味しているから、全体の意味は「大工で太陽神の下にいる王」となる。これは「太陽神ヤハウェを信ずるダビデ王家の王で大工であった者」ということで、ダビデ王家第二十八代王(イエス・キリストの系図より)イエスを指している。また、日本書紀では「天皇」を「テンノウ」と読むようであるが、古事記では「スメラミコト」と読む。ヨセフ・アイデルバーグ氏によると、これをヘブライ語で解すると「サマリアの王」となるそうである。サマリアは(北)イスラエル王国の都であり、その王族はエフライム族であったので、天皇家の祖先はイスラエル十部族のエフライム族とする説が有力視された。しかし、そもそも天皇(スメラミコト)という称号自体が記紀編纂の僅か前に生まれたものであり、またサマリアをベースとした王と言える存在はダビデ王直系のイエスであり、「サマリアの王」はイエス・キリストを意味した。日本書紀でも古事記でも、「天皇」とはともにイエス・キリストを指していたのである。

3 本書が「天皇」呼称を使用する理由

応神天皇よりも前の大王(天皇)たちは旧約聖書ヤハウェの民であるため、イエスを意味する「天皇」という称号を使うことは不適切である。しかし、今日、天皇という称号が海外にまで普及しており、たとえば神武天皇を神武大王などと表現すると却って混乱を招くため、本書では敢えて「天皇」という呼称を使うことにした。

第六章　天孫降臨

初代天皇の実際の名前
「神武」という名称は奈良時代に付けられたもので、彼の本当の名前は齢を重ねるにつれ、いくつも存在する。川守田英二博士によれば、最初の名前は幼名で「若御毛入（若ミカエル）」であり、ヘブライ語で「（若い方の）我らの神に似た方」となる。神武の兄である三男の名前も同じ「御毛入」であったため、一文字「若」が入った。次は立太子のときの「狭野（サルヌ）ノ命」で、「我らの王子」という意味である。日本民謡の囃子言葉では「サノ」の音で頻繁に登場する。次は即位名の「伊波礼（イハレエル）」で「彼神を賛美したまえ」もしくは「磐余（イハアレ）」で「主ヤハウェの御霊、我上に臨む」で、これも「イワレ」として民謡に多く使われている。さらに別名は「ナギイドモシエ」で、「膏注がれたる君主」の意味である。立太子名があるということは、神武は「日向三代」後の後継本命であったことになる。神武は末子であるが、ヘブライ人の相続はヤコブやヨセフのように末子相続が多かった。「ハツクニシラス」という名もあるが、これは既に漢字が使われていた記紀編纂時に付けられたもので、神武の本当の名前ではない。

記紀における神武天皇に関する記述とその実在性
① 神武天皇の実在は紀元前八～七世紀であった決定的な理由

　日本書紀には、神武はアヒラツヒメを后としてタギシミミノミコトを生んだとある。それ以外は、記紀ともに日向から奈良への東征の話になっている。第十章で詳しく述べるが、この内容は旧約聖書のモーセとヨシュアのカナン征服話のコピーであり、完璧な創作である。籠神社の海部氏の極秘伝においても、「神武の奈良への東征話は真実ではない。」ということである。記紀を読んでいくと、神武天皇の存在は西暦三世紀の中葉、邪馬臺国以降のように思われて

しまうが、実在は紀元前八〜七世紀であった決定的な理由がある。それは日本民謡の中で意味も分からず歌い継がれてきた囃子言葉であり、いわば「無形の遺跡」とも言うべきもので、再び川守田英二博士によれば、その殆どがヘブライ語で神武天皇を讃える内容なのであり、重要なことは、その言葉が紀元前700年以前のヘブライ語であるということである。降臨したニニギを含む「日向三代」は、確実にこのヘブライ語を使っていた。次の神武天皇の代でも、確実にヘブライ語は残っていたと推測される。

② 日本民謡囃子言葉は日向地元に残る神武実在伝承を活用

　日本民謡が日本全国に定着したのは、多くの場合西暦794年以降のことである。それは、詳細は後述するが、秦氏が京都平安京の都を造営し、完成後に"使命"によりイエスの教えを広めるため、秦氏神道を携えて日本全国に散った以降のことである。定住先の地元の唄あるいは定住後にできた土地の唄に、神道布教の一貫として囃子言葉を差し込んだのである。ヘブライ語の兄弟語であるアラム語を話した秦氏が、紀元前700年以前のヘブライ語を盛り込めるはずがない。秦氏は日向の土地に残る「神武に関して実在する伝承」を拾い上げ、活用したのである。第十章で詳述する神武の旧約聖書での位置はモーセであり、秦氏が「神の道」創立者モーセ＝神武に絶大なる畏敬の念を抱き、民謡の中で讃えたわけである。

③ 神武は実在であったが奈良ではなく日向

　神武の存在自体は史実であったと思われる。ただし、それは日向であって奈良ではない。後述するが、大和朝廷は朝鮮半島南端のニニギ系分家の加羅王が創始者であり、加羅から大阪に"東遷"した。日本書紀は「万世一系」を標榜したために、加羅のニニギ系分

家が日向の本家筋を差し置いて天皇位を得たことは、天皇家系図としては論理矛盾に陥ってしまうことになる。この事実を隠蔽するために、日本書紀編者は、初代天皇とした神武の日向から奈良への「東征」話を挿入し、加羅王が神武と直接繋がっているように創作し、古事記にも同じ筋立てを強要したと考えられる。

第四節　天孫族の朝鮮島への分散居住

ニニギ系天孫族の日向に続く第二の拠点「加羅」
1 ヤコブの例に倣い朝鮮島に分散居住した天孫族
「騎馬民族渡来説」で有名な江上波夫氏は、その著書の中で、「なぜだかわからないが、騎馬民族は迂回して川を渡る。」と述べている。これは、中央アジアを制した騎馬民族はその多くがヘブライ民族の子孫であり、モーセが行ったカナン征服の時の大迂回に見習って、まるで"ゲンを担ぐように"、モーセと同じように行動したからである。同様に、旧約聖書の中でヤコブは兄エサウに再会するときに、ヤコブが裏切った兄から攻撃されて一家が全滅することを怖れ、家族を二つに分け、たとえヤコブが攻められ殺されても、残り家族半分は生き残る策をとった。旧約聖書のこの記述を後のヘブライ民族は見習い、部族の移動のときは必ず二手に分かれて行動した。ヒゼキヤ王の避難隊が九州に到着して日向に落ち着いた後、絶滅を避けるための避難王家の分散居住が課題となり、そこで候補に上がったのが朝鮮島であった。

2 朝鮮島南端部が分散居住先として選ばれた理由
　当時の朝鮮は半島ではなく島であったため、大陸の影響は薄く、ダビデ王家保存の候補地と成り得た。とりわけ朝鮮島の南端部は、

島としては大陸から最も遠く、しかも向かいは九州であった。一旦事あれば、日向とはかなり離れてはいるが、連携して守り合うことも可能であった。そして何よりも、その地は宇佐同様に良鉄を産することが魅力的であった。ダビデ王までの古代イスラエル人が、鉄製の武器を得ることができずに苦しんだということが、民族のトラウマのようになっていた。ウガヤフキアエズは王国を二つに分け、日向は四男のサルヌ（神武の立太子名）が宗家として守り、朝鮮島には次男のイナヒを向かわせた。記紀には「イナヒは海の彼方に行き、戻らなかった。」とある。朝鮮南部にはウガヤの地名があるので、ウガヤフキアエズもイナヒに同行した可能性がある。

③ 分散居住先「加羅」国は約1200年間存続

　イナヒは朝鮮島最南部に建国して「加羅」と称し、後に「伽耶」とも呼ばれた。建国当時、大陸の国々の朝鮮島への関心は薄く、イナヒ降臨当時の古代加羅に関する資料は見当たらない。加羅は鉄が豊富であったため武器や農具に優れ、国は小さいながらも強国であった。そして「ダビデの血統」ゆえに、扶余や燕など後続のヘブライ騎馬民族に攻め込まれることもなく、西暦562年に新羅に併合されるまで約1200年もの間、国は存続した。「ダビデ王統の保全」が目的であったせいか、加羅は大陸方向に向けての領土拡張意欲を持たず、もっぱら日本列島への関心が強かった。

ホアカリ系天孫族の朝鮮における新拠点「新羅」

　日本列島に降臨したのはニニギだけではなかった。ニニギの兄ホアカリも同行していた。ホアカリはニニギとともに日向に住んだと推測されるが、ホアカリの子ヒコホホデミは、既述のように、妻トヨタマヒメとともに丹波を本拠地とした。

第六章　天孫降臨

1 丹波ホアカリ系天孫族の朝鮮島南部拠点が斯羅

　ダビデ王統の避難先は、日本列島の日向が本家、朝鮮の加羅が分家、そして日本列島の丹波が親戚筆頭というように、三カ所となった。ニニギ系である日向と加羅は歴史的には非常に静かな存在であり、日向の神武王朝についても、その終焉がいつであったのか判別できないほどである。一方、ホアカリ系の丹波の親戚筋は次第に領土を拡張していき、日本列島西島については九州と四国を除き大半を支配下に置き、また日本列島東島についても、西島に近い部分について支配下に置くようになる。そのホアカリ系が朝鮮島南部にも拠点を持った。それが斯羅（後の新羅）である。ホアカリ系天孫族がなぜ朝鮮島にも拠点を設けたのか、その理由は実は筆者にはよくわからない。その理由は、ホアカリ系天孫族が初めて斯羅の地に進出した時期を明確にできないためである。考えられる理由の一つは、ホアカリ系天孫族の分散居住ではなく、産鉄が主目的であったのかもしれない。

2 中国王朝には「辰」王国として認識された加羅と斯羅

　後述の加羅の建国神話は6王国から始まっている。新羅のそれも辰韓の6村から始まっている。両国併せて、ヘブライ民族の数字である"12"国・村である。この点を考慮すると、イナヒが日向から移って加羅を建国した際に、丹波もイナヒに同行した可能性もある。両者は洛東川を境に東西に住み分け、東西別ではあるが一国のようでもあり、それが中国王朝には「辰」王国として認識されたのかもしれない。辰王国は、西は加羅、東は辰韓或いは斯羅と称された。

179

第五節　神武王朝の終焉

古史古伝のウガヤ文書が裏付ける日向王朝の消滅
① 古史古伝は実は価値ある記述や資料の宝庫

　日本には、記紀や先代旧事本紀の他に、時の政府や歴史家達によって「偽書」のレッテルを貼られた古文書・資料が、数多く存在する。これらの多くは「神代文字」という、漢字以前の日本固有の古代文字で書かれているのが特徴であるが、その文字さえが「偽」の対象となっている。日本というのは実に変わった国で、通常それらの文字が発見されれば、それはその国の文明度の高さを証明するようなもので、積極的かつ肯定的に研究が進みそうなものであるが、日本では逆に、それらを先ず否定をするところから始まる。それはともかくとして、学会では古史古伝を敵視し、日本の歴史研究家は古史古伝に触れることさえ避けてきた。筆者も、実は触れたくない。古史古伝について、筆者なりに掌握した部分も少なからずあるのだが、茫洋として捉えきれない部分も多く、自説を世に出せる段階には至っていないことがその理由である。さらに、筆者でさえ読むに堪えない記述が、古史古伝には少なからず存在することも、自説を発表することを躊躇させている。しかし、逆のことも言える。古史古伝にはやたら「石」が目立ってしまうが、創作では有り得ない「玉」の価値を持つ記述や資料の宝庫でもあるのである。

② 古史古伝のウガヤ朝は実は日向王朝の伝承

　古史古伝の分類方法の一つに、「ウガヤ文書」がある。ウガヤフキアエズ王と神武天皇との間に、「上記(うえつふみ)」、「九鬼(くかみ)文書」、「竹内文書」、「神伝上代天皇紀」、そして伝承のみで実存は確認されていない「山窩(さんか)古文書」では72代、「宮下文書」では51代から成る、「ウ

ガヤ朝」を置いている。宮下文書には男王しか記載がないことが、他の文書よりも王の代数が少ない主な理由になっている。

　筆者は長い間、「ウガヤ」という名称を根拠に、これは崇神天皇以前の加羅国の王統記述であると考えていた。加羅国はウガヤフキアエズが次男イナヒを朝鮮に送って始まった王国であり、加羅には実際「ウガヤ」という地名もあった。ところが文書の内容を当たってみると、筆者が推定で述べた日向王朝の終末記述に、あまりに内容が一致しているため、筆者は、ウガヤ朝は実は日向王朝の伝承であることに気付いた。その記述のいくつかを以下に列記する。

(1)「上記」

　この文書は、十五世紀に九州の大友能直豊後国主が編纂したもので、豊後国は場所的には日向王朝に最も近いというか、日向王朝区域内と言っても良い。その点において「上記」は他のウガヤ文書と比較して、日向王朝記述に関しては信憑性が高いと言えそうである。ところが、①編纂者苗字の「大友」は「大伴」と同じで、ニニギ系ではなくホアカリ系の流れを汲む者が編纂に関与した。②大友能直の豊後国主赴任の記録が定かでない。③大友は山窩古文書を盗用して「上記」を作成した、などの伝承があるなど、信憑性という点で不審な要素も尽きない。それはさておき、その「上記」には、ウガヤ朝末期である第71代の御世に、日本全国に大地震と引き続く大飢饉があり、加えて斯羅人国の支援を受けたナガスネヒコの反乱があり、反乱は鎮圧されたもののウガヤ朝は衰退して滅亡に至った、と書かれている。

(2)「宮下文書」

　この文書は別名「徐福文書」とも呼ばれている。徐福一行が富士

山麓に定着したときに、富士皇太神宮の神官から神代文字で書かれた日本古代史の古文書を見せられ、彼らがそれを漢文翻訳したものが、神官職の家系にあった宮下家で長い間保存された。もしこれが事実であれば、宮下文書には中国で誕生間際の漢字が使われていることになり、考古学的資料価値は計り知れないほど高い。ところが、宮下家は近代になって火災に遭い、文書の一部が火災を免れて日の目を見た。宮下文書については、後代の加筆部分をもって偽書とされたが、富士五湖が形成される様子などを克明に綴った記述内容は、科学的にも史実であると認定されている。この文書には、ウガヤ朝最後の王であった第51代神皇の治世中に、全国的規模で大地震と飢餓が起き、「山は崩れ、土は割けた。」と述べられている。この大災害の直後、ナガスネヒコが白木国や中国の支援を得て、日本全国で反乱を起こした。ウガヤ朝の皇太子や王子達は次々と戦死し、反乱は鎮圧されたものの王朝は滅びてしまった。

(3)「竹内文書」

この文書は古代の文書であるはずなのに、文章記述は明治の時代までをも含む荒唐無稽なものであるが、まるで神社の神庫貯蔵品のような膨大な資料を伴っていた。それらは戦前の官憲に押収され、後の東京大空襲によって焼失したことになっているが、焼失の真偽は定かではなく、もし資料が今なお保存されていて、その一部が世に出れば、日本古代史の基礎が揺らぐほどの影響力を持つ文書である。この文書にも、ウガヤ朝末期第71代のとき、「万国大地変動し、五色人全部死す。」という大異変があり、王朝消滅の原因となったことが書かれている。

3 後継者断絶が日向王朝消滅の原因

　ニニギ系分家の加羅国王崇神が、日本列島支配のために四道将軍を送ったのが西暦290年頃であり、「血の規律」の観点から、その時までには日向王朝は絶えていたことになる。日向王朝は、実は後継者断絶によって終焉を迎えていた。その原因をいくつか探ってみた。

□呉国難民建国の隣国筑紫との軋轢

　紀元前473年に中国の呉国が越国に滅ぼされ、呉国の難民一万人が船で大陸からどこかに消えた。最近のDNA検査で、筑紫と当時の呉国地域の住民とが一致することがわかり、北九州地域は呉国難民の勢力圏である時期があったことが判明した。西暦527年に、北九州で「磐井の乱」があった。この大和朝廷に対する反乱は、反乱軍の女、子ども、老人まで全て殺されたところに特徴がある。これは勢力争いなどではなく、一族の存亡をかけた民族戦争であったように見受けられる。磐井一族は、おそらくは呉国難民の後裔であったに違いない。磐井と新羅の連携の有無は定かではないが、彼らが大和朝廷に不従順であり、北九州で勢力を持ち過ぎるようになったため、大和朝廷が武力を持って滅ぼしたというのが実情であろう。筑紫は宇佐の隣である。日向王朝消滅の時期からすれば、呉国難民の筑紫到着の時期が600年くらい早いため、このことが日向王朝終末の直接原因となったとは考え得ないが、二つの勢力の摩擦は王朝衰退の一因と成り得たであろう。

□外国勢力との戦いと自然災害起因の後継者難

　古代のいつの時点であったか記憶が定かではないが、中国の一国が九州に一万の兵を送ったことがある。その兵は九州攻略に失敗

し、該当将軍が処罰されている。大陸の先端軍備と戦術を備えた一万もの兵が、島国の土着の兵に敗れたのである。九州の何処が戦場になったのかは記されていなかったが、宇佐や日向を守るニニギ系天孫族の兵に山岳地帯の地の利を活かされ、侵略軍は馬も使えずに敗れたことは想像に難くない。このとき、ニニギ・神武系の天孫族も皇位継承者の多くを失い、後継者難に陥った可能性を考慮できる。また、日本列島西島と東島が合体したとき東日本側は、造山運動と多数の火山の爆発で絶滅に近い状態まで人口が減少したが、九州も火山が多いのである。地震を含めての自然災害が九州でも数多く発生し、災害後の疫病なども絡み、直系の皇位継承者が絶えてしまった可能性もある。この推測が成り立てば、時は崇神天皇登場の一世紀前のことなので、現実味を帯びる。

□ 倭国大乱時の内乱鎮圧に伴った後継者難

　日向王朝消滅の時期を仮に西暦200年前後と想定すると、第71代ウガヤ王（宮下文書では第51代）の在位時期は、西暦150年前後の頃となる。まさにこの頃、日本列島全土に大地震が発生する状況が存在した。それが、日本列島東島と西島の衝突・合体である。この地学的な動きは、北・中央・南アルプスが形成されるほどの造山運動を伴ったものであり、それこそ日本列島全体が、連続して大地震に見舞われたと推測できる。大量の難民発生は、当然飢餓をも伴う。そして、後漢の桓帝と霊帝の治世（西暦146～189年）に起きた、倭国大乱である。ナガスネヒコの反乱は、この大乱の動きの一つであったとすると、ウガヤ文書の記述は年代的にピタリと符合する。この時期、新羅はホアカリ系天孫族支配の倭国領であったが、ホアカリ系本家の昔氏と狗奴国の瓢（朴）氏が覇権をめぐって競い合い、その争いは日本列島内の奈良周辺でも同時展開されていた。

ホアカリ系本家は、ニニギ系に対して反乱を起こすことなど決してなかったので、ナガスネヒコが狗奴国側に立った反乱勢力であったとすると、斯羅（白木）人とは新羅の瓠（朴）氏であったことになる。ナガスネヒコの反乱は鎮圧され、その後瓠（朴）氏勢力も敗退して昔氏が復権した動きは、ウガヤ文書の記述と内容的にも一致している。これらを総合的に勘案・考察すると、古史古伝の「ウガヤ王朝」とは、加羅ではなく日向の王朝であったことになり、つまりは、日向王朝は後継者が絶たれて消滅したのである。ナガスネヒコの名は、完全な旧約聖書のコピーである神武東征話の中に登場するので、筆者は架空の人物であると思っていたが、架空話の中に実在人物を織り交ぜたと考える方が妥当であろう。

④ 古史古伝の真の編纂時期と世に出た背景
□古事記に忠実なウガヤ文書
　ところで、すべてのウガヤ文書は、ウガヤ朝の最後の王に神武を据え、そして大和王朝に継続させている。神武の次の崇神は加羅の高霊出身であるし、神武の東征話は旧約聖書の完璧なコピーであり、創作であるのは明らかであるのに、ウガヤ文書が神武天皇をウガヤ朝の最初ではなく、最後に登場させていることは、非常に奇異である。そこで気付くことは、ウガヤ文書が押しなべて古事記に忠実であることである。たとえば、宮下文書と秀真伝は景行天皇までの記述となっているが、これは「これらの文書は、改宗した応神天皇以降を認めない。」という態度であり、古事記も崇神天皇をダビデ王に、垂仁天皇をソロモン王に見立てて、応神天皇以降は"別扱い"にしている。

□ウガヤ文書の編纂時期は古事記が世に出た以降

　各文書の編纂者や編纂の経緯を調べると、皆がホアカリ系天孫族の本拠の丹波、古事記の実質的な編纂者海部氏の膝元の丹波に、何かしらの関連を持っている。ウガヤ文書がこのように"古事記を受け容れる"ことができたということは、ウガヤ文書のそれぞれの原材料は神代文字を伴った相当古いものであったとしても、それらが編纂された時期は、西暦712年に古事記が世に出た以降のことであった、ということになる。

□古事記への失望、不満が誕生背景の古史古伝

　ホアカリ系天孫族や倭族の多くの国津神たちが、仲間内が編纂した古事記が、①彼らの存在とルーツの多くを消し去ったこと、②旧約聖書ヤハウェ信仰派がイエス信仰派に譲歩しすぎたこと、③天孫族の本流はヒコホホデミ以来ホアカリ系であったことが微塵も記されていないこと、等に失望し、不満と鬱屈を背景に世に出てきたのが多くの古史古伝であると、筆者は判断している。しかし、このことが古史古伝の史料価値を下げることには決してつながらないことを、言い添えておきたい。

第七章　古事記と日本書紀

第一節　古事記は海部氏、日本書紀は秦氏の歴史書

国史編纂が必要とされた事情
1 『先代旧辞本紀』対抗上必要とされた秦氏編纂歴史書

　天武天皇が国史編纂を命じたとき、それを書き得る人々あるいは集団は、祭祀集団をおいて他には存在しなかった。国家全体のそれまでの歴史を記録あるいは記憶する情報力を有していたのは、代々の天孫に仕えてきた祭祀集団であった。記紀編纂当時の天皇の祭祀職は秦氏が担っていたが、秦氏以前の天皇の祭祀職は物部氏であり、また天孫族の正祭祀職は丹波の海部氏であった。上宮（聖徳）天皇（聖徳は太子ではなく天皇であった）の頃に、物部氏が『先代旧辞本紀』という歴史書を完成させた。それは、それまでの日本史の中で、物部氏の正統性を主張する目的で書かれた歴史書と言って良い。物部氏は当時既に物部守屋が敗れて没落の過程にあったものの、おそらくこの歴史書の影響力は大きかったに違いない。この歴史書への対抗上、秦氏は自らの編纂による歴史書を出す必要性に迫られていた。

2 伊勢神宮と天照大神の正統性を示す必要性

　物部氏の没落後、秦氏は物部氏の石上神宮から伊勢神宮に天皇家の一宮を変えた。ちなみに、"石上"とは"石神"であり、「石」は石氏つまりユダ氏の意で、「石神」とはユダの主ヤハウェを意味した。「伊勢」はイセ、イシュ、イス、イソでイエスを意味する。神宮の名前においても宗派の変化が如実に示されている。もしかする

と秦氏にとっては、天皇家の一宮変更に際して、伊勢神宮の正統性ひいては天照大神の正統性を、国全体に示す必要性に迫られていたのかもしれない。「出自の不明朗な天武天皇が、自らの正統性を主張したいという願望と、天皇を裏支えする秦氏の、自らとその神の正統性を世に示したいという欲求とが重なり合い、国史編纂の政策が打ち出された。」というのが真実であろう。海部氏は天孫族の王たる祭祀職であった。秦氏が歴史書を出すからには、祭祀職として秦氏以上の正統性を自負する海部氏も、出さざるを得なかったのである。

古事記は海部氏、日本書紀は秦氏の歴史書
1 古事記

古事記は、稗田阿礼の語りを太安万侶が書きとめて編纂されたことになっている。着目すべきは太安万侶である。大氏、太氏、多氏は記紀編纂時奈良に一族の基盤を持ってはいたが、その本拠は丹波であった。ホアカリ系天孫族海部氏のお膝元である。その海部氏は、崇神と応神以前は九州と四国を除く日本列島を支配していた勢力で、ニニギ系天孫族に国譲りをした後は、天孫族全体の祭祀を統括することになっていた。海部氏の海部は、実は「天部」だったのである。ところが、祭祀間の勢力争いに勝てず、較べようもないほどの格下ではあるが、同じ祭祀職の物部氏や秦氏に正位置を奪われていった。海部氏は記紀編纂の頃は国政から離れること長く、また編纂時の秦氏への気兼ねもあって、海部氏の歴史書は当時の古代中心にならざるを得なかった。

2 日本書紀

一方、日本書紀の編纂については、舎人親王ら十二人の組織を

第七章　古事記と日本書紀

作って行われたことになっている。しかし、同じ十二人の組織であっても、実際は後述する秦氏の組織「八咫烏」が行っている。日本書紀が秦氏の歴史書であるという根拠は、枚挙に暇がない。たとえば、名前に使われている漢字である。インマヌエルの日本名オシホミミの妻は栲幡千千姫とある。ここに「幡」の一字を入れている。「幡」は「畑」、「畠」、「羽田」、「波多」などとともに「秦」の代字で、「秦氏」を示している。ニニギが笠沙で会った人の名は事勝国勝長狭で、ここには九州の秦氏の苗字「勝」を入れている。場所の名で、アマテラスの妹の稚日女尊がいた場所は「斎服殿」であるが、「斎」は秦氏の支族「斎部（忌部）氏」を指し、「服」はこれまた秦氏の支族「服部」を示している。このように秦氏に関係する苗字を拾っていくと、日本書紀にはこれらの字があちらこちらに散りばめられていることがわかる。古事記にもハタ音の漢字は現れるが、それは日本書紀から押しつけられた挿話部分であることが多い。極めつけは神武天皇の東征話の中の「金鵄」と「八咫烏」である。「八咫烏」とは天皇の神道行事を裏支えする秦氏の十二人から成る組織名であり、現在も存在する。「金鵄」とはその「八咫烏」のトップ三人の呼び名である。これらの名を盛り込めること自体が、日本書紀は秦氏の歴史書であることを証明している。

秦氏とは誰か？
　秦氏という姓が既に何度も登場しているように、日本古代史を語るのに秦氏なくして語ることはできない。それでは秦氏とはいったい何者なのであろうか？

① 現在でも日本全国の神社を裏支配している秦氏
　日本には「秦（ハタ）」という姓があり、「秦氏」という集団があった。

189

日本には多くの氏族が存在したが、秦氏というのは日本人の間であまり知られていない。ところが、こと神道に関わることになると、必ずと言ってよいほどに「ハタ」の名が出てくる。名立たる神社の多くが秦氏の創建となっているし、物部神社や氷川神社など、秦氏とは別系統の神社でも、秦氏の意に逆らうことはできない。例えば、崇神創建の大神神社でも、かつて遠い昔に神社自身で拝殿か本殿かの建物を建てたことがあるそうだが、秦氏の一団に即座に壊されてしまったそうである。世間にはあまり知られていないが、秦氏は今でも日本全国の神社を裏支配しているのである。

② 天皇家の宗教面を裏支えする集団「八咫烏」

　二十一世紀の現在、天皇家の宗教面を支えている裏集団がある。年間150前後もある天皇の神道行事の殆どを代行する十二人の人々で、彼らは皇族と同じ「苗字を持たない人々」であり、集団名を「八咫烏」と自称している。八咫烏には七十二人から成る下部組織、さらに組織を下支えする多くの人々がいる。苗字を持たないということは、教育や医療など生活の全てに関して独自システムを持っているということでもある。そこでは神道のみならず、日本の歴史や祭などの伝統文化、宮中行事などの知識や情報が千数百年もの間、淡々と蓄えられ引き継がれてきた。数十年に一度しか行われない天皇即位の儀式である大嘗祭や、百数十年に一度の神道行事を、過去と寸分違わず催すことができるというのは、ひとえに八咫烏のお陰なのである。

③ 秦氏はイエス派末裔、八咫烏は十二使徒組織後継

　秦氏とは、約二千年前の「神の道」信者（ユダヤ教徒）であり、かつイエスを信奉していた人々の末裔である。ダニエルの預言に

あった「イスラエル人を救いに来る人神」がイエスであると認識し、イエスの十二人の弟子たちとともに、イエスの教えをユダヤ教徒に広めていた人々である。イエスの十二人の弟子はそれぞれの死後に別の人が指名され続け、「エルサレム教団」として組織的に活動していた。このエルサレム教団が八咫烏である。イエスが十二人の弟子に命じたことは、その当時のヘブライ人だけでなく、「囲われていない羊にも教えを広めよ」ということで、彼らが住んでいたカナンの地から、当時既に去ってしまっていたヘブライ人にも、布教することであった。

④ エルサレム脱出後の秦氏が「弓月国」建国

　飛鳥昭雄氏によれば、エルサレム教団をコアとするイエスの信者たちは、西暦66年にエルサレムでローマ軍に完全包囲されるが、イエスの予言に従い、包囲が一瞬途切れた間に脱出し、シルクロードの起点の一つであるギリシア人都市ペラに逃れ、その後シルクロードを北東に進み、中央アジア天山山脈の麓に「弓月国」を築き、しばらく住んだとのことである。そこで東アジアの情勢をしばらく窺ったのであろう。弓月国は良鉄を産し、非常に高度な文化を持った集団であったという伝聞が、天山山脈麓の地に残っている。そこには、日本国の旧名と同じ「ヤマト」という地名もあった。その地に100年以上滞在して後に、この集団は新羅や加羅といった朝鮮半島南部に徐々に移動していく。弓月国の東側は鮮卑国の西端であり、秦氏は鮮卑国と良い関係を持ち、鮮卑国の中を通過して朝鮮半島に至ったと推測する。鮮卑国の版図は広大であり、その他の方法では秦氏の集団は朝鮮半島に至ることはできなかった。鮮卑族も古代ヘブライ人の末裔で、秦氏の布教対象となっている人々であった。秦氏に属した人々で、天山山脈の麓に残った人々もいた。それ

が現在のウィグル人で、40年近くも前のある調査で、「世界中で外見が最も日本人に似ている人々」として、テレビで紹介されたこともあった。

5 秦氏の日本列島における拠点

　彼らは、日本書紀では西暦400年頃に応神天皇が招き寄せたことになっているが、それ以前の崇神天皇の時代には、一部が既に宇佐、丹波そして伊勢に渡来していた。秦氏の拠点は数多く、本拠とも言うべき所は京都府南部の山背（山城）であるが、近江・大和・摂津・河内・和泉・伊勢・尾張・伊豆・美濃・若狭・越中・丹波・播磨・備前・備中・紀伊・阿波・讃岐・伊予・土佐・筑前・豊前といった政治・軍事的拠点や鉱物産地など、西日本の要衝をことごとく押さえている。おそらく、西暦250年前後から徐々に先遣隊を送っていたものと考えられる。秦氏が天皇家補佐の実権を完全に握ったのは、西暦600年の聖徳太子時代以降のことであった。その秦氏が、彼らの渡来よりも千年も前の天皇家初代の征討話に、「八咫烏」として登場している。このことだけでも、記紀編纂時の八咫烏（秦氏のコア組織）の確たる地位と力を推測できる。

6 神道だけでなく「国体の護持」も秦氏の主要命題

　秦氏は、神道の裏支配だけでなく、聖徳天皇以降の天皇補佐として国政にも発言力を持ち、また天皇家と強い姻戚関係を持ったため、ホアカリ系天孫族の歴史書である古事記も、力関係に屈してその骨格は日本書紀に合わされてしまった。秦氏は権力の中央に位置するようになると、神道だけでなく「国体の護持」も彼らの主要命題となった。日本が太平洋戦争でアメリカに負け、天皇を交えてGHQがその後の国体に関して討議した場所に、八咫烏の金鵄も同

席していた。GHQは彼らが何者であるのかを問うたものの、曖昧な返事しか得られず、正確にはその正体を認識できなかったようである。

7 日本全国への神道普及と小京都存在は秦氏に起因

　京都の都を造営したのは秦氏である。京都の都は別名「平安京」である。「平安京」とはヘブライ語で「エル・シャローム」、つまりエルサレムという意味である。秦氏は彼らの土地を無償で提供し、都の建設費用や人足まで自前で調達し、西暦794年に完成後、イエスから直接授かった"使命"によりイエスの教えを広めるため、秦氏の神道を携え、京都と滋賀の地から徐々に日本全国に散った。天孫族とは無関係であった東北の山奥にさえも神道が行き渡っているのは、そのためである。日本全国に「小京都」が存在するのも、京都を実際に造った人々が地方に移り住んだためであり、この秦氏の動きに起因している。情報化社会から程遠い当時は、文化の担い手自身が存在しなければ文化の継承など不可能であった。簡単に京都の"真似"などできなかったのである。

8 秦氏系統の苗字

　ちなみに、秦氏の苗字は秦の他に、「ハタ」という音を含む漢字一字に「山」や「野」、「原」、「田」、「岡」、「大」、「小」などを前後につけたものが多い。旗山、波多野、秦原、畠田、畑岡、大幡、小畑などである。羽田、幡多、畑、畠、波多、八田、波田、旗、籏など、「ハタ」という音だけの苗字も勿論多い。「ハタ」から変化した服部、羽鳥、「神・主」を意味する二本の木の林なども秦氏である。十字架の上のダビデを意味する「本」に一字を加えた本田、本山、木本、野本なども秦氏であると推察するが、イエス派への改宗者関

193

連の可能性もある。

9 東北弁は秦氏起源

　秦氏の関連で、一件だけ述べておきたいことがある。それは東北弁起源に関することである。

□ 秦氏の西域最後発の一団が東北地域に移住

　平安京成立直後に、京都と滋賀エリアから岩手県と青森県東南部にかけて、秦氏の一部が移住した。秦氏は天山山麓から新羅・加羅経由で列島に渡来したが、彼らは西域から一度に東方に移動したわけではない。ヘブライ人の民族特性から、半島・列島情勢を窺いつつ、一度ではなく数度に分けて動いたと推測できる。その最後に天山山麓を後にしたグループが、東北地方に定住したと筆者は考えている。その理由は、若干失礼な言い方ではあるが、当時は「何もない、誰もいない。」というような地域に入植したことが、一つである。「イエスの教えを広める。」という使命を果たすならば、先着ヘブライ人の在所に行くべきであり、そのような所は先着の秦氏が先に占めてしまい、残された土地が、源氏が討伐した直後の東北であったと考えることができる。

□ 西域はインド文化圏でヒンディー語が東北言葉に影響

　日本語の中でも東北弁はユニークな存在である。東北弁の発声方法とりわけ鼻音が、ヒンディー語に実によく似ていることである。西暦四世紀頃、秦氏の滞在した西域は、インドのグプタ朝の勢力圏となった時期があった。日本人にとっては意外であるかもしれないが、西域とインドとは峻険な山々の間を縫う南北路で結ばれ、距離的にも非常に近く、両者の関係は歴史的に深い。現在西域は中国

第七章　古事記と日本書紀

領であるが、第二次世界大戦後にインドと中国が国境争いで軍事衝突した場所は、西域のヤルカンドのすぐ南側の山中であったことを知れば、インドと西域の距離の近さを理解することができる。インドのマウリヤ王朝も西域を支配下に置いていた。秦氏の最後発のグループが、朝鮮半島に長く留まらずに日本列島に到達し、朝鮮地域の言語的影響を殆ど受けなかったとすれば、西域滞在時のヒンディー語の影響が日本に持ち込まれたという推定は、現実的と言えよう。

海部氏とは誰か？
①海部氏系図の国宝指定が炙り出した丹波王朝の存在

　海部氏が世に知られるようになったのは、何と言っても、「海部氏の系図」が昭和51年に国宝に指定されてからのことである。当時は「神武天皇よりも古い系図」という囁きがあったが、真偽の程は不明であった。その後、金久与一氏らの研究が進み、系図が意味することの重大さとともに、丹波王朝とも言える丹波地域の古代史における重要性がクローズアップされてきた。

②西日本の大半はホアカリ系天孫族海部氏の勢力圏

　国宝となった系図から先ず読み取れることは、天孫族にはニニギ系とは別に、ニニギの兄にあたるホアカリ系の天孫族が、丹波地域を中心に系譜を持って存続してきたことである。現在の丹波は小さいが、西暦684年に但馬が、また西暦713年に丹後がそれぞれ丹波より分離しているので、元の丹波はかなり広かったことになる。尾張氏と葛城氏の系図も発見されているが、ともに丹波宗家から分離した分家になっている。それは、現在の近畿地方と中京がすっぽりと丹波勢力圏に入ってしまうことを意味する。そこで奈良に着目し

て系図を眺めてみると、九世孫あたりに日女命、また十一世孫あたりに小登与命の名が見える。これは素人が見ても邪馬臺国の卑弥呼と臺与ではないかと思える。現在は丹後に位置するが、元は丹波の一ノ宮であった籠神社の宮司が海部氏の直系であり、その宮司が、最近になってインタビューに応じてポツリポツリと真実を語り始めた。既述の「神武東征は真実ではない。」といったことや、「邪馬臺国は丹波国造の系統であり、卑弥呼の死後に対立の事態は平和裏に収拾された。」という意の事を述べている。丹波の西隣の出雲地域も、かつては一部瀬戸内をも含むほどの広さがあった。その出雲地域も、古事記の記載内容からして明確に丹波勢力圏にあったと言える。すると、九州と四国を除く西日本の大半はホアカリ系天孫族の海部氏の支配地域であったことになる。

③ 海部氏はホアカリ系天孫族王から全天孫族祭祀へ

　海部氏は、現在は籠神社の宮司であるが、かつてはニニギと双頭をなすホアカリ系の天孫族、つまり王であったのである。ダビデ王やヒゼキヤ王の男系男子の血筋を引く、天皇となりうる条件を備えた王族であった。出自の不明確な継体天皇は、ホアカリ系であった可能性が高い。継体天皇を担ぎ上げた人物がホアカリ系の大伴金村であるし、天皇の出身地もホアカリ系支配地の越前三国であった。継体は天皇即位を固辞したとあるが、ホアカリ系であったならば当然のことである。天皇の名前の継体も「国体を継ぐ」であり、ワンポイントリリーフとして相応しい名であった。その堂々たる王であった海部氏が、ニニギ系の崇神に「血の規律」ゆえに列島の支配を譲り、自らは王ではなく天孫族の祭祀という位置に納まらざるを得なかった。当時既に祭祀職として確たる地位を築いていた物部氏に加え、その後に秦氏が台頭してくることになる。血筋という面で

は、海部氏にとっては両氏とも鼻にもかけないほどの格下であったが、両氏は歴代天皇の膝元にあって勢力を蓄えていき、逆に海部氏は丹波を動かず国政から遠ざかっていくことになった。

物部氏とは誰か？
① 物部氏の出自は徐福の集団

　日本史を解明していく上で、一番難しかったのは物部氏の存在であった。物部守屋の死まで、秦氏は明らかに物部氏のナンバーツーであった。伊勢神宮の本宮は伊雑宮であったが、その本宮までも物部氏に掌握されていた。物部氏は朝廷と密接に絡まって、朝廷の軍事を司る存在にまでなったのに、その出自がどうにもわからない。飛鳥昭雄氏の著作の中で、八咫烏が「物部氏のルーツは徐福の集団である。」と述べたことで、ようやく理解ができた。

　紀元前210年代に、秦の始皇帝は徐福を二度「蓬莱国」に派遣し、徐福はその後大陸には帰還しなかった。最初の航海では数千名、二回目は三千名の男女カップルの若者、そして様々な技術者を伴っている。当時の巨大な秦国にとってさえ「莫大な出費」をしたほどであるから、相当な財力を携えていたことになる。おそらく一国を築けるほどであったろう。その行き先は、中国側にしてみれば不明であるが、日本には列島のあちこちに徐福の渡来伝説があり、中には和歌山県の例のように「徐福の墓」なるものも存在する。

② 最初に天孫族の根拠地を全て訪れた徐福一行

　先述の八咫烏の証言によれば、徐福の一度目の来倭は丹波であったとのことである。丹波はホアカリ系天孫族の本拠地であり、彼らは九州と四国を除く日本列島の広大な地域を支配下に置いていたため、徐福にとって日向よりも丹波の方が本家筋に見えたのかもしれ

ない。二度目の来倭は筑紫であったそうだ。古代で筑紫は九州を意味し、時代が下がるにしたがい北九州を指すようになった。この場合の「筑紫」が九州のどのあたりを示すのか定かでないが、徐福は一度目の来倭で、日向が本家筋であることを知ったのであろう。そして、次に朝鮮半島にも行っている。ここにはニニギ系の分家「加羅」がある。最初に天孫族の三拠点すべてを訪れている。いったい、徐福の来倭の目的は何だったのであろうか？

③ 徐福の来倭目的は天孫族筆頭祭祀の位置

徐福の出身地は、山東半島にある斉国の「徐福村」である。近年その所在が明らかになり、観光の対象にもなった。斉国は秦が中国を統一したときに滅びている。斉の歴史はヘブライの匂いに満ち、筆者個人としては、斉国は宇佐同様にソロモン王の派遣したタルシシュ船が起源ではないかと思っている。徐福はその斉の国の「方士」であった。

方士とは呪術師であり、元を糺せば祭祀職である。秦を含む中国の騎馬民族国家の支配者は、皆古代ヘブライ人の子孫であった。僅かに「漢」だけが中国人の王朝であった。秦の二代目皇帝の胡亥の「胡」は、ペルシア出身を意味する。ペルシアにはかつての（北）イスラエル国の捕囚民や難民などが、百万を超すような膨大な数で住んでいた。そもそも、秦の始皇帝が徐福を蓬莱国に派遣した意図は、ユダヤ神秘主義（終章参照）の知識に基づき、自らは不老不死である神界を目指したかったのである。徐福は祭祀職であるのだから、ヘブライ民族のレビ人である。徐福は始皇帝の気持ちを深い部分で理解していた。それゆえ、始皇帝は騙されたのである。そのレビ人である祭祀職の至高の願いは、ダビデ王家の「神の道」の筆頭祭祀職を務めることであった。もしも斉の国がタルシシュ船と関わ

りがあるのならば、徐福はダビデ王朝の避難隊が日本列島に至ったことを、詳細に知っていたはずである。ましてや、宇佐に主ヤハウェの聖櫃が安置されているようなことを知れば、祭祀職レビ人として、列島に行きたい衝動を抑えることは難しかったに違いない。徐福が天孫族の三拠点を訪れたのは、最初から天孫族の祭祀の位置を狙っていたのである。

④ 天孫族中枢近くから勢力を築いていった物部氏

物部氏は、徐福の来倭から物部守屋まで約800年間、ヤマトにおいてほぼ終始権力の中枢に位置したため、どういうプロセスで日本列島に勢力を築いていったのか定かではない。彼らが最初に天孫族の三拠点を訪れたことからして、天孫族の中枢に近いところから勢力を築いていったことは推測できる。それにしても、物部氏は天孫族より五百年近く新しい技術を列島に大量に持ち込んだわけで、それが日本の伝統文化にどのように影響した、あるいはしているのか、興味は尽きない。

第二節　日本古代史の前後二分断

第十代崇神天皇以前と以降

神武天皇即位後は、学会で「欠史八代」とされる天皇8人の名が並ぶ。ここで、「日本古代史の二重性」について触れなければならない。

① 神話時代にも実在した日本の歴史

日本史は、ニニギ降臨から第九代天皇までと、第十代崇神天皇以降とに明確に二分されている。歴史学者は、前半は架空であり後半

からが本物の「歴史時代」とするか、後半の前に約50年間くらいを付け足し、そこに前半部の神武天皇をはめ込み「正史」とするかの、何れかであった。しかし、それらはともに誤りで、神話時代と言われた前半部の歴史も確かに存在していた。明治天皇の孫に当たる中丸薫氏が、その著書の中で、「神代期とされている時期の歴代天皇の系図が残っている。」という趣旨の事を述べている。

② 天皇八代は一人100年合計900年間の神武時代を示す

初代神武天皇から第十代崇神天皇までほぼ900年であったため、記紀は初代神武天皇の他は100年に一人の天皇、合計8人の天皇を記載することにより、前半部の歴史が実在したことを示したものの、詳細は神武天皇の記述以外は省いた。8人の天皇の実在の是非は不詳であるが、卑弥呼・臺与後の、奈良を都としたホアカリ系天孫族の実在した王たちの名前であった可能性もあり、それに関しては後述する。

③ 歴史時代で確実に存在したのは第十五代応神天皇

崇神天皇から歴史時代に入るが、だからと言って登場する天皇が実在するとは限らない。それは第十章で後述するが、崇神、垂仁、仲哀の記録は、旧約聖書のダビデ王、ソロモン王、サウル王のコピーだからである。確実に存在するのは、第十五代応神天皇である。しかし、記紀の書き方としては崇神から内容表記が突然具体的になり、その量も多く、崇神天皇をもってして明確に記紀の取り扱いが異なるので、第十代崇神天皇も実在した可能性が極めて高い。

記紀の編纂者が日本史を前後二つの部分に分けた理由

日本史を前後二つの部分に分けた理由は、筆者には三つほど考え

第七章　古事記と日本書紀

ることができる。

1 ホアカリ系からニニギ系への列島支配者交代

　第一は、崇神天皇が端緒となり、邪馬臺国の次の大倭の時代途中におけるニニギ系応神天皇の出現をもって、ホアカリ系天孫族の列島支配はほぼ終了し、以後はニニギ系天孫族の支配に変わるためである。記紀には神武東征の話がまことしやかに書かれているため、ニニギ系天孫族は早くから奈良の地および西日本を征していたと思われがちであるが、これらの地の本当の征服者は、実は丹波海部氏のホアカリ系天孫族であった。奈良周辺についても、国宝系図のヒコホホデミの三代後の倭宿祢の時代から、ホアカリ系による支配が成されていた。それはちょうど日向の神武の時代と一致する。

2 日本書紀編纂者秦氏の列島渡来以後が歴史時代

　第二は、記紀の骨格をつくったのは秦氏であり、その秦氏の最初の渡来は第十代崇神天皇時代の直前の頃であるため、秦氏はそれ以前の日本の太古に関する事情に疎かったことにある。記紀編纂時の秦氏の権力は絶大であり、秦氏は記紀の内容を、「秦氏以後」を「歴史時代」とし、それ以前を「神代」や「磐余彦」の"架空時代"とし、旧約聖書の創世記からヨシュア記までの基本ストーリーを、大量の装飾を加えて日本書紀に取り入れた。日本の殆どの歴史学者は旧約聖書を知らなかったため、このことに気付かず、日本書紀の歴史時代以前は、弥生・縄文時代などの「狩猟農耕文化時代」として位置づけてしまったが、実際はホアカリ系天孫族の華やかな歴史時代が存在したのである。

3 日向王朝が断絶して崇神天皇より王朝交代

　第三は、崇神天皇の出自が加羅の高霊とあるので、ニニギ系の本家である日向の神武天皇の家系が、崇神出現時には断絶してしまっていたことである。崇神天皇をもって、王朝交代が成されたのである。崇神はニニギ・イナヒ系であり、いわばニニギ系の分家に位置している。厳しい「血の規律」を考慮すれば、分家が本家の上に立って天皇として存在できるはずがない。日本書紀が「万世一系」を標榜したこともあり、崇神の分家出身の出自を隠さねばならず、そのためには作り話を使ってでも、ニニギ系正統の神武天皇を登場させたのである。第十章で詳述するように、神武関係の記紀の記載内容は旧約聖書のコピーであり、完璧な創作であった。神武の時代は神代時代であり、崇神天皇より歴史時代に入ることに納得できよう。

第八章　朝鮮半島情勢が与えた日本列島支配への影響

第一節　朝鮮半島の形成

朝鮮半島はかつて島であった！
1　紀元前250年頃に朝鮮島から朝鮮半島に

　朝鮮半島の歴史で年を確定できる記述が初めて現れるのは、「紀元前195年に燕国人衛満が、殷王朝の一族箕子の子孫と称する朝鮮候の準を攻め滅ぼし、準を"海中"に追放した。」という漢書の内容である。記述内容から判断すると、その時点では朝鮮は半島となり、大陸と陸続きとなっていたと推定できる。紀元前300年頃には朝鮮に関する記述は見つからず、朝鮮半島はまだ島であったと思われるので、朝鮮候の準の統治期間を考慮すると、朝鮮島が「半島」となったのは、いささか乱暴ではあるものの、ざっくり紀元前250年頃であったと筆者は推測する。徐福が朝鮮半島を訪れたのは朝鮮候の準の時代であるが、別に準の国を訪れたわけではない。半島に既に存在した天孫族の拠点の一つを訪れることが、彼の目的であった。加羅（当時は「辰国」という呼び名が存在した）の記載はないものの、加羅は既に存在していた。

2　朝鮮半島が島であった根拠三つ

　朝鮮半島が、かつては島であったという根拠を、筆者なりに述べることができる。

第27図　紀元前六世紀の日本列島西島と朝鮮島

□現地理上の地形分析

　それは第一に、現在地図の地形分析である。第一章で掲載した第13図を参照して頂きたい。フライトナビで確認したが、朝鮮半島付け根の鴨緑江から白頭山を含んでトマン川に至る線で、半円形気味の切断線を描くことができる。この線を境に、地形が明確に不連続となっている。また、この線の両側の山々は、単独火山の白頭山を除き、朝鮮島が追突したときに形成されたと考えても良いように、島の追突方向に対して直角方向に形成されている。

□朝鮮島は未発見の小プレートの上に存在

　第二に、朝鮮島は、現在学会では認識されていない、朝鮮マイク

第八章　朝鮮半島情勢が与えた日本列島支配への影響

ロプレート（筆者仮称）の上に存在していることである。現在はアムールプレートという名で認知されているユーラシアプレート東隣のプレートが、その南端部分でさらに切断されていて、小プレートが存在したのである。その小プレートは、かつて存在した太平洋プレート西端海溝によって大陸側に押し付けられ、小プレート上の朝鮮島は大陸と接続して半島になった、と推察される。

□白頭山火山の存在
　第三に、白頭山火山の存在である。白頭山を除き、この地域に他に火山は存在せず、地学的になぜここに火山が存在するのかが長らく疑問であった。しかし、筆者の論に拠れば、理由は明快なのである。朝鮮島が移動する過程で、朝鮮島の地殻と海洋性地殻との摩擦で生じたマグマが、第一章の第8図で示したように、押される側つまり白頭山側に大量に溜まったのである。そのマグマが薄めの地殻を押し上げて白頭山を形成し、三国史記では917年、日本紀略によれば893年に、地殻の耐力が限界点を超えたか、あるいは地震発生などを契機として、渤海国を実質滅ぼしたほどの、世界史上第二位の規模の火山大爆発を起こしたのである。朝鮮島における白頭山の火山位置は、日本列島東島での富士山や伊豆島の箱根山地、そして日本列島西島・九州の開聞岳や桜島と同様なのであり、大規模なマグマ溜まりができやすい位置なのであった。

3 漢書の「楽浪海中」とは朝鮮半島南部のこと
□漢の首都洛陽に毎年朝貢に来ていた楽浪海中倭人
　紀元前108年に漢の武帝が、衛満の孫が統治していた衛氏朝鮮を攻め滅ぼし、楽浪郡（平壌の地）、玄菟郡、臨屯郡、真番郡を朝鮮半島に設置した。このことを記載した「漢書地理誌」に、「楽浪海

中に倭人あり。分かれて百余国、歳時をもって献見に来るという。」という短い一文がある。倭人の使者が漢の首都洛陽に毎年朝貢に来ていたということであった。

□ 朝鮮自体がかつて海中に存在したという中国人意識

　筆者には、「楽浪海中」という表現が気に掛かっている。次節の第28図をご覧頂きたい。楽浪郡とは現北朝鮮の平壌の地であり、中国から見てそこから先に海はない。朝鮮島が朝鮮半島になってまだ日が浅いこの頃、中国人の意識としては、実際は加羅まで地続きであったとしても、朝鮮半島はせいぜい平壌あたりまでしか視野になかったとの推測が成り立つ。その約300年後に公孫氏によって新設された帯方郡でさえ楽浪郡のすぐ南隣に過ぎず、中国側から朝鮮半島に二歩三歩踏み入った程度の距離しかない。漢の時代の楽浪郡から先の地は、中国人の意識としては、朝鮮自体が島として存在した頃の"海中"であったとすると、漢書に書かれている「楽浪海中の倭人」とは、辰国（加羅と新羅）の倭人、あるいは現在の北九州地域を含む辰国の倭人である可能性が高い。楽浪以南の国々は相当に細分化されていたし、北九州もまた同様であり、「百余国」は非現実的な表現ではない。エルサレムに帰る使命を持つ天孫族にとって中国への朝貢は無用であったが、朝鮮島が半島になってしまった以上は、辰国の倭人の一部は、中国方面からの身の安全を確保するための朝貢の必要性を、現実問題として考慮したかもしれない。朝鮮候「準」が追放された"海中"も、日本列島ではなく朝鮮半島南部であった可能性が極めて高い。

　それはともかくとしても、この後に朝鮮半島に次々と新しい国が建国された。

第八章　朝鮮半島情勢が与えた日本列島支配への影響

第二節　朝鮮半島の建国神話

句麗国の建国神話
① 神話
　この流れで朝鮮半島の古代の建国話を拾っていくと、先ず、スキタイ滅亡から一世紀が経たんとする紀元前61年に、天帝の子の解慕漱が五色に輝く五龍車に乗って降臨し、北扶余が建国された。その解慕漱と密通した河神の娘が日の光で妊娠して卵を生み、卵が孵って生まれたのが朱蒙である。「解」氏の朱蒙は紀元前30年頃に句麗国を建国した。

② 考察
　天帝とは想定上の天上に住む最高神エルのことで、「天帝の子」とは太陽神エンリル、後の主ヤハウェを指す。苗字の「解」とは古代朝鮮語では太陽を意味し、「へ」と発音する。「五色に輝く五龍車」とは、道教や陰陽道では「太陽光に輝く箱形の乗り物」の意味合いとなり、主ヤハウェの聖櫃（契約の箱）を想像させる。朱蒙の息子の名前が夫妻（ブル）であり、息子の姓名は「ヘブル」となる。句麗国（現北朝鮮）の建国神話は、「王家の出自は古代イスラエルである」と、堂々と表明しているのである。

　第四章第三節のスキタイの項で著述したスキタイの建国神話と、解氏の句麗国との建国神話は、ともに天神と河神の娘から始まるという点で一致している。それら二国の位置関係は東西にあまりに離れているため想像しがたいが、扶余（後の夫余）の前身は確かにスキタイであった。

　第四章第二節で既述のように、紀元前三世紀には扶余は満州東端にあった。それなのに、紀元前61年まで北扶余が満州隣接の朝鮮

半島に建国されなかった理由は、朝鮮半島の形成と関わりがある。扶余が満州に至った当時は、朝鮮は半島ではなく島だったのである。それが扶余建国後に、おそらくは紀元前三世紀中葉以後に島が大陸に衝突し、島の付け根にチョギュリョン山脈が形成され、また白頭山が誕生した。この造山運動が収まってから扶余が朝鮮半島に侵入したと想定すると、扶余の早い時期からの存在と北扶余の遅い時期の建国は矛盾しない。

百済の建国

紀元前18年、句麗国の朱蒙の血を引くウルとオンソが百済を建国し、後に高句麗に攻められて都を夫余に移す。
「夫余」とは「扶余」であり、スキタイから来たヘブライ二.五部族の流れを汲む民族であることは間違いない。百済と高句麗は領土争いで互いに戦争に明け暮れた。同族であったはずなのに、なぜそれほどまでに仲が悪かったのか理解しがたい。馬韓の中の一国「伯済」が「百済」になったと考えられているが、馬韓と百済では当時の国の存在位置が南北にかなり離れているため、事実とは異なると考えたほうが懸命である。その馬韓についても魏志韓伝などで若干触れられているが、馬韓のルーツを探ることができる内容はなかなか見当たらない。小林惠子氏は小月氏が中国から逃れて馬韓辺りに定住したとしている。鮮卑族慕容氏が百済を手中にし、そして百済から去った後から大和朝廷と百済の関係は緊密になるが、それ以前は百済と列島との交渉は見られない。小林氏の指摘は正しいかもしれない。

李寧熙氏は、百済という単語を分析し、「百済」は大和国に属する語であると明言している。この場合の大和国は筆者の論によれば加羅国となるが、百済の地が加羅の支配下に入るのは、早くても慕

第八章　朝鮮半島情勢が与えた日本列島支配への影響

容氏の支配が終了する四世紀後半のこととなる。「百済」という国名が実際に使われ始めた時期が明らかではない。

新羅の建国神話１
　百済の北側の隣国新羅の建国神話は、政権交代ごとに作られている。

① 神話
　始祖の赫居世は瓠（ひさご＝瓢箪）のような大きな卵から生まれたので、姓を瓠に通じる朴氏とした。赫居世の大臣に瓠公という人がいて盛んに外交交渉したが、彼は本来倭人であり、瓠を腰につけて海を渡ってきたので瓠公といわれた［新羅本紀］。

② 考察
□朝鮮半島の大陸側よりも南部の新羅の方が早い建国
　紀元前57年に、新羅の前身の辰韓始祖の赫居世が、13歳で即位している。13歳とは古代ヘブライ人の成人年齢であった。大陸に接した句麗国の建国が紀元前30年で、また半島中部の百済の建国が紀元前18年であり、半島南部の新羅の方が、半島で大陸に近い側よりも早い時期の建国になっていることに着目しなければならない。このことだけでも、新羅の建国者は大陸から来たのではない可能性を探ることができる。この頃既に玄兎郡、臨屯郡、真番郡は消滅していた。朝鮮半島北部では、漢王朝が設けた４郡のうち３郡が、設置間もない内に失われてしまうほどに激しい抗争が展開されていたのだが、半島南部については西暦四世紀の奈勿麻立干登場までは激動は見られない。

□赫居世＝瓠居世で新羅の始祖は倭人

　神話の中の赫居世の「赫」は「カク」と読み、「瓠」も「カク」である。この当時は漢字の読み方は音だけで、訓読みはなかった。音は二字同じである。「赫」と「瓠」、始祖とその大臣というふうに字と人物は分けられているが、王姓は朴で後述のように「朴」＝「瓠」なので、赫居世＝瓠居世であった。つまり、新羅本紀では大臣を倭人としたものの、新羅の始祖そのものが倭人であったことになる。「新羅本紀」は「倭人」という言葉をどうしても省くことができず、苦し紛れに"倭人の大臣瓠公"を挿入したと推測される。

□韓国の始祖は奈勿麻立干

　新羅の王を姓別に並べてみると、新羅国の真の事情が見えてくる。小林惠子氏によれば、説明は省くが「朴」＝「瓠」であり、葛木氏を指している。「昔」姓をホアカリ系天孫族丹波宗家と捉えると、「朴」と「昔」の覇権争いが炙り出されてくる。この支配者交代と交代時前後の出来事を照らし合わせると、より一層真実が見えてくる。この覇権争いは奈勿麻立干登場をもって終息する。この奈勿麻立干こそが現韓国の始祖に当たり、倭人の新羅支配はこの時をもって終焉となる。

新羅王名表

姓	在　位	王　名	王呼称	
朴	B.C 57〜A.D 57	赫居世、南解、儒尼	次次男	※赫居世なし
昔	A.D 57〜87	脱解	尼師今	
朴	A.D 87〜184	婆娑、祇摩、逸聖、阿達羅	尼師今	※逸聖のみ泥師今

昔	A.D 184〜261	伐休、奈解、助賁、沾解	泥師今	※助賁のみ尼師今
金	A.D 262〜284	未鄒	泥師今	
昔	A.D 284〜356	儒禮、基臨、訖解	泥師今	
金	A.D 356〜	奈勿 ※以後の姓は全て金氏	麻立干	

　この王名表は日本古代史と密接な関係を持ち、今後しばしば参照することになる。

新羅の建国神話２
「新羅本紀」では、「木が抜ける」という表現を使って辰韓の最初の王朝は断絶したことを暗示している。新しく西暦57年に王位についたのが62歳の「脱解」であった。脱解についても建国神話がある。

1 神話
　脱解は多婆那国で卵から生まれたが、父親の多婆那王は気味悪がり、脱解を箱に入れて海に流し、たどり着いたのが辰韓（斯羅）の海岸であった。箱の中より脱したので"脱解"という名になった。彼は、かつての瓠公の住屋を自分のものだと言って騙し取ったので、「昔氏」と称した。

2 考察
□脱解はホアカリ系天孫族丹波人でヘブライ民族出自
「多婆那」は記紀にも記載があるが「丹波」であり、ホアカリ系天孫族を指し示している。また、「箱に入れて海に流し、たどり着く」というのはモーセの故事の応用であり、脱解はヘブライ民族の出自

であることを示している。

□新羅の歴史は紀元前57年よりも更に"前"が存在
「昔は私の家（国）だった」ということをまともにとると、一つの推測が成り立つ。それは、瓢公は新羅の簒奪者（紀元前57年）であって、それを丹波正統が取り戻した（西暦57年）ということになる。瓢公を葛木氏とすると、葛木氏は国宝「海部氏の系図」の中に倭宿祢の次に葛木彦として名があるが、取り扱いが"実子"ではない。筆者には勘当に近い扱い、あるいは入り婿の印象を受けた。葛木氏は最初丹波正統が支配した新羅を、権力争いで王座を簒奪したと推察できる。すると、新羅の歴史は紀元前57年よりも更に"前"があったことになる。

□葛木氏の渡来時期
　葛木氏がいつ日本列島に渡来したのかについて、歴史家の間では西暦四世紀後半の葛木襲津彦を始祖とするなど、かなり新しい時期の設定が多いように見受けられる。しかし、紀元前57年には新羅の王権を簒奪しているのであるから、葛木氏の渡来時期はそれよりさらに前であったことになる。そこで候補に挙がるのが、紀元前100年前後に前漢に滅ぼされた中国西南部の倭族国家群の一つが、難民となって列島に渡来したということである。ところがその設定では、新羅での王権簒奪まで半世紀しかないことになる。裸のような状態で渡来し、日本列島内ならまだしも、朝鮮半島南部での王権を簒奪するような勢力を得るには、半世紀では時間的にとても無理である。新羅に至る海路と中継地をも確保しなければならないからである。
　海部氏の系図の中で葛木彦の名が倭宿祢の次にあるということ

　　　　　第八章　朝鮮半島情勢が与えた日本列島支配への影響

は、葛木氏の存在は紀元前600年の神武天皇の時代に近い頃まで遡るということになる。そこで思い当たることは、中国南部の倭族である滇国の成立時期が、紀元前625年頃と年代測定されていることである。滇国人と同様の行動を取ったイスラエル十部族に属した一派が、インド経由で中国西南部に留まらずに日本列島に至ったと仮定すると、紀元前六世紀前半には葛木氏は列島に到着したことになる。到着地は、おそらくは現在の和歌山平野であったことだろう。

　ちなみに葛木襲津彦に言及すれば、彼は新羅のかつての支配氏族であった葛木朴氏であり、西暦356年の奈勿麻立干による新羅簒奪によって、朝鮮半島を追われた列島の葛木氏の根拠地に、数百年の期間を経て里帰りした人物である。この頃、半島から難民のようになって渡来した氏族は多く、彼らは列島での家系において天孫族あるいは倭族としての正当性を持たせるため、実際の血統とは無縁の武内宿禰などを家系の頭に据えたのである。襲津彦一族に関して言えば、彼らは金剛山地の北部域に住み着いてホアカリ系天孫族「大倭王朝」を統括し、倭の五王時代に政治的に派手な動きをし過ぎたため、眉輪王の変で雄略天皇によって大倭もろとも潰されてしまうが、それをもって葛木氏全体の動きと捉えてはいけない。その事件により葛木氏は朝廷における以後の政治力を全く失ってしまうが、奈良南西部の葛木（葛城）氏の存在はその後も継続するのである。

□脱解王が「新羅」名付け親の可能性

　再び新羅の話に戻る。西暦307年に新羅本紀の記述で「国号を新羅に"戻す"」とあるが、それ以前に新羅という名は新羅本紀では見当たらない。国号を戻した国王は昔氏なので、西暦57年に即位した昔氏の初代の脱解王が、「斯羅を新しくした」という意味で「新羅」にしたのかもしれない。脱解王の次の王は再び朴氏である

ので、新羅という国号はすぐに斯羅に戻され、あるいは辰韓に変えられていた可能性がある。

□「脱解」は「前王氏族の南解を脱する」の意味

小林惠子氏が指摘するように、脱解というのが「解を脱する」という意味であるならば、解は解氏の句麗国を意味するので、句麗国との繋がりあるいは句麗国からの影響を脱すると表明しているようにも見えるが、新羅国と句麗国との関係は、脱解以前に何も見当たらない。脱解王の前の王は、二代前が南解王で、すぐ前の王は南解王の息子である。脱解とは、「南解を脱する」の意味であったとも推測できる。「解」はヘブルを意味し、丹波海部氏を日本列島で北のヘブル「北解」と設定すると、葛木氏及び尾張氏は南のヘブル「南解」となる。「南解」とは朝鮮半島の「解句麗国」に対応する苗字ではなく、葛木氏勢力を示す一種の隠語であったかもしれない。

新羅の建国神話3

新羅にはさらにもう一つの建国神話がある。

1 神話

脱解王の3年、天から不思議な紫色の雲が現れ、下界の始林を照らしていた。それに気付いた瓠公が駆けつけると、黄金に輝く櫃が木の枝に引っ掛かって光り輝いていた。その知らせを聞いた脱解王が駆けつけて櫃の蓋を開けてみると、中には端正な顔をした一人の童子が眠っていた。王は赫居世の故事に倣って「閼智」と名づけた。王は閼智を太子に迎えたが閼智は王位につかず、西暦262年に閼智の6代孫の「未鄒」が王位につき、新羅の王位はそのとき以来その一族が継いだ。黄金の櫃から生まれたので、慶州の王は「金

氏」を名乗った。

2 考察

□掴めぬ韓国の始祖金氏の家系

未鄒の６代前の閼智の神話に登場する「黄金に輝く櫃」とは、主ヤハウェの聖櫃であって、ヘブライ民族だけでなくダビデ王家を象徴する。「金」氏の出自は天孫族であるかのようだが、この家系は実際には後に倭人に離反するので、少なくとも天孫族や倭族の系統ではない。金氏出自のKEYとなる未鄒王は、母が朴氏、妃が昔氏であるが、本人は金氏始祖の６代孫とあるだけで誰であるのか掴めない。韓国の始祖金氏の家系は、歴史書からは把握できない。

□「金」はヘブライ民族の祭祀職レビ族出自の姓

その金氏の第十七代奈勿王の時に神功皇后の新羅征伐があり、奈勿王はホアカリ系天孫族の敵対勢力になった。この奈勿王の即位をもって、新羅の倭人支配は実質的に終了した。「金」氏とは「Khin」つまり「Khan（カーン）」氏のことであり、ユダヤ姓は「Kh」コーヘンあるいはコーエンとなる。カーンはヘブライの祭祀職レビ族出身である。神功皇后の昔氏は当然のこと、ユダ族である。チンギスカーンに代表される中央アジアのヘブライ騎馬民族の中の祭祀レビ族が、遠く朝鮮半島南部にまで下り、レビ族が仕えるべきユダ族王位を逆に簒奪したとしたら、ダビデ王ゆかりのホアカリ系天孫族の神功皇后の怒りようも、理解できることである。

□日本列島における昔氏末裔の苗字

余談であるが、ある韓国人の著者の本に、「現在韓国には昔氏の苗字は殆どない。」と書かれていた。それには、昔氏は社会のバッ

シングを受け、昔氏という苗字を継続できなかったからであると分析されていた。実際は、昔氏は倭人で新羅での覇権を失ったため、丹波本国に多くが引き揚げたことが原因である。「セキ」という音を含む苗字、「関」「関田」「関山」「関屋」「小関」などが、その末裔と考えられる。

□新羅国の神話時代を通しての歴史

　加羅はニニギの分家であり、将来エルサレムに帰還する使命を忘れず結束が固かったが、新羅の方はダビデ王血筋本流から離れていたため徐々に使命感が薄れ、領土や産鉄などの利益への関心が強くなり始め、新羅国内部で丹波宗家海部氏に対し、葛木氏と尾張氏が権力争奪に挑むようになった。このことが原因で、これらの氏族は日本列島内部でも関係を悪化させ、ホアカリ系天孫族は丹波海部氏系と葛城氏・尾張氏系の大きく二つの勢力に分かれ、新羅国同様に奈良地域においても覇権をめぐって勢力争いが展開され、果ては邪馬臺国と狗奴国の争いに至った。なお葛木氏と尾張氏は、天孫族ではなく倭族であった可能性が高い。

□不明な尾張氏の出自

　新羅の覇権争いに密接に関係している尾張氏の出自を探ってみたが、これが茫洋として掴めない。複数の研究家によれば、尾張氏の系図は海部氏の系図の流れを汲むそうである。それが正しければ、尾張氏は丹波から名古屋の地に分岐したホアカリ系天孫族の一派ということになるが、それでは矛盾が多い。第一に、天孫族同士では、決して覇権争いなどしなかったことである。第二に、尾張氏は奴国の主である。古代資料に「奴国」という国名が明記されているが、天孫族で国名を名乗ることは「大和」時代までなかったこと

である。筆者は、尾張氏は一応ホアカリ系天孫族という扱いはするが、真実は倭族の一つであると考えている。しかも、葛木氏と同族あるいは親戚というような、葛木氏にかなり距離の近い倭族であった。

弁韓

弁韓についての建国話は見当たらない。

1 弁韓十二カ国名に現れる倭国関連類似文字

弁韓という国名が現れる時期が限られているが、魏書東夷伝韓条に明確に三韓の一つとして記載されている以上は、三世紀後半頃には確実に存在していたと言える。位置的には洛東川の下流域で海岸部にあたり、加羅の一部とも、また新羅の一部とも見做せる。「弁辰」として加羅及び新羅と一体的に表現されることが多いが、魏書では明確に両国とは区別している。弁韓は十二カ国に分かれていた。

弁辰彌離彌凍国	弁辰接塗国	弁辰古資彌凍国
弁辰古淳是国	弁辰半路国	弁樂奴国
弁辰彌烏邪馬国	弁辰甘路国	弁辰狗邪国
弁辰走漕馬国	弁辰安邪国	弁辰讀慮国

これらの漢字は魏もしくは後漢によって付けられたものであるが、倭国に用いられた漢字が多用されている。そのうちの三国、弁辰古淳是国、弁樂奴国、弁辰狗邪国の名前に使われている漢字「淳」「奴」「狗」が、狗奴国でよく使われた字と一致する。弁辰彌烏邪馬国には邪馬臺国名の一部が含まれている。ちょうど邪馬臺国と

狗奴国との紛争直後の時期でもあり、両国は弁韓にも拠点を持っていたと推察される。弁辰彌離彌凍国(ニリニヒ)という名は、彌彌芸(ニニギ)を彷彿とさせる。加羅は彌彌芸系である。

② 弁韓は鉄採掘を分け合うための加羅と新羅の共有地

弁韓の位置は産鉄の位置と一致する。洛東江の大きな州にあたる部分で豊富な鉄を産し、ここは加羅と新羅両国の共有地扱いとなり、両国十二カ国のそれぞれが州に領地を確保して産鉄した。魏書弁辰伝によれば、この鉄を加羅、新羅、濊が採掘していたとある。濊とは新羅のすぐ北隣の小国である。この記録を見て奇異に感じるのは、普通であれば戦略物資である鉄を独占する動きがあって然るべきであるが、三国で共有したということは、この三国は同族であったという推定が成り立つ。

□ 狗奴国の葛木氏と尾張氏による弁韓拠点確保

話が逸れ気味となってしまうが、狗奴国の前身の奴国が弁韓で鉄採掘の領地を当初から確保できたということは、葛木氏と尾張氏は倭族であったとしても、単なる倭族ではなかったということになる。姻戚や養子縁組などを通じて、両氏はホアカリ系天孫族丹波宗家から天孫族仲間の扱いを受けるほどに近しい関係を築き上げ、それは加羅天孫族が黙認できるほどの強い関係であったことになる。

③ 金官国は弁韓の後名称

洛東江の産鉄地帯は、時が経つにつれ加羅と新羅二国の共有地である意識が薄れていき、三世紀後半には弁韓という国名がつくほどに独立化していった。後には金官国とも称され、西暦532年に金氏の新羅によって滅ぼされるまで存続した。

第八章　朝鮮半島情勢が与えた日本列島支配への影響

加羅の建国神話
1 神話
　最後は加羅の建国神話である。漢の建武8（紀元前42）年3月3日の出来事であった。人々が水辺で厄除けの沐浴をしていた時、北の亀旨峰から異様な声がするので界隈の族長達や村人が駆けつけたが、声はすれども姿は見えなかった。その声は、「天帝が私に、この地に降りて国を開き王になるように命じたので、私はここに天下った。お前達は山頂の上を掘り、土をつまみ、歌い踊りなさい。そうすれば直ちに王を迎えることができるだろう。」と人々に告げた。そして、歌の歌詞を「亀よ、亀よ、首を出せ。出さねば焼いて食べてしまうぞ。」と教えた。皆がそのとおりに歌うと、天から紫色の縄が降りてきて、その先端に紅色の布がかかった光り輝く黄金の櫃が下げられていた。その蓋を開けると、中に6個の黄金色の卵が入っていた。そこで族長の一人「我刀干」が家に持ち込み祈ること12日目、卵は孵化して6人の童子になった。童子は皆端正な顔つきで見る見るうちに成長し、十数日後には背丈が9尺にもなった。その中で最初に孵った童子が、名前をそのことに因み「首露」と呼ばれ、加羅の始祖として王位についた。他の5人の王子もそれぞれ、加羅の中の五つの国の王となった。

2 考察
□ 神話が示す加羅建国者はヘブライ民族
　3月3日は「3＋3」で古代イスラエルの六芒星を意味する。「亀」も六角形の「亀甲紋」で、六芒星の裏紋を示している。「天帝」は句麗国の建国話と同じで、天帝（最高神）が命令できる相手は主ヤハウェであり、これまたヘブライ民族を示す。極めつけは亀旨峰（クシフルタケ）の降臨話であり、ニニギが降臨した高千穂の

219

「クシフルタケ」と完全に一致している。多くの日本人はこのような場合、名称が付いたのは加羅が先で後に日向と考えるが、事実は逆であった。既述のように、神武の兄イナヒが天孫族の分散居住のため、日向から加羅に降臨した。

□加羅国は「神の国」の意

　ちなみに加羅という国名であるが、日本での発音は清音で「カラ」であるが、元の音は「クァラ」であったと推察する。これは「クァロ」、「クロ」、「ガロ」などとともに「神」を意味する。たとえば黒岳という地名があるが、これは「神の山」という意味である。「ヤマト」はヘブライ語で「神の民」を意味するが、国名も「神の国」を意味するならば、「加羅」は天孫族にとって相応しい国名であった。

□加羅と伽耶との違い

　加羅は後に伽耶とも称された。「羅」と「耶」の違いは「ラー」と「ヤ」つまり「神」と「主」の違いであり、「神の国」と「主の国」の違いということである。時代推移による呼称変化で、「ラー (Lar)」の次の呼称は「エル (L)」であった。聖書でも、天使に代表される神の使いはミカエルというふうに「エル」が付き、主の僕はエレミヤというふうに「ヤ」が付く。このように、聖書では神と主は明確に区別されている。時を経るにつれて神の存在に重みが増したのか、神に関わる表現は減っていき、より身近な存在である主を示す「ヤ」の付く表現が増えた。カラからカヤへの名称変更も、その流れの中に位置すると考えることができる。日本民謡掛詞に「ヤ」あるいは「ヤー」が頻出するが、掛詞の挿入者は秦氏である。筆者は伽耶の呼称には秦氏が関わっていると考えているが、秦氏が

第八章　朝鮮半島情勢が与えた日本列島支配への影響

現ウィグルの地から朝鮮半島に至った時期は三世紀中葉であり、筆者の論に従えば、伽耶の呼称が使われ始めたのはそれ以降のこととなる。

加羅と新羅が天孫族による建国である根拠
① 主ヤハウェの聖櫃の記述

　これらの朝鮮半島の建国話から見えてくることは、馬韓を除き半島のすべての国の支配者のルーツはヘブライ人である、ということである。そして建国神話に登場する「光り輝く黄金の櫃」とは主ヤハウェの聖櫃（「契約の箱」とも言う）のことであり、それはこれらの建国の時点では、日本列島西岸の九州宇佐の地に安置されていた。建国話に鮮明に聖櫃の話が出てくるということは、それぞれの建国者にとって聖櫃は御伽噺ではなく、相当に現実味を持っていたと考えられる。すると、建国神話の内容のみの判断においても、少なくとも加羅と新羅は、日本列島の天孫族が建国したと判断できる。

② 魏書弁辰伝に記された民族特徴

　魏書弁辰伝によると、「辰韓（新羅）と弁辰（弁韓）は、風俗や言語が似通っていた。鉄の産地であり、韓、濊、倭などが採掘していた。倭人とも習俗が似ており、男女とも刺青をしていた。礼儀が良く、道ですれ違うと進んで道を譲った。」とある。筆者の渡航経験に拠れば、日本人の礼儀の良さは現在でも世界の中で秀逸であり、国家単位で捉えて民衆レベルでのこの特徴は、今なお世界中で他に例を見ない。この記録だけでも新羅と弁韓は倭国の一部であったことが推察できる。また、「韓、濊、倭」とは民族種別と解すると、「韓」は後述する三世紀後半の金氏が属した民族種別に当てら

221

れた文字であることがわかる。

3 無紋の弥生式土器の出土

　加羅地域では紀元前五世紀頃から突然日本と同じ無紋の弥生式土器が多量に出現し、それは加羅地域で出土されたそれ以前の様式とは全く異なるものであった。現時点における考古学的分析としては、筆者のニニギ・イナヒ系天孫族の移住説とは100〜200年間近くの時のズレがあるものの、加羅地域に天孫族が新しく住み始めたことに間違いはない。現考古学の炭素14逓減法による年代測定は、最も信頼性の高い「年輪法」の測定結果に比較して、2000年前の検査対象物において100年短めの測定値を出す。上記の弥生式土器の年代測定が炭素14逓減法によって行われたのであれば、加羅地域では紀元前六世紀頃から弥生式土器が使われ始めたことになり、神武とイナヒの時代にピタリと一致する。

4 魏書東夷伝倭人条の記述

　極めつけは、三世紀末の史書である魏書東夷伝倭人条に、朝鮮半島における倭国の北限は狗邪韓国と明記されていることである。その記述の解釈をもって学会では論が割れているが、同じ魏書東夷伝の韓条では、「韓は帯方郡（現ピョンヤンとソウルの中間地点）の南にあり、東西は海を限界とし、南は倭と接し、四方は四千里ばかり。韓には三種あり。一に馬韓、二に辰韓、三に弁韓。辰韓とは昔の辰国のことで、馬韓は西にある。」とある。倭国は韓の南で領土を接していると書かれているが、弁韓と辰韓の南は海なので、残る馬韓の南は加羅である。

　四方四千里を地図に書き込むと、ちょうど加羅の地がはみ出す。倭国に属した加羅は、明確に三韓とは区別されている。また、辰韓

第八章　朝鮮半島情勢が与えた日本列島支配への影響

と倭国も区別されていることから、三世紀末のこの記述の時点では、辰韓（新羅）は既に倭人支配の国ではないこともわかる。新羅の金氏未鄒の王位簒奪と在位は西暦262年から22年間のことであり、ちょうど魏書東夷伝が書かれた三世紀後半の時期と一致する。ここで明白に判断できることは、金氏の出自は倭人ではないことである。また、魏書で「辰韓とは昔の辰国のことで」とわざわざ説明を入れているのは、当時の中国人は、倭人支配の辰国のことは

第28図　魏書記載の韓四方四千里

知っていたが、支配者が入れ代わったばかりの新しい国である辰韓については、中国人の間でもあまり知られていなかったことを意味する。未鄒王の次は再び倭人支配に戻る。

5 狗邪韓国とは？

　倭国の北限とされている狗邪韓国とは、どこのどういう国であるのか分かりにくい。この国名は魏書東夷伝のこの箇所しか、歴史上現れないからである。筆者は、狗邪韓国と弁韓の弁辰狗邪国は同一と見ている。そもそも、「弁韓」という呼び名は魏国が付けたもので、魏国は金氏未鄒の新羅王位簒奪とともに、加羅と新羅共有であった「弁辰」の新羅国部分も金氏の同時領有と判断し、弁"韓"

と名付けたと推定される。しかしながら、新羅部分の弁辰6国の内、狗奴国領有の弁辰狗邪国は、狗奴国尾張氏の覇権欲の強さを考慮すれば、おそらくは金氏未鄒の支配を明白に拒絶する動きを取った。そのことが魏国に伝わっていて、弁辰狗邪国を狗邪韓国と表記したと考えられる。筆者推定では、狗邪韓国には弁辰古淳是国と弁樂奴国も含まれている。

6 加羅と新羅の十二国分立制の国体

　加羅と新羅が天孫族による建国であることは、その国体の有り様でも判断できる。新羅は、おそらくは西暦356年即位の奈勿王から中央集権体制に入ったと思われる。それ以前は12国の分立制をとっていた。加羅も最初は6国で始まったようだが、これも12国の分立制になる。かつて（全）イスラエルは十二部族の分立制をとっていた。分立制と言っても、完全に分立であるわけではない。リーダーたる存在があり、一つにまとまっているのである。この「分立制」は、日本の国体の遺伝子のようになった。大和王朝朝廷組織も左右12大臣ずつの中央に天皇が存在する形になっているし、幕藩体制も基本は分立制であった。現在でも日本は「首相」をトップとする内閣制をとっている。分立制は「全体の合意」が前提となっている。既述の聖徳太子の「和をもって尊しとする」というのは、決して哲学的な「和」について述べているのではない。「（古代イスラエル十二部族の）分立制に基づく国家統一をしっかりやっていこう！」、つまり「大和国のヘブライゆかりの氏族は、先祖が行った部族間の協調を見習い大切にして、国づくりをしていこう！」という意味なのである。

第八章　朝鮮半島情勢が与えた日本列島支配への影響

7 大和朝廷左右12大臣の態様
□組織の根幹が表現される組織図

　余談であるが、大和朝廷が天皇を中央にして左右12大臣ずつの行政組織を取ったことについて、その理由を考えてみたい。組織作成に関与した経験のある人であれば容易に理解できることであるが、組織というのは、それこそ入念な考慮のもとに作られるものである。組織図を見れば、その経営方針や経営内容が一瞥できる。古代の大和朝廷の組織図も同様である。組織体の一番大切なことが、組織図に表現されている。

□大和朝廷開設時の組織構成

　古代ヘブライ人にとって、基本はヤコブのイスラエル十二部族にあるので、国家は必ず12単位で構成される。そして、大和朝廷は天孫族支配の国であるので、ニニギ系とホアカリ系に分かれた。陰陽の陽がニニギ系で右、陰がホアカリ系の左となる。これを統率するのが中央の天皇である。リーダーシップを取るのは当然のこととして、右大臣ということになる。最初はこういうことで朝廷組織は始まったはずであるが、時代が下がるにつれてニニギやホアカリの区別はなくなっていき、左右の陰陽意識も薄れていき、後には左大臣が権力を握るようにもなった。

□大和朝廷組織に一致する朝鮮半島倭国構成

　なお、大和朝廷の行政組織は、朝鮮半島の倭国構成とも一致している。右側に当たる加羅国、そして左側に当たるのは新羅国となり、それぞれが最初は6国、後には12国の分国で構成された。そして天皇の位置にいたのは、辰王である。辰王とは決して辰韓王を連想させる新羅王などではなく、加羅国の高霊に鎮座していた加

羅・新羅・弁辰統一王であった。

8 国引き神話

　記紀において、スサノオが突然新羅に行くような話を通して、新羅はホアカリ系天孫族の国であったことが示されている。また、国引き神話では出雲から新羅に綱をかけて引き合うが、出雲と新羅がともに丹波の勢力圏であったとすれば、国引き神話における新羅の登場は唐突ではない。「新羅」という地名に、「オラが地」というような親しみが込められている。それにしても、第一章で詳述したが、新羅と出雲間の距離が、僅か200年くらいの間に三分の一に縮まってしまったのである。当時の人々も本当に驚いたことが想像できる。その驚きようが事実を神話になって残させたのであろう。

句麗国王が天孫族であった可能性
1 神話が推測させる句麗国王族が天孫族であった可能性

　句麗国でも「五色に輝く五龍車」でヤハウェの聖櫃を暗示させているので、当初の句麗国王族は天孫族であった可能性がある。扶余はスキタイから来たヘブライ二部族のうちのガド族が主体であったが、ガド族のヘブライ十二部族における地位は低く、ガド族がユダ王族（天孫族）と王位を争うことなど、他のヘブライ部族が許さなかった。さらに、ヘブライ二部族（ルベン族とガド族）がスキタイを離れた宗教的な動機「主ヤハウェに真に忠実でありたい」を考えると、彼らが「中国の彼方」に到達した時点で、一神教を忠実に守っている天孫族にガド族が出会ったとしたら、ホアカリ系がニニギ系に恭順した以上の感覚で、天孫族の下についたであろうことが容易に推測できる。当時の"血筋の意識"は現代では理解し難いほど厳しいもので、ガド族は逆立ちしてもユダ族出自の天孫族と王位

を争うことなどできなかった。

2 建国から200年後でも半島北部に倭人国存在が根拠

　加羅は既述のように神武の兄イナヒが降臨した地であり、句麗国建国はそれから600年近くも後のことである。とりわけ、降臨時から約350年間くらいは、朝鮮は半島ではなく島であり、大陸の影響も殆ど受けていなかった。その間にニニギ系天孫族は朝鮮島の南端だけでなく、北端にまでも一部勢力を及ぼした可能性もある。その結果、朝鮮島が朝鮮半島になった後に、スキタイのヘブライ二部族と遭遇した可能性がある。裏付けもある。「後漢書」によれば、「鮮卑の檀石槐が西暦178年に東の倭人国を撃ち、倭人の千余家を捕らえて移した。」とある。鮮卑の東といえば朝鮮半島北部であり、句麗建国から200年以上も経った時点でなお、半島北部に小さいながらも倭人国が存在していたのである。

3 高句麗国と大和王朝の同族意識

　小林惠子氏は倭の七世紀、天武天皇の出自に絡んで、高句麗国と大和王朝との密接ぶりを詳細微細に論じている。その是非はともかくとして、両国にかなり密接な部分があったことは確かである。それは高句麗が滅亡したとき、高句麗からの難民が日本列島の関東地方西部に多数渡ったことでも窺うことができる。現在と異なり、当時は近しい関係もなく、難民となって見知らぬ国へ逃れることなどできなかった。筆者は天孫族と句麗国との関係を具体的に述べることはできないが、両国の使者の交換などの様子から、倭族を含めたヘブライ人子孫としての同族意識は、両国民の間に培われていたようである。

第三節　三国史記と記紀

朝鮮国史における日本関連の隠蔽と抹殺
① 三国史記編纂基本方針は日本関係の不都合部分抹殺

　日本の「記紀」に相当するのが「三国史記」で、高句麗の後身と自称する「高麗」の王の命令で、西暦1145年に完成した。高句麗と百済を滅ぼした「"統一"新羅」は、それより210年前の935年に滅んでいる。この統一新羅時代の末期、新羅国と日本との関係は良くなかったが、次の高麗と日本との関係も引き続き良くなかった。小林惠子氏によれば、日本が時間をかけて多民族国家から単一民族国家に育ったように、朝鮮も統一されてからの時間が経過するうちに、"朝鮮国民意識"が育っていったということである。新羅や百済の歴史に日本が深く関わっていることと、三国史記編纂時に日本との関係が良くなかったことも相まって、三国史記編纂の基本方針は、古代における朝鮮半島と日本との関係を根本から洗い直し、不都合部分は抹殺することとなった。

② 三国史記に「加羅本紀」がないことの意味が重要

　三国史記は「高句麗本紀」、「百済本紀」、「新羅本紀」の三史記から成る。朝鮮半島と日本列島に関する歴史研究者は、ここになぜ「加羅本紀」がないのか、そのことに着目しなければならない。朝鮮半島の一国だけ史記が存在しないことは、どうにも不自然である。その理由は、既述のように加羅は朝鮮ではなく日本であったからである。数多くの歴史研究者がなぜこのことに疑問を持たなかったのか、そのこと自体が疑問である。

第八章　朝鮮半島情勢が与えた日本列島支配への影響

③ 新羅本紀の建国話から「倭人」を消し去れず
　高麗が意のままにできた高句麗本紀からは、倭国との交渉記録は完全に排除されている。百済本紀や新羅本紀についても倭国との交渉は、抽象的表現やぼかし、あるいは事実のすり替えなど、あらゆる手段を使って、史実が分かりにくいように修正された。それでもなお、「新羅本紀」の建国話に「倭人」が登場することは、重要である。一番隠したい所を隠せないほどに、この事実を無視あるいは隠蔽できなかったのである。一国の歴史書が、他民族の表記から始まっているのである。

記紀における朝鮮半島の取り扱い
① 日本書紀の半分以上は朝鮮半島関連記述
　翻って、日本の記紀についてはどうであろうか。これが真逆なのである。とりわけ、秦氏の歴史書たる「日本書紀」では、特に後半部などは朝鮮半島関係の記述に満ち、全体としても半分以上は朝鮮半島のことについて書かれているのである。一国の歴史書として、これもまた異常である。

② 記紀は列島と半島を分かつ必要性がなかった
　その理由は、半島南部の加羅と新羅の二国は天孫族建国・支配の国であり、列島と一体であったことによる。後述するが、大和王朝の実質的な始まりが加羅王応神であるのだから、朝鮮半島関連の記述を省きようがない。さらに百済も、鮮卑慕容氏衰退・滅亡以後は加羅天孫族が支配した。記紀が示す慕容氏が去ってから奈良朝に至るまでの天皇家と百済王家との一体性や、百済の地に残る前方後円墳がこのことを暗示している。記紀は歴史記述上、列島と半島を分かつ必要性がなかったことに加え、日本書紀編纂者の秦氏は、「半

島は自らの日本への経由地」ゆえに、朝鮮半島情勢に精通していたことが、半島関係の多量の情勢記載を可能とした。

三国史記の信憑性の検証

「国史」というと、どうしても信頼性が高まってしまう。日本の国史である古事記や日本書紀にしても、第十章で述べるように聖書からのコピーで溢れていたり、また万世一系を通すための系図操作が行われていたりして、品悪く言えば"ぐちゃぐちゃ"状態である。国史に限らず一般的に歴史書というようなものは、編纂者の意図や目的を探りつつ記述の真贋を見極めねばならない。

　三国史記についても、既述のように相当な操作が入っている。その検証を「広開土王の碑文」を用いて行う。広開土王とは西暦392年に即位した高句麗王で、413年に没している。翌414年に碑は建てられ、二十世紀の大東亜戦争中に日本軍によって発見された。

［広開土王碑文］
391年　倭が百済と新羅を破り臣民とする。
393年　倭が新羅の王都を包囲する。
397年　百済が倭国に百済王子腆支を人質に送り国交を結ぶ。
399年　百済が高句麗を裏切り倭と通じる。
400年　倭が新羅の王都を占領する。広開土王は新羅の要請により５万の兵を送り、倭軍を任那・加羅に退かせた。
402年　新羅も倭に奈勿王の子を人質に送り、国交を結ぶ。
404年　倭が高句麗領の帯方界まで攻め込む。
405年　倭国に人質になっていた百済王子腆支が、倭国の護衛で海中の島に待機後、百済王として即位した。

第八章　朝鮮半島情勢が与えた日本列島支配への影響

[百済本紀]
391年　靺鞨が侵入。
392年　高句麗の広開土王が侵入。多くの領土を奪われる。
　　　　日食　阿花王即位
395年　高句麗の広開土王と戦うも大敗する。
397年　倭国と国交を結び、王子の腆支を人質に送る。
399年　高句麗攻撃のための挑発により多くの人々が新羅に逃げる。
400年　日食
402年　倭国に使者を送り大珠を求む。
403年　春二月、倭国の使者を特に手厚くねぎらう。秋七月、兵を遣わして新羅の辺境を侵した。
405年　腆支王即位。倭国の護衛により海中に待機し、王となる。

[新羅本紀]
392年　高句麗に人質を送る。
393年　倭軍が侵入、籠城戦を行う。
395年　靺鞨が北部に侵入。
402年　実聖王即位。
　　　　倭国と国交を結び、奈勿王の子を人質に送る。
　　　　百済が侵入。
405年　倭人が侵入。

　僅か15年間の記録だけでも、朝鮮三国の記録で大きな違いがある。広開土王碑文がすべて正しいとは言えないが、故人の業績を刻む碑の性格からしてそもそもの信憑性が高く、後世における修正が

きかないことから、三つの記録の中では最も真実に近いという推定で比較をしてみる。
　一見して分かることは、人質を送るなどという都合の悪いことでも、国際社会に広く知られてしまうことは正しい記録として残っているが、二国間だけの出来事の記録は全く信頼を置けない。碑文によれば、西暦400年に高句麗が出動するまでは、朝鮮半島の南半分は殆ど応神の倭国の支配下にあった。百済本紀の391年条の「靺鞨の侵入」は「倭の侵略と百済の降伏」であるし、新羅本紀においても、400年までは「籠城戦を行った」とあるだけであるが、実は「首都は陥落し、新羅領の殆どを失った。」とは書かれていない。百済本紀・新羅本紀ともに、編纂者は「倭に攻められた」とは書くが、「倭に負けた」というようなことは決して書かないのである。百済・新羅二国の国史だけでは、倭国が半島の南半分を一時的にしても支配した実態は、どのようにしても見えてこない。朝鮮半島に関しては、国史の字面だけで情勢判断をしてはならない。

第九章　ニニギ・イナヒ系天孫族の加羅から列島への東遷

第一節　ホアカリ系天孫族の列島支配

日本列島東島と西島との合体が引き起こした倭国大乱
1 東島は活発な造山運動火山活動により壊滅状態

　第一章の第5図を再度ご覧頂きたい。紀元前後に筆者仮称の「日本海プレート」が誕生した。日本海プレートは、糸魚川 — 静岡構造線の所で東西二つに分裂し、その東側プレート部分はさらに南北二つに割れ、北側に北海道が乗る新たな小プレートが誕生する。二島合体のこれらの動きの中で重要なことは、大規模な地殻変動と造山運動により、地震のみならず火山活動が極限まで活発化したことである。日本列島東島には火山の数が実に多く、古代に関する人口調査によれば、このとき東島全体で人口が約一万人にまで減少している。ほぼ"壊滅"に近い。日本列島東島に、ホアカリ系天孫族支配の痕跡たる遺跡などが見当たらない理由は、この地殻変動によって遺跡が潰されてしまったためであろう。かつては海に面していた松本盆地、また現在は内陸であるが昔は海と通じていた可能性もある富士山北麓といった所は、ホアカリ系安曇族の根拠地があったはずである。

2 東島から西島への人口移動が「倭国大乱」の原因

　人口が極端に減少した原因は、自然災害による死亡だけではなかった。東島に追いやられていたアイヌ人などの先住民は、ただ死を待つのみではなく、北も南も東島の海に近い部分に住んでいた部

第29図　西暦二世紀における日本列島の位置

族は、自然災害や食料不足から逃れるため、こぞって東島を後にし、合体後の西島に向かって移住したと推察する。「後漢書」によれば、「倭国は桓帝と霊帝の治世の間（西暦146〜189年）に大乱があって互いに相攻め、歴年、王がいない状態が続いた。」とあるが、この「倭国大乱」は、日本列島合体後の人口移動が引き金となり、日本列島西島が大きく動揺したために起きた。

東島から西島への人口移動の状況
1 太平洋側は西島の狗奴国尾張氏が平和裡に難民吸収

　列島東島の南西部地域、現在の静岡県周辺は尾張氏の地域に近かったので、合体前も尾張氏の勢力圏にあったと推測される。合体後は相当数の難民が、その辺りから名古屋や伊勢、和歌山といった地域に流れ込んだと思われる。奈良の地を含めて、縄文式土器と弥生式土器が混在していることがその根拠である。尾張氏は、その勢

第九章　ニニギ・イナヒ系天孫族の加羅から列島への東遷

力圏下にあったこれらの難民を平和的に吸収した。そのことにより尾張氏の狗奴国は強大化し、新領民収容のための領地拡大の必要性も相まって、邪馬臺国のある奈良地域を圧迫することとなった。

② 日本海側の難民は丹波・出雲の向こう石見まで移動

　一方、東島の日本海側については、西島の丹波に強力な天孫族が勢力を張っていたため、今の新潟に位置する古志領域あるいは富山・石川に住んでいた人々は、丹波や出雲を通り抜けて石見まで移動せざるを得なかった。彼らは岡山や広島の山間部や瀬戸内側にも勢力を張り出し、一部は現在の瀬戸内海領域にまで達した可能性もある。それは方言の分布で判断できる。この地方の言葉の訛りは中国地方の中では特有で、現在の北陸や新潟方面の訛りに近いのである。出雲神話に古志（越）が関係してくるのは、この古志の避難民が石見方面から出雲地方に相当な圧迫を加えたことの証左と思われる。出雲と石見が昔から仲が悪いのは、このことが原因かもしれない。ちなみに、当時はまだ瀬戸内海は形成されていない。

③ 南北同時混乱が倭国大乱状態を現出

　民族移動に伴う混乱は、直接移動が発生した場所の問題だけでは済まされず、"玉突き"のように近隣に影響を及ぼし、倭国"大乱"状態を現出した。また、この南北二つの動きは連繋されたものではなかったが、同時に発生したため、列島を支配していた丹波ホアカリ系天孫族にとっては対処が困難であり、収拾がつかなくなってしまった。

邪馬臺国の正しい読み方と意味
1 邪馬臺は「ヤマト」と読み「神の民」の意

　邪馬臺国について、まず触れておかねばならないことがある。それは「ヤマタイ」ではなく「ヤマト」と読むことである。古代の漢字は一字一音であり、臺與をトヨと読む限り邪馬臺はヤマトと読まなければならない。江戸時代の本居宣長、平田篤胤、賀茂真淵などの国学者たちは、神武東征を邪馬臺国滅亡後と捉え、「邪馬臺（ヤマト）」の次にまた「大和（ヤマト）」では同じ音で矛盾するので、「邪馬台」表記を探し出し「ヤマタイ」と読んだ。「ヤマト」はヘブライ語で「神の民」を意味し、ヘブライ民族にとって相応しい国名であった。

2 列島での存在目的を忘れつつあった天孫族傍系

　ニニギ系とホアカリ系の天孫族は自らの支配地に国名を付けず、共通に「神の民」と名乗っていたため、中国側から見ると列島情勢の理解と判断が困難であった。さらに、これらの天孫族は「ダビデ王統の保全」が列島存在の目的であったため、中国の王朝に国の存在を認めてもらう必要性など全くなかった。邪馬臺国と狗奴国が中国王朝への朝貢を繰り返した事実は、この二国の主体が天孫族の本家筋から離れているということと、ニニギの降臨から800年くらい経った時点で、天孫族の列島での存在目的を忘れつつある天孫族勢力も現れ始めたということを意味している。狗奴国の尾張氏は天孫族ではなく、中国南部経由の倭族であった可能性もある。しかし、卑弥呼はホアカリ系天孫族宗家の血筋にあった。卑弥呼の魏への送使は卑弥呼の晩年であり、卑弥呼も"老い"あるいは健康上の理由で、彼女の平常心が不確かになっていたのかもしれない。

第九章　ニニギ・イナヒ系天孫族の加羅から列島への東遷

邪馬臺国の位置

　邪馬臺国の位置について、九州説と大和説の論者が拮抗し、このことが長らく歴史の真相をベールで覆い隠すことになってしまった。考古学者は大半が大和説であったが、著名な歴史学者や作家などがセンセーショナルな九州説を打ち上げ、混迷が深まった。「魏志倭人伝」の魏の使者による邪馬臺国訪問記が書かれた頃、日本列島は九州を中心にして今よりも90度近く時計回り回転していたという情報が片鱗でもあれば、このような事態には至らなかった。魏志倭人伝の記述で「南」は「東」の誤りであったとか、中国は倭国に関心が薄かったのでいい加減に書いたとか、諸説入り乱れはしたが、結局は魏志倭人伝の記述は正しかった。当時の中国の測量技術は、世界最高水準にあったことを忘れてはならない。纒向遺跡の発掘が進んでいる今、「九州説は既に過去の論となった。」と言ってよい。

倭国大乱後の情勢

① 倭国大乱後に邪馬臺国と狗奴国の争いが表面化

　後漢の桓帝と霊帝の治世の間（西暦146〜189年）にあった倭国大乱後、狗奴国はかつての日本列島西島東南部に確たる勢力を得て、列島情勢は一応落ち着きを取り戻すが、邪馬臺国と狗奴国の争いが表面化した。筆者は、邪馬臺国王はホアカリ系天孫族の丹波分家の血筋、そして狗奴国王は葛木氏と同系の尾張氏に比定している。

② 理由の見つからない卑弥呼の新羅への送使

　西暦173年、「新羅本紀」によると、卑弥呼は新羅に送使した。筆者は、このことをどう捉えるべきなのか苦慮している。もし事実であれば、これは卑弥呼が邪馬臺国王として即位したことを知らせ

る送使であったろうが、この年は卑弥呼が亡くなる74年も前のことで、これほど長い在位は他に例がない。即位の挨拶と親交を求めての送使であるならば、相手は中国王朝であるべきで、卑弥呼が属するホアカリ系天孫族支配の新羅に送使する理由が立たない。仮に新羅が天孫族とは無関係であったとしても、新羅が送使を受ける対象となるような強国であったわけでは、さらさらない。このときの新羅王は阿達羅王であり、朴氏である。送使から11年後の西暦184年、後漢の霊帝が亡くなる5年前という時に、新羅では朴氏の阿達羅王から昔氏の伐休王に代わっている。以後朴氏の王は一人もいない。

③ 狗奴国系は二島合体により日本海側の海上ルート喪失

朴氏系が尾張氏（狗奴国）と密接な葛木氏の支配を意味したとすれば、日本列島東西二島の合体は、狗奴国系の新羅に至る穂高もしくは東島の松本経由の日本海側の海上ルートを遮断したことになる。この当時、瀬戸内海はまだ存在していなかったので、穂高、丹波、出雲、筑紫という具合に列島の海岸伝いで朝鮮半島に至ることができた、狗奴国系尾張氏にとって既知の主要路線であった。魏志倭人伝で魏国の使者が邪馬臺国に至ったときと同様に、当時は既に船は小型化していたので、陸から離れず海岸伝いに洋行する必要があった。狗奴国系にとって、新羅でのホアカリ系天孫族本家との覇権争いは一方的に不利になってしまい、西暦184年に新羅での王権を失ったことになる。

④ 新羅への送使が二国関係を本格的に悪化・泥沼化

邪馬臺国から新羅への送使目的は、卑弥呼の即位を正式に知らせ、倭国大乱後の丹波天孫族の列島体制再掌握を、阿達羅王へ公式

第九章　ニニギ・イナヒ系天孫族の加羅から列島への東遷

に告げ且つ退位を勧奨するものであれば、それなりに理解できないこともないが、果たしてそのような送使があり得たのであろうか。もしそうだとすれば、この送使をきっかけに、ホアカリ系天孫族丹波本家代理の邪馬臺国と尾張氏の狗奴国との関係が、本格的に悪化・泥沼化したことになる。

卑弥呼の正体
１　魏志倭人伝の卑弥呼の即位に関する記述
　この「邪馬臺国王卑弥呼の即位」について、「魏志倭人伝」に以下のような記述がある。

「この国（邪馬臺国）では元は男子が王であったが、70〜80年経つうちに争乱が起こり、何年間も国同士が攻め合う状況となった。そこで双方歩み寄り、一人の女子を立てて王と成し、名を『卑弥呼』と言い、鬼道によって人を惑わした。」以下略。

２　邪馬臺国は歴史の浅い国
　注目点として、「元は男子が王であったが、70〜80年経つうちに争乱が起こり」という表現である。この表現から察するところ、邪馬臺国の歴史は「卑弥呼以前はせいぜい100年程度」と読み取れる。すると、倭国大乱よりも前に邪馬臺国は存在してはいたものの、歴史は浅い国であったことになる。筆者は、邪馬臺国以前は葛木（葛城）氏が奈良地域を支配していて、そこに丹波ホアカリ系本家筋が乗り込み、丹波系の王を立てたと考えている。具体的には、西暦57年に丹波ホアカリ系の脱解が新羅を掌握してから後、丹波宗家は奈良にも王を立てて奈良地域も掌握したと考えられる。新羅では西暦80年に脱解の次は葛木系の朴氏が復権したが、奈良には

239

丹波系が居座ったため、狗奴国系が復権を求めて「70〜80年経つうちに争乱が起こった」ということではなかろうか。このように仮定すると、魏志倭人伝の記述はピッタリなのである。

③ 邪馬臺国と狗奴国は同族の間柄

　着目すべきは、「双方歩み寄り、一人の女子を立てて王と成し」という表現である。双方とは二方である。邪馬臺国と狗奴国であって、他に関係する国があるわけではない。そして片方に女子の王を立て、もう一方はその王の下に従うということで、二方が歩み寄ることができた関係ということである。このことだけでも、二方は同族の間柄のように見受けられる。まるで新羅の朴氏と昔氏の関係のようである。双方覇権争いはしているものの、完全なる敵同士ではない。邪馬臺国が女子の王ならば狗奴国は"与しやすし"と目論み、女王即位に同意したようだが、この女子の王卑弥呼は尋常な王ではなかった。

④ 卑弥呼は丹波国造の娘

「籠神社」の海部氏の極秘伝によると、海部氏の国宝となった系図の中に「日女命」という名があり、それは第八代丹波国造の「日本得魂命」の娘であり、別名を「倭迹迹日百襲姫命」というが、これが卑弥呼であるという。「系図」にはもう一人の「日女命」が出てくる。こちらの別名は「豊受姫命」「小豊姫命」「豊秋津姫命」「玉依姫命」などで、これは臺与であるそうだ。つまり、邪馬臺国はホアカリ系天孫族の国であったことになる。卑弥呼は丹波国造の娘であり、しかも独身であったとすると、奈良の邪馬臺国は丹波投馬国の分国であったことになる。魏志倭人伝の記録を見ても、邪馬臺国の方が投馬国よりもずっと栄えている様子なので、ホアカリ系天孫族

第九章　ニニギ・イナヒ系天孫族の加羅から列島への東遷

の実権は丹波よりも奈良にあったように見える。おそらくは、丹波海部氏がホアカリ系天孫族を宗家として束ねる政治権力を持ち、邪馬臺国は行政権を得ていたのかもしれない。

魏書と晋書に記録された二人の倭王

　邪馬臺国と狗奴国は魏国に対して送使を競った。その記録から、二国の対立の様子が後世に窺い知れた。

1 西暦238年と240年の魏王朝への二回の送使

　西暦238年6月、「魏志倭人伝」に、「倭の女王は太夫の灘升米等を大宝郡に遣わし、天子に献上品を捧げることを申し出た」とある。これは卑弥呼が亡くなる9年前であり、既述のように卑弥呼の晩年の行為である。その年の11月に送使の面会が為され、翌12月に魏の明帝は、卑弥呼に詔書をもって報いた。その内容は「親魏倭王卑弥呼に詔を下す。（略）我はこの汝の忠孝を甚だ哀れに思う。今、汝を親魏倭王となし、仮の金印紫綬を厳封し、帯方太守をして汝に仮授する。汝の種族を鎮撫し、孝順なるよう勤めよ。（略）」ということであった。

　240年、「魏志倭人伝」で前述の卑弥呼への詔書の記述に引き続き、「（帯方）太守の弓遵が使者を倭に使わして、仮に倭王に任命するという詔を下し、金や綿、刀、鏡を下賜したので、倭王は感謝の返礼をした。」とある。

2 二度の送使は倭国と東倭という別国によるもの

　この二つの送使に対して、小林惠子氏の指摘が正しいと思うので、以下に紹介する。

　同一人に対して二度の倭王任命はおかしい。最初の送使は魏の明

241

帝に対して行われた。明帝は送使に会った翌月つまり詔書の日付の月に亡くなり、実権を握った司馬懿が明帝の養子を擁立し、二度目の送使はこの新帝に対して行われた。魏志倭人伝は明帝の記録であり、新帝の記録は晋書にある。晋書の240年には、「東倭が朝貢してきた」とある。魏志倭人伝の240年条は、この東倭の朝貢への返礼ということになる。魏志倭人伝では卑弥呼は常に「女王」と表記されているが、240年条では「倭王」として、女王とは区別して書かれている。これらのことから、最初の送使は卑弥呼の倭国からであり、二度目の送使は東倭からであったことがわかる。また、「仮授」という例は、中国史において他に例がない。この記述で妙なのは、わずか二年足らず前の先帝の時、卑弥呼を"仮の"親魏倭王に任命しておきながら、このとき再び"仮に倭王に任命する"ということである。魏書と晋書と併せ読めば、これらの倭王は別人であった。

③ 送使者の卑弥呼と卑弥弓呼は同族

この指摘に若干追加をすれば、魏志倭人伝の247年条に「倭女王と狗奴国の男王の卑弥弓呼は、もとから不和だった。」という記述があり、二人の王の名「卑弥呼、卑弥弓呼」が僅か一字違いであることに、筆者は着目する。これは明らかに、二人が同族であったことを意味する。晋書によると、卑弥呼の死後の日本列島支配の国名は、「大倭」とされている。もちろん倭国側がつけた名称ではない。「倭」+「東倭」=「大倭」という思考は、いかにも外観者がつけたということを彷彿とさせている。

④ 両者の争いは遺恨によるもので「東倭」国は不実在

「籠神社」の海部氏の極秘伝によれば、「卑弥呼の死後、邪馬臺国

第九章　ニニギ・イナヒ系天孫族の加羅から列島への東遷

と狗奴国との合併は平和裏に行われた。」そうである。片方の死によって終息する争いであるならば、それは遺恨である。邪馬臺国と狗奴国との対立は「日本列島の覇権争い」などではなく、強いて言えば「新羅の王権をめぐる覇権争い」が根底にあり、「邪馬臺国の女王卑弥呼と狗奴国の男王卑弥弓呼の王同士の不和」という色彩が濃い。また、倭国に対して東倭国という呼称が晋書に現れるが、それは日本列島東島の西部域を含む狗奴国は、当時の地形では倭国（丹波・出雲・奈良などの地域）の東側に位置したことによる晋朝の創作であって、「東倭国」という名称の国は実在しない。

後漢書や魏書・晋書の記録はホアカリ系天孫族の内紛に起因
① 日本で初めての朝貢者は狗奴国の前身奴国

　倭国から中国王朝への朝貢例は、第五章第三節で既述の漢書地理誌を除けば、実は卑弥呼より181年も前に一度ある。西暦57年に奴国が後漢に対して朝貢し、奴国王の師升は、光武帝より「漢委奴国王」の金印を授与されている。筆者の認識によれば、これが初めての日本列島からの朝貢であった。この西暦57年という年は、新羅の二つ目の建国神話の該当年で、昔氏の脱解が新羅の王権を朴氏から奪取した年である。着目すべきは奴国の位置である。奴国の使者は、「奴国は倭国の極南界にある。」と言上している。第一章に掲げた第5図を見て頂きたい。日本列島が東西二島に分かれていたとき、西島の極南海に当たる位置は、現在の愛知県、三重県、和歌山県辺りとなる。さらに本章の第29図を見て頂きたい。東西二島が合体して日本列島が形成された後の、狗奴国の位置とぴたりと重なる。名前も「奴国」と「狗奴国」と僅か一字違いである。奴国の名は魏志倭人伝にも現れるが、それは北九州地域の現在の博多あたりのほんの小国であり、金印を授かるに値せず、後漢書に記載されて

243

いる奴国ではない。これらの事実から、以下の推論が成り立つ。

2 金印「漢倭奴国王」の取得目的は新羅王位奪回

　後漢に朝貢したのは狗奴国の前身の奴国であった。日本列島の奴国（後の狗奴国）は、紀元前57年に朝鮮半島の新羅で王権を奪取したものの、西暦57年に投馬国の昔氏の脱解に王座を追われた。筆者の考えでは、この時同時に新羅昔氏の本家たる丹波海部氏が、新羅での王権奪取に乗じ、狗奴国親戚である葛城氏領の奈良をも支配下に置き、男王を立てた。それが邪馬臺国の建国である。そうすると、魏志倭人伝に書かれた邪馬臺国自体の歴史の浅い記述内容と、建国時期がぴたりと一致するのである。その巻き返し策として、奴国王は後漢の後ろ盾を得るために送使し、首尾良く「漢倭奴国王」の称号を得、西暦87年には新羅王位を奪回した。北九州の奴国は、奴国本国から朝鮮半島への経由地としての飛地分国であった。そこで金印が発見されたということは、金印が何らかの理由で飛地分国に止まり、奴国本国には届かなかったということであろう。

3 邪馬臺国と狗奴国対立の真因は新羅覇権争い

　丹波海部宮司家には、「丹波人が新羅に入って新羅の王を補佐し、後に脱解王となった。」という言い伝えがあるそうである。脱解王は「新羅は昔の家という意味で昔氏と名乗った」という経緯を併せ考えると、丹波ホアカリ系天孫族本家とホアカリを祖とする丹波分家の尾張家・葛木家との、新羅をめぐる権力争奪の内紛が、尾張家・葛木家の丹波本家からの離反を招き、後の邪馬臺国と狗奴国対立の真因となったということになる。系図的には天孫族と判断できる奴国王が、天孫族としての列島存在の本来目的を忘れて中国王朝

第九章　ニニギ・イナヒ系天孫族の加羅から列島への東遷

を巻き込み、そして中国王朝の過剰とも思える反応が後の歴史研究を大いに狂わせ、これら一連の動きは倭国の覇権を競う動きであったと、後世の歴史家に認識させてしまった。実際は、朝鮮半島南部における採鉄利権争いに絡んだ、ホアカリ系天孫族内部の新羅における覇権争いから端を発した、大きな内輪もめであった。内紛が過熱して邪馬臺国と狗奴国との間に戦闘もあったようだが、所詮は「天孫族の共存」の域を出る戦争には至らなかった。

④ 新羅の真の建国時期はイナヒの加羅建国時期に一致

　不確かなことで書くべきかどうかの判断をつけかねてはいるが、一点だけ述べておきたい。それは奈良の地をめぐるホアカリ系天孫族の内部抗争に関してのことである。金久与一氏の『古代海部氏の系図』によれば、始祖ホアカリの三代孫の倭宿祢命が奈良の地の最初の征服者であるという。それは神武と同じ年代に相当する。既述のように、西暦57年頃に丹波宗家が、葛城領の奈良に新たな支配権を確立して男王を立てたのであれば、それ以前は葛城家が倭宿祢命以来の奈良の地を、丹波宗家から簒奪していたことになる。その時期は、赫居世が新羅の始祖となった紀元前57年頃であった可能性もある。この動きは、新羅におけるホアカリ系天孫族内部の朴氏と昔氏の覇権争いと、時期と内容もピタリと一致することになる。筆者は新羅にばかり着目していたが、実は奈良も新羅と同じような覇権争いの経過を辿っていたらしい。すると、新羅の真の建国時期は、神武の兄イナヒが加羅を建国した時期と同じ頃であったということになる。纒向遺跡の発掘が進んで、二国間の争いに何らかの検証が得られれば幸いである。

5 葛城氏側から見た奈良地域の攻防

 上述の奈良地域をめぐる覇権争いについて、葛城氏側に立って述べてみたい。以下、余談気味である。

 金剛山地と和泉山脈の双方に葛城山がある。さして離れた距離でもないのに、同じ名称の山が二つ存在することは珍しい。金剛山は、古代では葛城山と呼称されていた。すると、葛城山はかつて三つ存在したことになる。こうなると、金剛山地全域と和泉山脈の東半分までが"葛城山域"であったことになる。

 葛城氏の本拠は、最初は海に近い和歌山平野を含む紀ノ川沿いに

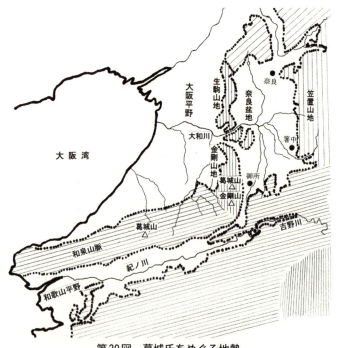

第30図　葛城氏をめぐる地勢

第九章　ニニギ・イナヒ系天孫族の加羅から列島への東遷

存在したと、筆者は考えている。中国南部経由での倭族の渡来を考えれば、和歌山平野一帯は渡来候補地として、また渡来後の根拠地としてもふさわしい。渡来から時間が経つうちに、葛城氏は当然の如く隣の奈良の地を侵食し、新羅での王権奪取に連動して紀元前57年頃に、丹波宗家支配下にあった奈良地域の覇権をも得た。その114年後の西暦57年頃に丹波宗家が脱解の新羅での王権奪取に乗じ、現奈良桜井の箸中や北隣の巻向の地に邪馬臺国を建国した。西暦87年に、葛城氏は新羅での王権を回復したので奈良への圧力を高めていくが、西暦150年前後に日本列島の東西二島が合体して倭国大乱状態が発生し、狗奴国の葛城氏は東島からの難民対処に追われた。東西二島合体により新羅への海上交通を失ったことも相まって、葛城氏は西暦184年には新羅の覇権を失った。東西二島合体は生駒山地と金剛山地の形成も促し、海あるいは湖水に面していた奈良地域は盆地となり、防御上の理由から王都としての奈良地域の戦略的価値が根本的に変わった。難民を取り込んで勢いを得た葛城氏は、紀ノ川沿いから金剛山地周辺にかけて根拠地を確保した。奈良南部の吉野川（紀ノ川の上流部分の名称）に加え、奈良西部の大和川という、奈良盆地から海上に抜ける要衝ルートを、葛城氏は全て掌握したことになる。邪馬臺国は笠置山地を背にした箸中に、また葛城氏は金剛山地を背にした御所に、それぞれが本拠を構え、双方奈良盆地の東西で対峙した。そして邪馬臺国への圧力を高め、卑弥呼亡き後に丹波宗家と和解し、中国王朝から「大倭」と呼ばれたホアカリ系天孫族との合同政府を樹立した。西暦400年前後に中央構造線が形成される造山運動が起き、現在の和泉山脈と紀ノ川もこのとき形成された。このとき和歌山平野にあった葛城氏のかつての本拠地も、その造山運動で甚大な被害を受け、金剛山地近辺が葛城氏の新本拠地となった。その中心地が御所である。葛城氏の渡来が紀

元前六世紀にも遡るのであれば、紀ノ川や和泉山脈沿いで墓や屋敷跡などの大量の遺跡が発見されるはずであるが、それらは土地の隆起や川筋の変化、その後の雨水浸食などにより、殆どが失われたと考えることができる。和歌山平野の紀氏はおそらくは新羅からの難民としての渡来一族で、新羅の地において葛城氏とは何らかの繋がりを持ち、西暦356年以降に葛城氏が去った後に居ついたと思われる。奈良盆地での地勢有利を得た葛城氏は、大倭においても筆頭勢力となり、「葛城王朝」と呼ばれるほどの勢力を得た。

　これらの記述は想定部分も多いので、一つの説に過ぎないことを付しておきたい。

6 漢倭奴国王の「倭奴」は「倭の奴」

　ところで、金印の「漢倭奴国王」という表現について一考したい。「漢」と「国王」との間にある「倭奴」が、他の金印例では国名以外に表現がなかったため、学会では「倭奴」二文字を国名として捉え、さらに金印を「倭国王としての認証」として位置づけた。しかしながら、筆者には異論がある。

　日本列島の倭国本国は、漢建国後250年もの間、漢とは何の交渉も持たなかった珍しい国であった。漢周辺の国で大陸においてこのような国はなく、漢にとって倭国の存在は、興味を通り越してやや無気味な存在であったかもしれない。それが初めて漢に跪いてきたのである。王朝関係者はよほどに喜ばされたと推測できる。第五章で述べたが、漢王朝は日本列島の覇者を、中国南部から逃れた倭族の王族らの後裔と捉えていた。その主体は、丹波倭族と認識していた。朝貢してきたのは丹波倭族の宗家ではなく、宗家に政治的に対立している分家であったが、漢王朝にとって何らかの処遇をしない手はない。そこで奴国に対して例外的な対応を取ったのである。称

号の国名を「倭」とせず、「倭奴」つまり「倭の奴」とした。そうすることにより、仮に倭国宗家が後に朝貢して来ても対処できるようにし、またこの金印の意味は「倭国王としての認証」を意味せず、もし奴国がいずれ倭国の覇権を握るようなことがあれば、その際に再度金印を授与する、いわば"事前の仮授"的な意味合いも持たせていた。

7 魏・晋朝も前例踏襲で紛争当事者双方に金印仮授

漢の後の魏朝とそれに続く晋朝でも、漢朝の前例を踏襲したと推察される。魏国にとっての倭国は、同盟できれば呉国や朝鮮半島の敵国を挟撃できる、軍事的に重要なパートナーとなり得た。邪馬臺国と狗奴国がたとえ係争中であろうとも、漢への最初の朝貢以来二百年近くも朝貢のなかった倭国側から近寄って来た以上、魏国と続く晋国が何らかの処遇をしない法はなかった。そこで狗奴国に「東倭」という国名を新たに創作授与し、また紛争当事者双方に金印を"仮授"さえもした。仮授であれば、紛争が決着した際に正式授与し直すことができたのである。

ガド族の日本列島渡来と出雲大社の起源
1 最古の前方後円墳は紀元前に既に存在

「大倭」の時期に墓制が変わり、前方後円墳が出現した。通常墓制が変わるときは民族の交代を意味するが、この場合ホアカリ系天孫族の支配に変化はない。前方後円墳は長らく日本特有の墓制であるとされてきたが、小林惠子氏によれば、「最近朝鮮半島からも発見が相次ぎ、最も古いものは日本の最古のものよりも300年も古いものであった。」ということである。つまり、朝鮮半島の建国時には既に前方後円墳は存在していた。

2 前方後円墳の形は三種の神宝の一つマナの壺由来

「前方後円墳」という名前をつけたのは江戸時代の歴史学者の蒲生君平である。彼は墳墓の形を古代中国の二輪馬車に見立てた。最近になって飛鳥昭雄氏が、「前方後円墳の形はダビデ王朝の三種の神宝の一つである"マナの壺"を真似たもの」と主張している。これが真実であろう。右

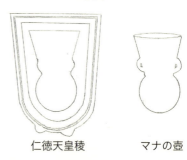

第31図 仁徳天皇陵とマナの壺との形体比較

図（第31図）の仁徳天皇陵の形を見れば、一目瞭然である。日本の壺は底が平らであったため、前方後円墳の丸い部分が"壺の底である"という認識が生まれなかった。アジアに行けば今でも壺の底は丸い。「マナの壺」はダビデ王の時代、イスラエル十二部族のうちのガド族が保管していたが、その後の所在は不明であった。スキタイの時代を経てアジアの北方騎馬民族となった、その当時になおガド族がマナの壺を保管していたとすれば、ガド族が墓制としてマナの壺の形を採用したことは推測できる。魏も晋も騎馬民族国家であったから、ガド族と直接関係あったかどうかは定かではないが、この墓制の知識がないはずがなかった。晋の266年の円丘・方丘を南北に祀る儀式は、ガド族の墓制の影響とも考えられる。ちなみに、仁徳天皇陵の外形はモーセの石板の模倣であると、筆者は考えている。

3 円丘・方丘つなぎ形からマナの壺の形へ変化

この儀式に大倭の使者が参加した。このことが日本の前方後円墳

第九章　ニニギ・イナヒ系天孫族の加羅から列島への東遷

普及の契機であった可能性がある。最古の前方後円墳は、朝鮮半島北部の当時ガド族が支配していた地域で発見されている。大倭の使者は、おそらくは「倭人と同族の墓であり、しかも民族共通の宝を模した形である」という、その墓制の由来を知っていた。大倭の使者の帰国後に、晋で見た墓制を取り入れる者が出てきたのであろう。日本の初期の前方後円墳は、確かに円丘・方丘を繋げたものであった。ところが、ガド族の一隊（夫余）がホアカリ系天孫族の海部氏の勢力内にある出雲に、マナの壺とともに身を寄せたのである。海部氏の中枢の人々が"本物"のマナの壺を見た衝撃は大きかったに違いない。以来、円丘・方丘を繋げた墳墓は、血筋の順位の高い人々に関してはマナの壺の形に変わっていったと推測する。

4 根拠1　「マナの壺」は実在

　この話には裏付けが二つある。一つは、マナの壺は海部氏の「籠神社」の奥宮「真名井神社」に確かに保管されていた。それが雄略天皇の時に召し上げとなり、いつの頃からか伊勢神宮外宮に保管されるようになった。奥宮「真名井神社」は伊勢神宮外宮の元宮にあたる。マナの壺は実は日本の三種の神器の一つであり、その代用品が「八坂瓊の勾玉」である。"三種"の神器が成立したのは七世紀前後であり、それ以前は「"二種"の神器」であったという小林惠子氏の指摘は正しい。八坂瓊の勾玉は途中参加であった。なお、雄略天皇がマナの壺の封を解いたときの出来事が、『浦島太郎』の玉手箱を開ける御伽噺となって現代に伝わっている。日本語で「まな板」という単語もある「マナ」とは、ヘブライ語で「食べ物」という意味であり、聖書の出エジプト記にその記述がある。それは、モーセ一行が荒地で飢え状態であったとき、空から降ってきた綿のような食べ物であり、そのサンプルがマナの壺に保存保管されてい

251

た。二千年もの間の保管によってマナは乾いた粉末状態になっており、玉手箱の煙とは、壺の封を解いた時に中身のマナがまるで煙のように外に飛び出た様子を描写したと推測する。

5 根拠2　ガド族も実在 ── ガド族の祭壇酷似の杵築大神殿

　二つ目は、「ガド族は確かに出雲に来ていた」ことである。出雲国は、西側は青銅文化、東側は鉄器文化となっていた。ガド族の出発地スキタイは青銅器文化が特徴であった。一方、東側は海部氏の一族一派が居住していて、この二つの集団はやがて融合していった。出雲国は斐伊川に良質な砂鉄を豊富に産出したがために、崇神朝のときに天孫族主流の直接支配を受けることになる。「出雲の国譲り」であるが、このとき出雲側は杵築に大神殿建設を要求した。それは伝承によれば高さ100mに達するほどの大きさであったという。その建物の確認はできていないが、半分の高さの50mくらいと予想される建物の遺構が出雲大社で発掘された。その神殿の前例が過去に存在した。それが、ヨルダン川西岸に建てられた「ガド族の祭壇」であった。ヘブライ十二部族の古代イスラエルでは、ヨルダン川東岸に住むガド族を含む二.五部族が住み始める時、将来この二.五部族が他部族から仲間であることを忘れられてしまうことを危惧し、西岸に巨大な祭壇を作った。記録に残るその姿と規模が出雲の遺構から予測される神殿の全体像に酷似しているのである。「マナの壺の形態」と「過去と同じ大神殿（祭壇）建設の要求」から察するに、出雲に来たガド族とは「ガド族の中のガド族」、ガド族本隊であった。

第九章　ニニギ・イナヒ系天孫族の加羅から列島への東遷

第二節　鮮卑族慕容氏の東北アジア支配

鮮卑族慕容氏の朝鮮半島侵入
1 慕容氏が百済を制し、追われた夫余が列島に移住
□加羅新羅両国に攻め入らなかった慕容氏

　西暦286年、鮮卑族の一支族慕容氏の慕容廆が夫余に攻め入り、帯方郡から馬韓地方を支配下に置いた。ニニギ・イナヒ系天孫族の国の加羅（伽耶）のすぐ隣である。しかし、加羅と新羅には決して攻め込まなかった。新羅本紀を見ると、慕容氏が馬韓を制した286年に、「百済が講和を求める」とある。これは馬韓ではなく、慕容氏による講和の求めである。以後、慕容氏の百済治世中は、337年に「百済に使者を送る」と、368年に「百済が使者を送る」とあるだけである。286年以前は、新羅は百済との戦いに明け暮れていたのと対照的である。鮮卑の武力を考えれば、加羅新羅両国を攻めれば勝てたことは明白である。

□夫余族難民は出雲・東海・関東に渡来

　鮮卑の慕容氏はこのとき現在の北京を首都にして燕国を築き、満州や朝鮮方面に勢力を伸ばしていた。このとき征服された夫余族は、主に日本列島の出雲地域と現在の東海以東の東部域に逃れ、とりわけ列島の合体による天災で空き家状態に近かった関東地方に分け入った。成田空港の京成電鉄乗り場入り口で、茨城県で出土した焼き物の像を見たことがある。つなぎのような衣服で腰と手首、足首を紐で閉じ、耳脇の髪の毛を長く垂らして紐で閉じているのが特徴的であった。あれが夫余族のスタイルである。また慕容氏は東川王系の百済王を廃し、慕容氏の推す責稽王を百済王とさせたので、この後百済は連続して慕容氏に恭順しない高句麗と戦うことにな

る。

2 慕容氏が加羅と新羅を攻略しなかった理由

　慕容氏は、なぜ加羅と新羅を攻略しなかったのか。それは慕容氏も古代ヘブライ人の末裔であり、加羅と新羅の出自がダビデ王朝にあることを、秦氏によって知らされていたからである。慕容氏がヘブライ人であった証拠は、369年に百済王から倭王に贈られた七支刀である。この百済王とは慕容氏のことで、七支刀とはユダヤ神秘主義の生命の木のデザインを意味する。七支刀と同じ主旨の七本の枝を持つ灯明台（メノラー）は、現イスラエルのコインのデザインに使用されている。慕容氏は「白いエフタル」と呼ばれ、ペルシアの地に捕囚されたヘブライ人の末裔と推測される。鮮卑族は西暦150年代の檀石槐以来、遼東から敦煌に至る東西に横長の広大な領地を持っていたが、そのすぐ西隣に秦氏の弓月国があった。秦氏は「囲われていない羊」の一つである鮮卑族に近づき、イエスの教えを広める彼らの"使命"を果たすとともに、「ダビデ王統の保存」についての情報も、当然のこととして鮮卑族に伝えてあったと思われる。鮮卑族が百済の地を攻略したとき、その秦氏が既に現ウィグルの地から新羅と加羅に移っていたのだった。鮮卑族の檀氏との関係は不明であるが、鮮卑族慕容氏と秦氏は一体とも言えるほどの良い関係であった。

第三節　加羅王崇神の東遷

加羅天孫族の日本列島への集団移住開始

1 百済攻略が加羅ニニギ系天孫族に与えた影響

　この鮮卑慕容氏による帯方郡から馬韓地方にかけての攻略は、加

第九章　ニニギ・イナヒ系天孫族の加羅から列島への東遷

羅のニニギ・イナヒ系天孫族に大きな衝撃と動揺を与えた。朝鮮島が朝鮮半島になって以来、中国王朝関連の半島侵入・侵略が相次ぎ、ニニギ・イナヒ系天孫族は脅威を感じていたところに、すぐ隣の馬韓の地まで中央アジアの騎馬民族が攻め入ったのである。「ダビデ王統の保全」の危機と察するや、即座に反応した天孫族の一人の王がいた。それが、洛東江中流域の加羅の高霊を本拠とした崇神王である。慕容氏の馬韓（百済）攻略から僅か数年後の西暦290年頃に、日本列島に四道将軍を派遣している。北陸は大彦、東海は武渟川分（「古事記」によると大彦の子）、西道はイサセリヒコ（吉備津彦）、丹波は丹波道主となっていて、九州への派遣はない。派遣先はすべて本州内部であり、九州はニニギ系が大半を支配していたので派遣の必要がなかった。

② 政治的支配が主目的の四道将軍派遣

　ここで注目すべきは四道将軍それぞれの名である。大彦の「大」は太安万侶の「太」と同じで、ホアカリ系天孫族の苗字である。北陸はこの頃はホアカリ系天孫族海部氏の領域に属している。この辺りでは「大山」や「大川」など、今でも「大」のつく苗字が多い。武渟川分は大彦の子とあるが、「渟」は崇神朝のときに、天照大神と日本大国魂神の二神のうち後者を祀らせた、渟名城入姫の「渟」と一緒で、ホアカリ系天孫族の尾張氏且つ狗奴国の一族の名である。イサセリヒコについては不明だが、丹波道主はもちろん「丹波」の人である。これらのことから判断すると、崇神は四道を武力征服することではなく、政治的に支配することを主目的として、それぞれの土地で受け容れることができる人物を送り込んだようだ。

255

③ 大陸式の軍事様式を備えた崇神派遣軍

　それはもちろん、強力な軍備を伴ってのことであった。その"強力な軍備"とは「馬」である。馬具などの発掘によりそれまで既に列島に馬がいたことは知られているが、数は非常に少なかった。この崇神の時代以降、墳墓からの発掘で騎馬に関する出土が激増するのである。崇神は本格的な騎馬部隊を日本列島に送り込んだ。なお、江上波夫氏は、このことをもって崇神以降は中国北部を含む中央アジア北部一帯の騎馬民族が日本列島を支配するようになったと考えたが、崇神はニニギ系天孫族の分家であり、正しくは朝鮮半島の天孫族が大陸式の騎馬による軍事様式を整え、日本列島に至ったのである。

ホアカリ系天孫族によるニニギ系天孫族への支配権譲り
① ホアカリ系はニニギ系の列島支配を受容

　崇神が考えた加羅からの移住先の第一の候補地は、かつて邪馬臺国があった奈良であったと思われる。ここにはホアカリ系天孫族の分国「大倭」の都が置かれていた。ここに大彦とイサセリヒコを送り込み、神武の兄であるイナヒの系統つまりニニギ系天孫族の列島制覇の正当性を、ホアカリ系天孫族の海部氏と、海部氏に近い倭族の葛城両氏に説諭し、両氏は"平和的に"受け容れた。しかしながら、葛城氏が属した狗奴国系の武埴安彦夫婦は納得いかずに反乱し、奈良のすぐ背後となる山背に待機させた大彦の軍と、北葛城に待機させたイサセリヒコの軍に、即座に鎮圧されてしまう。

② ホアカリ系支配領域以外の出雲東海関東も支配下に

　イサセリヒコは、この後に武渟川分とともに中国地方に向かい、崇神が催促した出雲大社の神宝提出に端を発した、出雲振根の反乱

第九章　ニニギ・イナヒ系天孫族の加羅から列島への東遷

を鎮圧した。現在の岡山県総社市にある鬼の城の伝承によると、イサセリヒコはこのとき鬼の城にいた百済王子「恩羅」を討伐し、恩羅を殺す際に、恩羅から「吉備冠者」の名を奉ったということである。その後日本書紀では、イサセリヒコは「吉備津彦」と名が変わる。この「百済王子」は、鮮卑慕容氏が征服した百済つまり「夫余」の王子であり、出雲のガド族に通ずる。百済王子は新天地の関東地方ではなく、同族を頼って出雲地域に逃れたのであろう。崇神朝までは岡山県一帯までが出雲の勢力下にあったということである。その後、大彦と武渟川分は、親子で東海と関東を支配した。

旧約聖書の「神の道」信徒であった崇神王の挫折
1 崇神天皇は奈良ではなく加羅で死去

　記紀を解読すれば、崇神朝は298年に始まったことになる。この頃までに加羅王崇神は、日本列島を政治的かつ軍事的に掌握したということであろう。記紀の記述の大半は、四道将軍派遣と反乱鎮圧関連であり、行政関連実績の記載は僅かである。古事記に書かれているその僅かの内容でさえ、聖書に書かれているダビデ王の一部治績のコピーである。これでは行政面においては、崇神天皇は実在しなかったのと同じである。崇神記は歴史時代の筆頭にかなりの量をもって書かれているので、崇神天皇の実在を疑うことは困難であるが、おそらく彼は加羅の高霊に居座ったままで、奈良どころか日本列島にも来なかったと推測される。奈良の山辺の道脇に崇神稜があるが、あれは別人の稜であろう。初めて奈良盆地に居を据えた天皇は、崇神よりだいぶ時代が下がって倭の五王の4番目の安康である。朝鮮半島出自の天皇たちは警戒心が強く、いきなり四方を囲まれた奈良に住むことなどできなかった。崇神は西暦318年に突然没し、垂仁朝に移行している。記紀で崇神はこれほどの扱いを受けて

いるのに、崇神の死因を想定させる記述が一切ないことに、筆者は不自然さを感じる。その疑問を解く鍵はどうも宗教面にありそうである。そこで、宗教面関連の記述を拾い、考察してみることにする。

2 巡行の真の目的は天孫族の新たな神殿の建設地探し
□ 崇神天皇の疫病話は旧約聖書の完璧なコピー

崇神天皇の治世の初期に疫病があり、国民の半数が亡くなり、その原因は崇神自身であると神から告げられる。オオタタネコという人物を捜し出し、神（大物主）を祀らせれば収まると告げられた。この記述は第十章第三節で述べるように、聖書のダビデ王関連の完璧なコピーであるから考察に値しない。この関係の著書も多いが、筆者は疫病さえ発生しなかったであろうと断言する。

□ 日向王朝に代わる加羅王朝の新神殿候補地探し

着目すべきは、旧邪馬臺国の臺与と目される豊鋤入姫を斎宮として巡行させたことであり、その目的は疫病対策などではなく、新王朝に相応しい宇佐に代わる天孫族の新たな神殿の建設地探しであったと、筆者は推察する。宇佐はあくまでニニギ本家の日向王朝が築いた神殿であり、しかも恒久神殿ではない。分家であっても新たな王朝が始まるのであれば、当然神殿も新たなものが望まれた。後述するように信仰深かった崇神は、116社もの神社を創建した。それは、それら神社の頂点に立つ神殿の存在を意図したが故の行為であったとも推察できる。崇神天皇は豊鋤入姫に21年間に亘って巡行させている。21年間というと、崇神天皇の在位期間のすべてである。即位と同時に巡行を命じたことになるので、事の重大さがわかる。

第九章　ニニギ・イナヒ系天孫族の加羅から列島への東遷

□豊鋤入姫に持たせた御神体は十種の神宝

　新しい神殿建設のためには聖櫃を伴う必要があるが、おそらくは聖櫃は伴われていなかった。聖櫃は天孫族全体の至聖なる宝であり、いかに崇神がニニギ系分家の筆頭で列島の大王としての地位が約束されていようとも、列島では新参である王が自由に扱えるようなものでは決してなかった。豊鋤入姫に持たせた御神体があるとすれば、それは物部氏が大陸より持参した「十種の神宝」であったと思われる。この御神体は、七世紀に天皇家の神殿が伊勢神宮に移る前までは、物部氏支配の奈良の石上神宮に神の御神体として安置され、崇神天皇が廃するまでは三種の神器同様の位置づけを得ていた。

③崇神の丹後籠神社神殿化の目論見挫折

□慕容氏バックのイエス派秦氏の介入

　この新たな神殿地探しに介入してきた勢力があった。それがイエスの民であった秦氏である。秦氏の本隊はこのとき新羅にあり、少なくとも宇佐と丹波、そして伊勢の都合三カ所には既に先遣隊が送られていた。秦氏はこのとき列島では新参であったが、イエスの直接の使命を受けての天孫族の祭祀を司る強い意志と、背後に慕容氏の援護を得ていた。

□崇神天皇は敬虔な神の道オリジナル派信徒

「崇神」とは「神を崇める」という名であり、名前からも敬虔な神の道信徒であったことが窺える。崇神は神道と神宝に非常に強い関心と執着心を持っていた天皇であり、丹後の籠神社を始めとして、奈良の大神神社、石上神宮、龍田神社、廣瀬神社、熊野の玉置神社、加賀の白山比咩神社など、中矢伸一氏によれば近畿を中心に

116社を創建している。これらは天照大神以外の祭神を持ち続けた神社で、いわば旧約聖書系であり、崇神はイエス派の秦氏とは相容れなかったと推察できる。

□ 崇神天皇は移動神殿を固定化し神社とした最初の人

ここで着目すべきは、籠神社は最初で最古の神社であり、「崇神天皇以前に神社はなかった。」ということである。古代イスラエル人にとって、神殿は一カ所エルサレムのみに限られていた。日本で言えば、宇佐だけがヤハウェの神殿であり、その他にあったものは、「幕屋」と呼ばれていた"移動神殿"ワンセットのみであった。崇神天皇は、この幕屋を固定化して建物として作った"最初の人"である。神社が日本人の身近に存在し、日本社会に神道がいきわたる契機を作った人なのである。宇佐は、「神社」ではなく「(仮の)神殿」であった。

□ 崇神天皇が信じる旧約聖書とは「モーセ五書」

ちなみに、崇神天皇が信じる神の道というのは、一口に旧約聖書と言うが、そのうちの「律法」と呼ばれた「モーセ五書」の部分だけである。天孫族は紀元前700年にはエルサレムを出発していたのであるから、その当時確実に存在したのはモーセ五書だけなのである。モーセ五書は「トーラー」とも呼ばれ、転記に一字たりとも過ちは許されず、特別な信仰を得て現代まで継承されてきた。彼らの記録保存方法は巻物紙であったため、「トーラーの巻物」が省略化されて「トラの巻」になった。虎の巻とは、神の民ヘブライ人が生きていくのに必要な教えが全て書かれているもの、という意味合いであった。ちなみに、大宝律令などの「律令」とは「律法に基づく命令」という意味で、律令制度の内容はモーセ五書の内容のコピー

第九章　ニニギ・イナヒ系天孫族の加羅から列島への東遷

と言って良いものであった。

□ 変質した神道作法を元の姿に戻した崇神天皇

　崇神天皇の神の道信徒としての敬虔ぶりを示す出来事が、まだ他にもある。西暦300年から320年にかけて、銅鐸や銅剣・銅矛などの青銅器文化が、"突然"という形容が当てはまるように消滅した。これはちょうど崇神天皇の治世と重なる。銅鐸は明らかに宗教道具であった。崇神は初めて神社を建てたという流れの延長で、「日本列島で変質してしまった神の道の作法を、加羅国がニニギ以来伝承してきた元の姿に戻した。」と考えることができる。崇神という人は、それほどまでに神道に執着心を持っていた天皇であった。なお、銅鐸は祭祀族物部氏のツールであり、銅鐸利用の廃止は、物部氏も海部氏同様に崇神に降ったことを示している。余談であるが、中矢伸一氏によれば、物部氏は銅鐸の他にもう一点、重大な譲歩を迫られていた。それは「皇位継承の璽」の変更である。崇神七年に皇位継承の璽は、それまでの「天より受来し天璽瑞宝（十種の神宝）」から、ヒゼキヤ王の第一子インマヌエルが持参した「二種の神器」後の「三種の神器」に変更させられていた。

□ 籠神社の次に建てられた吉佐宮はイエスの宮

　豊鋤入姫は奈良から最初丹波に移動し、そこで「吉佐宮」を建てたことになっている。イエスの名前は現地では「ヨシュア」といった。「ヨサ（吉佐）の宮」とは「ヨシュア ── ヨシャ（与謝）の宮」で、「イエスの宮」のことであった。「籠神社」は吉佐宮の本宮にあたり、現在吉佐宮は奥宮であるが当時は内宮に当たる。崇神は吉佐宮建設直前に本宮たる籠神社を建立していた。

□実は秦氏が本宮牽制目的で吉佐宮を建設

　この事実を読み解くと、崇神は丹波海部氏にホアカリ系天孫族の列島支配権をニニギ系に譲らせ、海部（天部）氏を天孫族全体の正祭祀職に位置付け、その祭壇の場として、移動式神殿である幕屋を固定化した初めての神社を、海部氏のために建立した。そのすぐ近くに、まるで本宮を牽制するかのごとく、吉佐宮（イエスの宮）が建てられた。宮の名称からして、建てたのは崇神の豊鋤入姫ではなく、当然の事として秦氏であったと推察される。秦氏は、イエス・キリストの御神体としての聖十字架（忌柱と天御柱）を、エルサレムから天山山地山麓へ、そして朝鮮半島を経て丹波に持ち込んでいた。その安置場所として吉佐宮を建てたが、背後に慕容氏の影響力を控える秦氏に対して、崇神と海部氏は宮の建設を了承せざるを得なかったのであろう。

□豊鋤入姫の巡行は目論見外れで迷い彷徨

　崇神と海部氏は、ヒゼキヤ王以来の「神の道」の同じ神を抱き、その関係は宗教面では良かった。崇神としては、天孫族全体の正祭祀職たる海部（天部）氏の籠神社こそ、聖櫃を安置する新王朝の神殿として相応しく、その仕掛けとして豊鋤入姫を先ず丹波に向かわせたものの、そこに秦氏というとんでもない反対勢力が現れ、目論見が狂ったというのが実情であろう。豊鋤入姫は当初の目的を果たせず奈良に戻り、紀の国（現在の和歌山近辺）に行き、さらに四道将軍の一人であるイサセリヒコが征服した吉備を回り、再び奈良に戻った。豊鋤入姫の巡行は、奈良以外では僅か3カ所を回ったに過ぎず、この間21年をも費やし、その動きに一貫性が乏しい。丹波に新神殿を設けるという最初の目論見が崩れ、迷い彷徨したというのが実情であろう。

第九章　ニニギ・イナヒ系天孫族の加羅から列島への東遷

4 崇神の死は"図られた死"
□様違いな巡行の最初の21年間と後の６年間
　やがて崇神が亡くなると同時に、巡行者は豊鋤入姫から倭姫命に交代させられ、以後は奈良から滋賀、美濃、尾張を経由し、まるで一直線と比喩できるほどに明確に伊勢を目指して巡行し、６年間で21ヵ所をも移動し、伊勢神宮の本宮であった伊雑宮にまで到達している。最初の21年間と後の６年間では、明らかに巡行の様子が全く異なっている。後述するように、結果として聖十字架は吉佐宮から伊勢神宮に運ばれているので、この動きは秦氏による崇神の新神殿候補地探しの乗っ取りと見るしかない。

□秦氏が窮状を訴え慕容氏が局面打開
　この経緯からして、崇神の死は"図られた死"である可能性が極めて高い。崇神天皇の次の天皇である「垂仁」天皇は、慕容「垂」と慕容「仁」という、鮮卑慕容氏の二人の王の名の組み合わせでできた、実在しない天皇である。強いて実在させれば、朝鮮半島付け根の遼東にあった慕容仁である。慕容氏は既述のように、秦氏によって列島の「ダビデ王統の保全」をよく理解していた。また秦氏は、新参といえども慕容氏の理解の下で、列島においてある程度の行動がとれた。秦氏は、新神殿の所在地決定に主導権を握ることができない窮状を慕容氏に訴え、慕容氏が局面を打開したと思われる。慕容氏の兵は加羅王崇神の喉元の百済に控えており、崇神は抗する術もなかったのであろう。崇神の天皇としての後任が慕容氏の垂仁となっていることが、これらの推測を裏付けしている。

263

5 応神の改宗が裏付ける崇神の宗教面での挫折
□ 崇神と同じ轍を踏むことを避けた応神

　崇神が宗教面で挫折したことの傍証はもう一点ある。それは、次に東遷を目指した加羅王応神の動きである。飛鳥昭雄氏によれば、応神は宇佐神宮で洗礼を受け、イエス・キリストを受け容れている。それは宇佐八幡宮に伝わる「宇佐神宮託宣集」の記述で明らかであるという。その詳細を語ることは省くが、崇神の幾代か後の加羅王と考えられる応神が、秦氏と同じ神を受け容れたということは、「応神は、秦氏で躓いた崇神と同じ轍を踏むことを避けた。」と見るのが自然である。そのようなことなくして、天孫族の王たる者が新宗派に改宗するというようなことは、容易に考えることはできない。応神は崇神に敵なした秦氏を敵に回さなかったどころか、その懐に飛び込んで、積極的に良い関係を築いたのである。それゆえ、河内で王権を確立するや否や、まだ半島南部にあった秦氏の本隊を列島に呼び寄せたのである。

□ 慕容氏の強大な影響力に物部氏さえ抵抗できず

　旧約聖書オリジナル派の物部氏が、応神王にも祭祀職として張り付いていたはずである。その物部氏が、王の宗旨換えに抵抗できないほどに、秦氏のバックであった燕（この頃は正確には後燕）の慕容氏の影響力を怖れていたことを、読み取ることができる。

6 秦氏が天照大神の御神体とした聖十字架
□ 忌柱と天御柱

　秦氏が最終的に伊勢神宮に安置した聖十字架とは、飛鳥氏著述の八咫烏の証言によれば、現在も伊勢神宮内宮に安置されている「忌柱」と「天御柱」だそうである。「二千年経っても少しも古くなっ

第九章　ニニギ・イナヒ系天孫族の加羅から列島への東遷

たり傷んだりしていない」という証言も付されてあった。さらに証言によれば、「天照大神の御神体」巡行の、最初と最後を結ぶ線上に伊勢神宮は配置されているという。「吉佐宮」は聖十字架を最初に安置する目的で建設されたことになり、最終的に伊雑神社に安置された。「最初と最後の線上」とは、吉佐宮と伊雑神社を結ぶ線上という意味である。つまり倭姫命の巡行とは、聖十字架を丹波から伊勢神宮に移す行為であったのだ。飛鳥氏によれば、「伊雑神社（現伊雑宮）は物部氏が没落するまでは伊勢本宮であり、聖十字架の上に付けられた罪状板（実際には名板）は、現在も伊雑神社に安置されている。」とのことである。

　ちなみに私見では、神殿を造営するときには必ず聖櫃が伴わなければならないが、豊鋤入姫と倭姫命の巡行のとき、聖櫃は宇佐から動いていない。それは、天孫族ニニギ系分家の加羅王崇神が如何に強力な軍事力を伴っていようとも、列島に渡ってすぐに聖櫃を宇佐から持ち出すことなど出来はしなかったからである。聖櫃が初めて宇佐を出るのは奈良の大仏開眼行事の時であり、平安京完成後に京都に一定期間滞在し、その後に伊勢神宮に安置されたと思われる。

□天御量柱

　余談であるが、聖書に十字架はもう一つ登場する。再度八咫烏の証言によれば、巡行で運ばれた「天照大神の御神体」は、聖十字架の他にもう一つ、「天御量柱」が存在した。モーセが作った、青銅の蛇が架けられた十字架である。これは偶像崇拝を忌み嫌ったヒゼキヤ王が壊しているが、イエス・キリスト同様に復活してリメイクされていたのである。神社の手水屋に見られる蛇の作り物の原型が、その青銅の蛇であるそうだ。

統一国家状態にはない四世紀の日本列島
1 鮮卑族慕容氏が四世紀の日本列島支配を主導

　西暦390年の応神朝の始まりまでは、五胡十六国の一つ鮮卑族慕容氏が日本列島支配の主導権を握った。慕容氏の国であった燕（前燕）は、370年に同じく五胡十六国の一つであった秦国に滅ぼされ、384年に再び燕（後燕）として復活するが、409年には滅びた。西燕や北燕など傍系の建国もあり、北燕などは高句麗と百済領の大半を掌握した時期もあったが、前燕滅亡後の慕容氏は衰退の一途を辿り、438年に北魏によって完全に滅ぼされた。慕容氏はこの後パミール高原で「エフタル」として復活する。日本史の四世紀を理解するために必要なことは、この慕容氏の日本列島への影響力と、この時代は未だ倭国は統一国家状態から程遠かったことである。

2 天孫族の血筋を崇めた慕容氏

　慕容氏は、加羅と新羅を含めての倭国に対して、約一世紀に亘り武力を背景にした強い影響力を持ったが、慕容氏系の王を倭国に押し付ける、あるいは慕容氏の戦闘部隊を列島に直接送り込むようなことはしていない。慕容氏は、徹底的に「天孫族の血筋」を崇めたのである。この様子は、燕国以外の中国サイドからは、「倭国は燕国の"属国"」のように映ったが、実態は"極めて緩やかな従属"に近い。燕国は加羅や新羅を含めた倭国に攻め入りはしないものの、一つ事を間違えれば攻め入られる恐怖を、倭国サイドは持ち続けた。

3 列島支配の王が連続では現れなかった四世紀

　崇神王は既述のように、秦氏の理解者となった慕容氏の支配力増大により、宗教的な理由で列島での力を失うが、崇神王の次にすぐ

第九章　ニニギ・イナヒ系天孫族の加羅から列島への東遷

別の統一王が存在したわけではなかった。四世紀頃では、列島を支配する王が連続で現れるようなことはなかった。崇神王でさえ奈良にいたわけではない。"崇神王への恭順"ということがあったものの、奈良には依然として、ホアカリ系の「大倭」の支配勢力が温存されていたし、崇神後において、ホアカリ系天孫族は引き続き広大な領域を支配下に置いていた。第十章で詳述するが、垂仁、景行（ヤマトタケル）、仲哀はいずれも旧約聖書からの"借り物"であり、実在性は極めて薄い。崇神王の次に列島を支配したのは応神王であったのだが、その直前に「神功皇后」という不思議な存在がある。

神功皇后が暗示する新羅の倭人支配の終了

　神武、崇神、応神と、KEYとなる天皇には皆「神」の一字がついている。神功皇后にも「神」の字があるので、記紀からまるで「神功皇后は実在と理解せよ。」と言われているようであるが、どうにも実態が掴めない。年齢的理由で神功皇后は応神の母たり得ないが、実在の可能性を僅かに探ることもできる。それは「神功皇后の新羅征伐」の話である。

□西暦356年をもって新羅の倭人支配終焉

　日本書紀の仲哀紀に、神功皇后は角鹿（現在の敦賀）にいたとあるので、神功皇后はホアカリ系天孫族海部氏と同族である。新羅は実質的に「海部氏の新羅」であったわけだが、356年に新羅の王が、丹波出自の昔氏から出自不明の金氏に変わっている。この新羅王奈勿尼師今が396年に高句麗と組んで百済を攻め、百済を一時的に服属させている。この動きからわかることは、新羅王奈勿尼師今は百済の支配者慕容氏の敵対勢力であり、西暦356年をもって新羅

の倭人支配は終焉したことである。神功皇后は、新羅の覇権を自らのホアカリ系天孫族に取り戻すために、"激しい敵意"をもって新羅攻略を試みる。新羅本紀によると、この後西暦500年まで倭国が新羅領を侵す記述が続く。新羅の王朝交代は、朝鮮半島と日本列島の歴史の大きな転換点となったので、神功皇后を登場させたと考えられる。

第四節　加羅王応神の東遷と河内王朝の開設

ニニギ系天孫族応神王の加羅からの東遷
1 加羅の孤立化と加羅王家の本拠地換え

　百済の慕容氏は徐々に勢力を失っていくので、新羅王奈勿尼師今の登場により、加羅は半島で孤立してしまう。イナヒ系天孫族の危機感を背負って登場した加羅王が、応神であった。応神は崇神同様に、ニニギ・イナヒ系天孫族の本拠地換えを試みた。

2 応神による日向天孫族本家筋の禅譲取りつけ
□日向出身皇后と姫を娶る話が示唆する支配交代了解

　加羅王応神はまず北九州に渡り、日向の天孫族本家筋に対し、日向系に代わる日本列島支配と、奈良方面への本拠地移転の基本了解を取りつけた、と推察できる。記紀の応神紀に、応神の皇后は日向出身であることと、皇后とは別に日向の髪長姫を娶る話が述べられているが、これが裏付けである。髪長姫は結果として応神ではなく仁徳に娶られることになるが、これは仁徳も日向の了解を得ていたことの、日本書紀からのメッセージである。

第九章　ニニギ・イナヒ系天孫族の加羅から列島への東遷

□応神も仁徳も出自は加羅

　崇神に関して出身地は記録により明快であるが、応神や仁徳については突然の登場であり、その出自について大陸の有力氏族と結びつける説もあったが、日向王朝との関係や登場の時期、そしてその後の歴史の流れ、また「血の規律」の問題を考慮すると、二人とも加羅出身ということに落ち着くのである。

□ニニギ系日向王朝の後継断絶

　九州に渡った際、応神は加羅軍の本隊を伴っていた。応神の加羅軍は、豊富な鉄と大量の馬と大陸の優れた兵器で装備された、列島では他の追随を許さない最強の軍隊であった。軍事力では列島筆頭であったが、血筋では日向が上であった。日向はそれまであまりに静かでその動静を掴めなかったが、この時点で神武即位から約千年が経過しており、第六章第五節で述べたように、神武の血は絶えていた可能性が極めて高い。その仮定が成立すれば、神武の兄であるイナヒ系天孫族は、それまではニニギ系天孫族の分家であったものの、「ダビデ王家正統」の無言の禅譲を、ニニギ系天孫族本家から受けたと推測できる。

3 神功皇后との連合が意味するホアカリ系天孫族の応神受容
□奈良にはまだ大倭国が残存

　応神は九州でニニギ系天孫族の政治的体制を整えると、すぐに近畿地方に向けて軍を動かした。奈良にはまだ、ホアカリ系天孫族と倭族が一枚岩にはなっていない、大倭国が生き残っていた。ホアカリ系天孫族の海部氏は、崇神のときと同様に恭順の態度を貫いたが、崇神のときもそうであったが承服しかねる者も現れた。その代表格が倭族と目される忍熊であった。日本書紀の神功皇后記によれ

ば、忍熊は神功皇后と応神の連合軍に罠を仕掛けられ、敗れたことになっているが、旧約聖書の話を借りてきたようなストーリーで、信憑性は乏しい。

□ 応神は"東征"ではなく"東遷"した

しかし、神功皇后と応神が"連合"したことになっていることが、着目点である。神功皇后と応神が記紀の記載のように母子であれば、連合などする必要性もない。それよりも、この"連合"は「神功皇后が属するホアカリ系天孫族が、明確に列島での応神を受け容れた。」ことを意味している。そのことが重要である。基本的にはニニギ系天孫族の応神は"東征"したのではなく、ホアカリ系天孫族に"平和的に"受け容れられて、朝鮮半島南端から日本列島の近畿に"東遷"したのである。

④ **応神による河内王朝開設**

応神は奈良には入らず、応神元年となる西暦390年に大阪の河内を本拠地として、列島における大王の体制を整えた。日本書紀によると、神功皇后は西暦389年に没したことになる。このことと翌年の応神即位との関係はよくわからないが、神功皇后が属したホアカリ系天孫族の大倭を潰してしまうことには、応神は政治的な側面から躊躇したのであろう。何と言っても、大倭の真の支配者であり、ホアカリ系天孫族の本家でもある丹波海部氏は、応神を血の規律に従って無血で大王として受け容れ、列島の支配権を譲ってくれたのである。大倭は、雄略天皇の時代まで生き残ることになる。

第九章　ニニギ・イナヒ系天孫族の加羅から列島への東遷

5 河内を王朝場所に定めた背景は瀬戸内航路の誕生
□瀬戸内海誕生は崇神即位から僅か50～100年以内

　ところで、応神はなぜ河内に居を定めたのであろうか？　それに関して筆者には、第一章第三節で述べた「瀬戸内海と四国の形成」が、深く関係しているように思う。瀬戸内海が東西通じて「内海」となったのは、筆者の論によれば、崇神の即位から僅か50～100年以内の出来事なのである。

□利用価値のない大阪の地が近畿地方の玄関に変貌

「内海」ができる前までは、大阪という土地は朝鮮半島の人々にとって、およそ利用価値のない位置にあった。鹿児島や高知など、それこそ船で大回りをして、しかも危険な外洋を通らなければ到達できなかったのである。それが、日本列島の北西方向への移動に伴って関門海峡が生まれ、波静かな瀬戸内海ができたことにより、様子は一変した。大阪は海上交通での近畿地方の玄関の位置を占めるようになり、ホアカリ系天孫族の実質的な都となっている奈良の喉元に当たり、しかも京都や滋賀への派兵も容易で、丹波海部氏を牽制できる戦略的な場所ともなった。さらに、一旦事あれば、船でさっと半島に引き揚げることもできた。大阪は丹波海部氏にとっても、それまでは関心のなかった場所であったのか、空き地に近い状態であったようだ。その事も、応神が東遷先として河内を選ぶことを容易にした。応神より約100年前の加羅王崇神も、当時瀬戸内海ができてさえいれば、四道将軍を派遣するだけでなく、応神と同じように自ら大阪に渡ったであろうと想像できる。

6 加羅天孫族の相当数が河内へ移住

　応神は列島に本拠地を確保するや否や、加羅にあった一族郎党を

一斉に列島に呼び寄せた。加羅は中央集権制をとらずに分立連合の形をとったため、加羅の天孫族のどれほどがこのとき列島に移住したのか不明であるが、秦氏、漢氏、呉氏、王仁氏など、名立たる氏族が相当な人数を持って集団渡来している。河内はこれらの渡来人で溢れ、応神天皇はそれらの人々の上に君臨した天皇であるので、加羅出身の王であったと推定できる。なお、西暦512年に倭が伽耶（加羅）の4郡を百済に割譲している。これは、そもそも仲間内への割譲であるのだが、加羅の天孫族の相当数が列島に移ってしまい、加羅がだいぶ空き家状態になっていたことを意味している。

　ちなみに、この頃の大阪平野は堆積途上であったため現在よりも平地部分はかなり少なく、住み着きは奥まった小高い部分から始まったことが考えられる。京都や宇治に至る淀川領域も、川というよりも浅い海あるいは干潟のような状況であったのかもしれない。

□ 大阪弁のルーツは加羅言葉

　余談であるが、筆者は外国で語学留学したときに一韓国人と親しくなり、大阪弁と韓国語との共通性を知った。大阪人は言葉や気質に独特なふうがあり、それは応神天皇の時代と、後述するが「倭の五王」時代のときの、加羅からの集団移住者が大阪人のルーツであったことに起因すると、筆者は考えている。

7 八幡神社が示す応神はユダ族の王

　崇神天皇は、奈良にいなかったどころか北九州へ渡ったかどうかも定かでないが、応神天皇は、列島の中の大阪河内に王都という基盤を持ち、天皇家が後に中央集権体制を確立していく最初の大王となったので、歴史時代における初代大王（天皇）として相応しい。なお、応神を崇める神社は八幡神社であり、日本全国に14,800

社も存在する。八幡はヤハタ（YaHaTa）であるが、もとはヤハダ（YaHaDa）と発音した。「ユダ」をヘブライ語ではイェフダー（YeHuDa）と発音した。ヤハタはその転訛である。応神はユダ族の王であった。

応神天皇の治世
□朝鮮半島での戦いに明け暮れた応神天皇の治世
　応神天皇は、二月朔が甲午の年である西暦403年に亡くなっている。第八章第三節の「三国史記の信憑性の検証」の項で掲げた高句麗広開土王碑文の内容は、ほぼ応神天皇の治世中の出来事であった。応神天皇は、天皇即位後は朝鮮半島での戦いに明け暮れた。戦場は応神の出身地の加羅ではなく、百済と新羅である。朝鮮半島での領土拡大などに興味がなかったはずの加羅ニニギ系天孫族が、百済と新羅に攻め入ったのには事情があった。

□ホアカリ系天孫族の失地回復 —— 新羅
　先ず新羅については、応神は神功皇后との連合の関係から、ホアカリ系天孫族の失地回復に協力せざるを得なかった。神功皇后は応神即位の前年に亡くなっているが、ホアカリ系天孫族との連合自体は活きていた。

□加羅天孫族同胞の救出あるいは覇権の回復 —— 百済
　次に百済についてであるが、神武天皇の兄イナヒが朝鮮の加羅に分散居住を始めてから、この頃で約千年が経過している。この間に百済の王族との婚姻などを通じて、加羅の王族たちも百済の地に濃密な人間関係や地縁が生じ、百済に居を構えるニニギ系天孫族も少なからず存在したと推察する。とりわけ、西暦370年の慕容氏の燕

の消滅以後、百済は空き家状態となったので、そこにニニギ系天孫族が新たな地歩を築いたことは容易に推測できる。小林惠子氏は百済王に関し、西暦375年即位の近仇首王を武内宿禰に、384年即位の枕流王を応神に、そして392年即位の阿花王を応神の子にそれぞれ比定しているが、筆者にはそこまでの判別はできない。しかし、阿花王については、日本書紀に応神天皇が任命したことが明記されている。

[百済王の即位年表]
    西暦346年　近肖古王
        375年　近仇首王
        384年　枕流王
        385年　辰斯王
    （390年　応神天皇即位）
        392年　阿花王（応神天皇が任命）
        405年　腆支王（直支王）

百済にニニギ・イナヒ系の天孫族が存在し、またこの時点で百済を支配していたことは間違いない。応神はこれらの同胞の救出あるいは同胞の覇権の回復のために、倭軍を百済の奥深くまで派遣した。

□応神天皇は王朝行政への携わりは殆どなし
再び「宇佐神宮託宣集」によれば、応神の様子を"老人"と記述している。応神天皇は彼の老人期に即位し、約13年間の晩年とも言える治世中は、朝鮮半島の軍事に没頭せざるを得なかった。応神は河内王朝、実質的な大和王朝の創始者になるが、王朝の行政に携わることは殆どなかったようだ。

第九章　ニニギ・イナヒ系天孫族の加羅から列島への東遷

第五節　倭の五王

「倭の五王」とは誰か？
1 日本列島に逃れた加羅国後継王5人が倭の五王

　加羅は6国で構成され王が6人存在したが、加羅から最初に列島に集団移住したのは、血脈保全の意識が最も高い筆頭王たる応神だけであったようだ。ところが、新羅奈勿王がホアカリ系天孫族主体の倭国軍の新羅攻めに耐えかね、西暦392年に人質を送ってまでして高句麗の広開土王に新羅応援を要請して以来、状況は一変した。広開土王が5万の兵をもって半島の倭国領に向けて出兵し、西暦400年には倭国は、半島で一時加羅と任那を残すだけに攻め込まれてしまった。その後、倭国に誼を通じていた慕容氏の後燕が、高句麗の背後を突き攻め入ったため、倭軍は反攻に転じて百済領を回復したものの、加羅に残っていたニニギ系天孫族の王たちは、加羅建国以来初めて直面した「他軍に加羅が侵略される危険と恐怖」を感じ、次々と列島に移ることとなった。それらの王のうち加羅国後継たる者が「倭の五王」である。五王はそれぞれが宋に送使し、宋書に「讃」「珍」「済」「興」「武」と記された倭王であるがゆえに「倭の五王」と称されている。

2 倭の五王の出自を加羅国とする根拠
□ 支持できない仁徳＝広開土王説

　小林惠子氏は仁徳を広開土王に比定しているが、その点に関しては支持できない。そのことが成立するためには、広開土王は先ずダビデ王の血脈にあらねばならない。さもなければ広開土王は、ホアカリ系天孫族を含め、列島で倭人のすべてを敵に回すことになり、如何に武力と戦術に優れていても、日本列島のど真ん中に単軍乗り

込み、列島全体を支配するようなことはできない。自軍への補給さえままならないのである。また、広開土王は、朝鮮半島における応神の仇敵といった存在でもあった。ダビデ王の血筋にある者が、同じ血筋の倭国王に敵対して侵略するなどということは、それまでの天孫族の経過からして考えがたく、その点においても、広開土王がダビデ王の末裔であったことは考えにくい。

□仁徳は確実にニニギ・イナヒ系天孫族
　もう一点、仁徳は応神と日向の髪長姫娶りを争い、これに勝って姫を娶っている。これは応神と仁徳が同列に近い関係であることを示し、仁徳は多分に加羅における応神の後継であった可能性が高い。姫の娶りを争ったということは、二人は直系の親子関係でもなかったようだ。また姫が仁徳に娶られたということは、天孫族日向本家が、仁徳に対し応神同様の天孫族の大王たる資格を授与したことを意味する。仁徳が誰であったのか詳らかならずとも、彼は少なくともニニギ・イナヒ系天孫族だったのである。「血の規律」が根底にある日本の歴史は、大陸の抗争の歴史と同様に語ることはできない。仁徳が応神の後継であったとすると、反正以後の王たちも、それぞれ加羅国王後継の資格を得ていた王たちであった可能性が高い。

□倭国王即位に不可欠であった河内周辺の王都構築
　応神以後、加羅国王は倭国王としての資格を持った。加羅が百済を回復して後も加羅国王が現在の大阪平野に渡ったのは、倭国王として即位するには加羅を去り、河内周辺に王都を構えざるを得なかったのかもしれない。

第九章　ニニギ・イナヒ系天孫族の加羅から列島への東遷

③ 巨大な古墳を造営した加羅渡来人の心情

　余談であるが、応神稜と仁徳稜は、他の前方後円墳に比較してとてつもなく大きい。造営に想像しがたいほどの人力が必要とされた。これは技術的には、新たに渡来した秦氏の高度な土木技術が建設を可能にしたと考えられるが、あそこまで巨大な稜を造ろうとしたその動機も、併せて考慮する必要がある。筆者はこれを、加羅からの渡来人の新天地における高揚心と顕示欲とみる。加羅から大集団が大阪平野に渡来し、しかもその王が列島の大王となった。渡来した彼らの言葉や風俗も他の倭国民とは若干異なり、普通であれば列島の中で孤立感を抱き、気分も小さくなりがちになるところであるが、彼らの場合は逆に反応し、巨大な王墓を造ることにより、「我ここに有り！」というふうに、自らを顕示したように思われる。それこそ加羅渡来人が、自発的に総出で稜を造りあげたと推測する。とりわけ仁徳稜は大きく、当時の人口を考慮すれば領民の自発性をもった造営参加が不可欠であり、権力者の強制による労働で賄える作業量では決してなかった。高句麗の広開土王が仁徳ではあり得なかった理由が、ここにもある。

「倭の五王」に共通に見られる傾向と大倭の終焉
① 清寧天皇より天皇即位年が実際の西暦年と一致

　応神天皇以降、清寧天皇までの即位年と都、皇后を整理すると、以下のようになる。

390年　応神天皇　都 — 河内　　　　皇后 — 泉長比売（日向）
　　　　　　　　　　　　　　　　　　皇妃 — 葛城野伊呂売（葛城）
419年　仁徳天皇　都 — 難波　　　　皇后 — 石之日賣命（葛城）

428年	履中天皇	都 ― 難波、磐余	皇后 ― 黒比売命（葛城）
432年	反正天皇	都 ― 河内	皇后 ― 都怒朗女（和邇・丹波）
438年	允恭天皇	都 ― 河内と推定	皇后 ― 忍坂大中津比売命（葛城系）
457年	安康天皇	都 ― 奈良石上	皇后 ― 長田太郎女（実妹）
463年	雄略天皇	都 ― 奈良泊瀬	皇后 ― 若日下部王（日向系） 皇妃 ― 春日袁杼比売（奈良系） ※雄略はこの他に朝鮮半島に韓比売あり
480年	清寧天皇		

　日本書紀は紀元前660年に神武天皇の即位を掲げ、崇神天皇までに実質数十人の天皇が省かれているために、各天皇の在位年数を実際より相当長くすることで年数調整をした。雄略天皇が実質的な大和王朝の開設者となり、王朝の場所が奈良に定まった清寧天皇より、天皇即位年が実際の西暦年と一致する。

2 履中が「倭の五王」に含まれていない理由

　「倭の五王」とは仁徳から雄略までの天皇で、履中天皇は含まれていない。日本書紀に書かれている天皇家の系図は、日本書紀の編纂方針として「万世一系」を標榜したがために、天皇即位に絡む親子関係は殆どが創作であって信憑性に乏しいが、履中に関しては仁徳と同じ難波を都としているので、本当に仁徳の太子であったかもしれない。それは、中国サイドから見ると「倭の五王」は皆朝鮮半島から近畿地方に移り住んだ王たちであり、いずれもが宋に朝貢してきたということだけでなく、同じ行動パターンであったからこそ「五王」と一まとめにしたのであり、履中のように倭国内で親子関係によって王位を継承した場合、遠い中国からは見えにくかった

のであろう。一つの推測であるが、この当時の加羅国王の継承に関しては、その都度分国の王たちの評定が成されて次王が決定されていたと考えられる。承継の度に、統一王として最もふさわしい人材が、有資格者の中から選ばれたということである。分立制という加羅国の成り立ちから考えて、そのような想定ができる。

③ 倭の五王の心理を物語る淡路島の掌握
□東遷に必要不可欠な逃避行確保

　応神から允恭までは、皆大阪に都を置いている。応神は後に、堆積があまり進んでいないこの当時は、船で直接行けたと推測できる近江の菟道（宇治）野に都を移したかもしれないが、応神記に「難波の大隅宮に行幸」とあるように、大阪の根拠地は確保されている。これら朝鮮半島から日本列島に渡ったニニギ・イナヒ系天孫族の王たちは、新天地に住む不安を払拭できず、一旦事あれば即座に朝鮮半島に船で逃げ帰ることができる大阪という地に、それぞれ拠点を定めた。逃避ルートを遮る場所が、淡路島である。記紀の「五王」の記述の中に、記紀ではこの時期に限って「淡路」の地名が頻出する。それはこれら「五王」にとって、大阪の拠点確保と逃避行確保のための淡路島の掌握は、ワンセットになっていたからである。

□倭の五王と同じ行動を取った聖徳太子

　余談であるが、時代を下って聖徳太子のケースも同様であった。小林惠子氏によれば、聖徳太子の出自は西突厥のサマルカンドに居を置いた達頭可汗であり、西暦599年に百済法王となり、翌年5月に列島に渡来した。筆者には西突厥のことは詳らかではないが、太子が百済法王であった説は支持できる。それは、「上宮法王帝説」

や「伊予温泉碑文」などにより、聖徳太子の一番古い名称である「法王」が、列島内資料で明記されているからであるが、もう一点付け加えるべきは、聖徳太子は倭の五王と同じ行動を取ったからである。聖徳太子の列島での最初の拠点は播磨の斑鳩であり、「豫章記」から察するところ、彼は明石をも勢力下に置いた。明石は淡路島の対岸にあり、瀬戸内航路の要衝である。次の拠点は大阪の上宮であり、最後の拠点は奈良盆地西端の斑鳩であった。聖徳太子のこの拠点地選びは、五王と同じように、いつでも居所から船で朝鮮半島に向け、逃避できる態勢を取っていたように見える。新天地で反乱を受ける不安を、払拭できなかったようだ。

４ 河内王朝時代に大倭地方王権も同時存在

　応神から雄略に至る王たちの皇后あるいは皇妃は、安康を除き皆奈良の豪族に関係している。奈良は卑弥呼亡き後、海部氏や葛城氏などのホアカリ系天孫族の地方王権が確立されていた。晋書ではこれを「大倭」と呼称した。小林惠子氏は古事記に書かれている"欠史八代"の天皇たちは、この大倭の王たちであったと述べているが、筆者もそのように考えている。古事記は海部氏の歴史書である。この"八代"は、神武以来の王朝歴において一人100年の時間稼ぎの役割を持つだけでなく、ホアカリ系天孫族にとっては、自己の存在を後世に伝えるために、何とか記録に残したい王名であったと思われる。それゆえ八代については、記紀には最低限の記録だけで治世内容の記載がないのである。八代の治世内容は、決して書かれてはならなかったのである。応神と次の「五王」たちは、大阪で王権を築くためには、必ず大倭を構成するホアカリ系天孫族の氏族から、正妃または妃を娶る必要があった。

第九章　ニニギ・イナヒ系天孫族の加羅から列島への東遷

⑤ 大倭地方王権を吸収することができた雄略天皇の出自
□雄略王朝と葛城王朝（大倭）は同時存在していた

　大倭王朝を終息させたのが雄略天皇であった。雄略即位4年2月、雄略が葛城山に狩りに行ったときに、一事主神に遭遇したエピソードがそれを物語っている。一事主神の一行が雄略の一行と同じ様相であったことは、雄略と葛城が同族であり、またともに王朝を構えていたことを意味する。葛城の王朝（大倭）は、正確に言えばホアカリ系天孫族の王朝であるのだが、葛城が王朝運営に大きな力を持っていたことは間違いない。

□雄略の出自はホアカリ系の拠点丹波に深く関係

　雄略は平和裏に、卑弥呼死後以降の丹波・葛城共同体の地方政権大倭王朝を、雄略自らの王朝に吸収したのである。そのようなことができた背景は、天孫族の「血の規律」という掟の存在が第一ではあるが、葛城をはじめとする大倭を構成する氏族たちとの婚姻によって、「五王」は大倭朝廷と既に深い関係を築いていたことにもよる。さらに、実はもう一点、雄略の出自に関係がありそうである。雄略即位22年7月に、丹波余社郡管川の瑞江浦嶋子（浦島太郎）が常世の国に行く話が載っている。これは雄略がこの時没したことを暗示しているが、着目すべきは地名である。雄略の死に場所が丹波であるということは、雄略は相当に丹波との関係が深い人間であったことを示唆している。おそらくは雄略の母は丹波出身で、しかも海部氏直系の姫であり、雄略は幼少・少年時代を丹波で過ごしたことが推察される。それは、大倭の人々にとって雄略はまさに身内のようなものであり、大倭王朝が雄略の王朝に吸収されてしまうことは残念至極ではあったものの、一方でさほどの抵抗感はなかったに違いない。

□ 雄略天皇が「二種」から「三種」の神器へ

　再度余談で既述のことではあるが、雄略天皇は三種の神器の一つである「八坂瓊の勾玉」、実際は「マナの壺」を丹波海部氏から召し上げて伊勢神宮外宮に移した。そのことにより皇位継承の神器は、それまでの「二種」から本来の「三種」に戻ったわけであるが、そのようなことができたのも、上述のような「雄略の生い立ち」が事実であれば理解できる。ただし、神器が儀礼上正式に「三種」となるのは、物部守屋の死以後のことのように思われる。

6 雄略天皇は大和朝廷の実質初代

　このように雄略天皇とは、ホアカリ系天孫族の大倭王朝を終焉させ、王都を河内から大和に移したニニギ系天孫族の大和朝廷の実質初代であり、三種の神器に象徴される日本列島における王権確立を完成させた、日本古代史では応神天皇に次ぐキーマンとなる天皇であった。

記紀が隠蔽する朝鮮半島出身の天皇の出自
1 記紀に隠蔽された雄略天皇の朝鮮半島の出自

　日本書紀の記録の中で、西暦475年からの動きで、倭国王が百済の王権に直接関与している箇所を、要約して以下に示す。

　［百済本紀］
　475年
　　高句麗の大軍が侵入して王城は敗れ、蓋歯王、大后、王子達は皆殺された。子の文周等は南（加羅＝倭国）に逃げた。
　［日本書紀］
　雄略即位21年春3月（475年）

第九章　ニニギ・イナヒ系天孫族の加羅から列島への東遷

　　天皇は百済が高句麗に敗れたと聞いて、久麻那利を汶州（文周）に与えて百済国を再興した。
雄略即位23年春4月
　　文斤王が死亡し、昆支王の第二子東城王を百済国王として即位させる。

□文斤王は実在せず

　記述の中で、文斤王という名の王は実在しない。これは文周王と次の三斤王の二人を一人で表現したものである。この二人の王は併せて三年という短期間の在位であった。

□昆支王も実在せず

　次に昆支王であるが、この名の王も実在しない。昆支は日本書紀に記述があるように、百済蓋鹵王の弟であり、かつ蓋鹵王の将軍であった。彼は王の命により倭王を助けるために列島に渡り、当時の都であった奈良に着いたときには五人の子があったと、日本書紀雄略記に記されている。昆支は雄略天皇である。日本書紀の雄略記に、安康を殺した眉輪王が円大臣の屋敷に逃げ込んだとき、雄略は「自ら"将軍"となって」捜索したという記述がある。ここで日本書紀は雄略が将軍であったことを示唆している。また、雄略が東城王を百済王に立てるとき、「東城王は五人の兄弟の内二番目である。」と、わざわざ兄弟数の説明を入れている。日本書紀は意図的に、昆支の子の数五人と東城王の兄弟の数五人とを一致させている。そして、昆支は倭国の王となったので、日本書紀は百済に実在しない「昆支王」という名称を創作した。昆支が雄略であるという根拠は、この他にも小林惠子氏が、その著書『興亡古代史』で詳細に挙げている。

余談であるが、この眉輪王の事件をもって葛城氏は没落し、その結果大倭王朝も終息する。どう見てもでき過ぎである。筆者には、安康殺害から葛城氏円大臣の家捜索まで、すべてが雄略によって一連として仕組まれていたように思える。雄略とは、すさまじい人物であったと推測できる。

2 天孫族支配の百済とゆかりのある天皇出自の隠蔽理由
□ 共にルーツが加羅国であった倭国・百済両国の王族
　日本書紀は、雄略天皇の出自が朝鮮半島にあることを隠蔽している。しかし、雄略に関する限りは、隠蔽しつつも筆者でさえ分かるほどに真実へのヒントを散りばめている。東城王の次の武寧王（501年即位）は、昆支が蓋歯王から戴いた妻が産んだ子である。東城王は雄略の実子であり、武寧王は雄略の甥であった。雄略天皇の時点で、百済王族は完璧にニニギ・イナヒ系天孫族であった。この事実を踏まえると、西暦663年8月の白村江の戦いで倭軍が敗退するまでの、倭国・百済両国王族の堅密過ぎる関係を、よく理解することができる。天智天皇をはじめとする多数の百済王族が、大和朝廷で天皇即位している。小林惠子氏は、「日本列島で生まれ育った天皇は、5人程度しかいなかった。」と、氏の著作の中で述べた。二十年以上も前のその書の出版当時、その論は日本古代史研究者や愛好家の間に衝撃と戦慄をもたらし、半信半疑の向きも多かった。しかしながら、大和王朝のルーツは加羅天孫族であったこと、さらに加羅天孫族は百済をも支配していたことを知れば、その事は当然の事として理解できる。

□ 朝鮮半島出自の隠蔽理由は日向祖地の「万世一系」
　そして、記紀はこれら朝鮮半島出自の天皇に関しては、そのこと

第九章　ニニギ・イナヒ系天孫族の加羅から列島への東遷

が分からないように隠蔽した。その理由は、決して「朝鮮」という地名に問題があったからではなく、天皇家に関して、日向を祖地とする「万世一系」を貫いたためである。記紀編纂時の天皇たちは「天武系」であった。「万世一系」は、出自の不確かな天武天皇が、自己を正当化するため編者に課した厳命であったと推察する。そのためには神武天皇をも偽って日向から奈良に東征させたし、奈良近辺ならまだしも、奈良からはほど遠い朝鮮半島出身などという、誰しもが血筋に疑問を持つような記述は、一切避ける他なかったのである。このことが日本史解明の大障害になってしまった。第六章第二節でも述べたが、再確認すべきは天孫族にとっての血筋の重さである。ヒゼキヤ王の純粋な血筋を維持することが、それほどまでに重い使命であったことを知ることなしに、日本古代史の深層を理解することはできないのである。

第十章　記紀の暗号 ── 歴史書に織り込まれた聖書の物語

第一節　暗号作成例

「いろは唄」

　第七章で既述のとおり、日本書紀は秦氏の歴史書であり、秦氏の信ずるものは旧約聖書と主イエスの教えである。古事記は旧約聖書を信ずる人々の歴史書であるが、内容の大筋を日本書紀に合わせるよう秦氏から強いられた。和歌や短歌にある「折句」という"隠れたメッセージ"を潜ませる手法と同様にして、秦氏は日本書紀という歴史書の中に"古代イスラエルの歴史"を潜ませた。

　秦氏のその手法を理解するために、まず「いろは唄」を例にとって説明する。最古の「いろは唄」は縦7文字毎に区切られていた。

ゐあやらよちい　　　　　ゐ　　　　い
ひさまむたりろ
もきけうれぬは
せゆふゐそるに
　めこのつをほ
　みえおねわへ
すしてくなかと　　　　　す

　「いろは唄」の暗号は、「いちよらやあゑ」「いゑす」「とがなくてしす」である。まず、「いちよら」の「ら」はラー、つまり「神」を示す。「いちよ ── IChiYo」は「インシャー」「イシヤ」「イシ

第十章　記紀の暗号 ― 歴史書に織り込まれた聖書の物語

ヨ ── ICiYo」で、「御心のままに」、そして「やあゑ」は旧約聖書の主ヤハウェである。「とかなくてしす」は「咎（または科）なくて死す」である。暗号全体の意味は、「神の御心のままに、主ヤハウェ＝イエス、何の咎めもなく死んだ。」であり、分かり易く言えば、「父なる神の御心のままに、神の子ヤハウェは、肉体を得て人間イエスとなっても、何の咎めもなく清らかなまま死んだ。」ということである。「神といえども、一度肉体を得れば辛苦や快楽などで少しくらい悪いことをしそうなものであるが、イエスは完璧に"清らかなまま"死んだ。」というメッセージである。47字を一字一度の使用だけで意味のあるメッセージを作るというだけでも奇跡に近いのに、さらにこれだけの暗号が込められている。いろは唄の暗号の内容からして、日本の仮名文字の創作者は「八咫烏（ヤタガラス）」であることがわかる。八咫烏の組織の総力をあげて作り上げたと推察する。

第二節　記紀の暗号 ── 記紀と旧約聖書の一致点

古事記と旧約聖書との一致内容

古事記	旧約聖書
［上巻］神代の物語	
天地の初め	創世記（天地の創造）
神世七代	創世記（天地の創造）
イザナギとイザナミの物語	創世記（アダムとイブ）
	ユダ族（獅子）とエフライム族（ユニコーン）との軋轢
天照、月読、スサノオ	神、主、聖霊
天の岩戸	※新約聖書　主イエスの死と復活

オホクニヌシの国造りと国譲り	
タケミナカタの抵抗	
天孫族の降臨	ヤコブとヨセフの話
［中巻］人代の物語	
神武東征	モーセとヨシュアのカナン征圧
第二〜第九代天皇	士師時代
ミマキイリヒコイニエ（崇神）	ダビデ王
イクメイリビコイサチ（垂仁）	ソロモン王
ヤマトタケル（景行）の西・東征	
オキナガタラシヒメ（神功皇后）	
ホムダワケ（応神）	
以下略	

日本書紀と旧約聖書との一致内容

日本書紀	旧約聖書
［神代の部］	
宇宙の初め	創世記（天地の創造）
神世七代	創世記（天地の創造）
二神の婚姻・国生み	アダムとイブ
	ユダ族とエフライム族との軋轢
神々の誕生	神、主、聖霊
うけいの勝負	
天岩屋戸	※新約聖書　イエスの死と復活
八岐大蛇	
高天原の使たち・国譲り	
高千穂峯・鹿葦津姫	ヤコブ
海幸山幸・豊玉姫	ヨセフ

第十章　記紀の暗号 — 歴史書に織り込まれた聖書の物語

系図	
［人皇の部］	
神武	モーセとヨシュアのカナン征圧
第二～第九代天皇	
崇神	
垂仁	
景行	士師時代
神功皇后	夫の仲哀はサウル王
応神	ダビデ王
以下略	

目次立てに着目した一致点

□目次立てで一目瞭然の旧約聖書が記紀のモデル

　古事記は全三巻、日本書紀は全三十巻から成り、目次立てがあるわけではない。目次立ては訳者毎に異なるが、一訳者の目次立てを抜粋で使わせて頂き、それと旧約聖書の目次立てとの比較を見れば、記紀が旧約聖書をモデルとして書かれたものであることは、一目瞭然である。

□西暦三世紀以前のことは古事記中心に解読すべき

　日本書紀の編者である秦氏は、三世紀以前のことについては実経験上の知識はなく、日本書紀の記述に関し、旧約聖書に頼らざるを得なかった。一方、古事記の編纂者である海部氏は、一応最初から編纂時までのことは知っていた。ゆえに、三世紀以前のことについては、古事記を中心に解読しなければならないということを、先ず心得るべきである。

□日本書紀編纂派優位の記紀編纂

　古事記の編纂者は、イエス・キリストに関する情報は、実体験として何も知らなかった。記紀編纂時の力関係は、古事記編纂派（天孫族傍流ホアカリ系）は日本書紀編纂派（天孫族主流ニニギ系）に面と向かって抗うことはできず、日本書紀の要求を黙って受け容れるか、あるいは少しだけ交渉できる程度であった。そもそも、旧約聖書の目次立てを中心に大和国の歴史書を書き上げる構想を立てたのは、日本書紀編纂派であり、古事記編纂派は、そのことからして既に飲み込まれていたのである。

□古事記編纂派が通した自己主張

　古事記編纂派が精一杯交渉して得た成果が、「天の岩戸」を古事記に受け容れる見返りとして「出雲の国譲り」を書紀にも挿入することであった。さらに、日本書紀編纂派にとって重要なダビデ王の位置を占める天皇は、イエスを受け容れた応神であったが、古事記編纂派にとって重要な天皇は「神の道」オリジナル派の崇神であり、この点に関しては、崇神天皇をダビデ王の位置に置いて自己主張を貫いた。

□ホアカリ系の最大反発は「天の岩戸」受け容れ

　古事記を編纂したことになっている太安万侶は、安万侶だけでなく、太氏一族が仲間の袋叩きにあって没落してしまうが、それは通説のように、古事記の中での個々の氏族の取り扱いが問題視されたためだけではない。ホアカリ系天孫族が、イエスの死と復活を内容とする「天の岩戸」話を、主ヤハウェを神と仰ぐ「神の道」オリジナル派の古事記に、載せることを許すまでに妥協してしまった。そのことに対する激しい反発によるものと推察される。

第十章 記紀の暗号 — 歴史書に織り込まれた聖書の物語

登場人物に着目した一致点

　記紀と旧約聖書の物語が一致しているということは、当然のこととして、それぞれの登場人物についても一致が見られるということである。その関係性を系図的な表記で以下に示す。

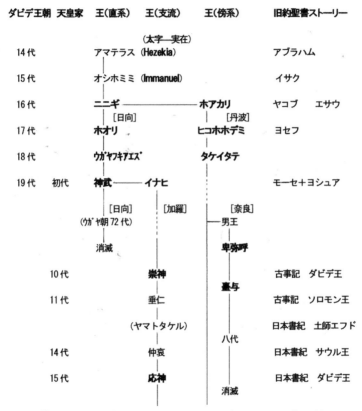

第32図　天孫族系図に基づく記紀と聖書との登場人物比較

第三節　記紀と聖書との具体的な一致内容

天地の初めから神々の誕生まで
① 記紀の三神は聖書の神・主・聖霊に対応

　旧約聖書冒頭の創世記の「天地の創造」を、記紀では「天地の初め」、「神世七代」、「二神の婚姻」で表現し、さらにこれに日本国土の形成を付加している。聖書では読み手にとって神は既知の存在であり、取り立てて神の現出のような記述はないが、本文の中で神・主・聖霊の三神が登場している。一方、古事記では、天之御中主神、高御産巣日神、神産巣日神の三神プラス宇摩志阿斯訶備比古遅、天之常立神の二神が先ず定義されている。これは、神社の三神プラス狛犬二頭を意味している。また日本書紀では、国常立尊、国狭槌尊、豊斟渟尊の三神が現れている。記紀の三神は、旧約聖書の神・主・聖霊に一対一で対応している。

② 神道も建物・鳥居は聖書の三神に対応

　神社は現在一棟であるが、記紀成立以前は三棟から成っていた。伊勢神宮もかつては本宮・内宮・外宮の三宮から成り、各宮はそれぞれ三神を意味する三棟を持ち、婚姻の際にはこれら全ての棟（神）に誓う意味合いで、三×三＝九度の杯が交わされた。ちなみに、鳥居についても、かつては一つではなく三つ存在した。多くの場合、三つが三角形に組まれていたが、横並びに三つとし、神に相当する真ん中だけが大きく作られていた。今でも奈良の大神神社はそのスタイルを保っている。ちなみに、仏教伽藍も本堂、金堂、仏舎利塔が旧約聖書の三神に対応していた。

第十章　記紀の暗号 ― 歴史書に織り込まれた聖書の物語

③ 神道の「二」は聖書の神・主に対応

　伊勢神宮の三宮から二宮への減少は、物部氏の正祭祀職からの失脚に起因する。また、現在の神社への参拝作法は、三回ではなく二回の拝礼と二回の手打ちであるが、二回は聖書の神・主に対応している。これは、神の道イエス派の秦氏神道の作法が一般化したためである。ちなみに、「手打ち」は古代ヘブライ人にとっては「契約」を意味した。今日、多くの参拝者はただ儀礼的に神社での手打ちを行っているようであるが、実は意味は重大なのである。参拝で口ずさんだ言葉について神と主に契約をするということであり、使う言葉にはそれなりの覚悟が求められている。

④ 神世七代は聖書の七日間の地球創造に対応

　神世七代は旧約聖書の神による七日間での地球創造に対応している。

　第一日目
　　聖書　　　初めに、神は天地を創造された。
　　　　　　「光あれ。」光を昼と呼び、闇を夜と呼ばれた。
　　古事記　　國之常立神
　　日本書紀　国常立尊
　第二日目
　　聖書　　　「水の中に大空あれ。水と水を分けよ。」水は大空の下と大空の上に分けさせられた。神は大空を天と呼ばれた。
　　古事記　　豊雲野神
　　日本書紀　国狭槌尊

第三日目
    聖書　　　　「地は草を芽生えさせよ。」種を持つ草と、種を持つ実を持つ果樹を芽生えさせた。
    古事記　　　宇比地迩神、妹須比智迩神
    日本書紀　　豊斟淳神

第四日目
    聖書　　　　神は二つの光るものと星をつくり、大きな方に昼を治めさせ、小さな方に夜を治めさせた。季節・日・年の徴とした。
    古事記　　　角杙神、妹活杙神
    日本書紀　　埿土煮尊、沙土煮尊

第五日目
    聖書　　　　「生き物が水の中に群がれ。鳥は地の上、天の大空の面を飛べ」
    古事記　　　意富斗能地神、妹大斗之辨神
    日本書紀　　大戸道尊、大苫辺尊

第六日目
    聖書　　　　「地は、家畜、地を這うもの、獣をそれぞれに産み出せ。」
　　　　　　　「我々にかたどり、我々に似せて、人を造ろう。」
    古事記　　　於母陀流神、妹阿夜訶志古泥神
    日本書紀　　面足尊、惶根尊

第七日目
    聖書　　　　神はすべての創造の仕事を離れ、安息なさった。
    古事記　　　伊邪那岐神、妹伊邪那美神
    日本書紀　　伊弉諾尊、伊弉冉尊

第十章　記紀の暗号 ― 歴史書に織り込まれた聖書の物語

　古事記では、三神とは別の神を設けて七日間を設定している。日本書紀では三神を含めて七日間としている。第五日目以降は、記紀で使われている漢字は異なるが、音は古事記と日本書紀の間でほぼ一致している。それは、記紀の間で何らかの疎通があったことを意味している。古事記で使われている漢字で、例えば第二日目の豊雲野神の「雲」などは、聖書の「空」の誕生と一致しているように見える。また第四日目の「杙」は木の芽であるから、聖書の第三日目の内容と符合する。その他、日をずらせば「地」「土」「泥」「流」の字から聖書との一致を感じることができるが、筆者の判読能力ではそこまでである。漢字だけでなく、ヘブライ語の知識も解読に求められているのかもしれない。

　聖書で神が安息された第七日目に、記紀ではアダムとイブに相当する二神を誕生させ、日本列島を誕生させている。

天の岩戸
1 聖書のイエスの死と復活話の大要

　日本書紀の編纂者の秦氏にとって、主イエスの教えを、"囲われていない羊"であるヘブライ民族に普及することが使命であったため、主イエスの死と復活の話は、必ず日本の歴史書の中に載せる必要があった。新約聖書では、マタイ、マルコ、ルカ、ヨハネの福音書のそれぞれで登場人物が少しずつ異なってくるが、イエスの死と復活の話の大要は、「イエスは朝9時に十字架に架けられ、12時から全地に暗闇が訪れ、それは3時まで続いた。午後3時にイエスは声を出して亡くなり、イエスの隠れ弟子のヨセフが遺体を引き取り、墓に納めた。二晩過ぎた朝にマグダラのマリアが墓に行くと、墓の入り口に蓋をしてあった大きな石が既に除けられ、開いている墓の中にイエスの姿はなく、天使二人がイエスの復活をマリアに告

げた。」ということである。

2 イエスの死と復活話を骨格に装飾された天の岩戸話

イエスはアマテラスであり、マグダラのマリアはアメノウズメであり、二人の天使は天児屋命と太玉命に手力雄神を加えて三人とした。アマテラスが天岩屋に入り、岩戸をぴったり閉めて閉じこもると、天地四方は黒暗々の闇となり、昼と夜との区別もなくなった。これは聖書では、イエスが磔にされ、死ぬ直前に起きている出来事と同じである。また、マグダラのマリアはイエスの妻と言われた人であり、元は娼婦であった。対応するアメノウズメが乳房を露出して淫らな格好で踊るのも、"娼婦"を暗示させている。「ウズメ」とは「ウズ女」さらに「ユズ女」であり、「イエスの女」という意味である。ウズメは後に猿田彦と結ばれて「猿女」となるが、その猿田彦との出会いの際にも、ウズメは胸を露にしている。猿田彦は、ホアカリ系天孫族の神である太陽神ヤハウェの化身であり、猿田彦のウズメとの婚姻は、「神の道・オリジナル派」の「神の道・イエス派」への恭順を示している。主ヤハウェがヘブライ人を救うために、人間界に降りてきて人間イエスになったので、ウズメはヤハウェとイエス、同一神に対して二度淫らな姿を見せたことになる。

記紀ともに、「常世の長鳴鳥である鶏を集めてきて、長鳴きさせた。」という記述があるが、これは聖書ではイエスが死刑になる前の出来事で、イエスの一番弟子であるペトロが「イエスを知らない」と三度嘘をつく場面で、鶏が嘘にあわせて三度鳴いている。この鶏は、天皇陛下の大嘗祭でも登場する。

第十章　記紀の暗号 ― 歴史書に織り込まれた聖書の物語

天孫族の降臨 ── ニニギ
1 旧約聖書記述の大要

　アブラハムの孫、イサクの子のヤコブには、相続予定の兄エサウがいたが、母リベカの計略により夫イサクを騙し、イサクが弓と矢筒を持たせてエサウを狩りに行かせた隙を突いて、ヤコブに相続の祝福を与えてしまう。怒ったエサウがヤコブ殺害を意図したため、リベカはヤコブを遠く離れたリベカの兄ラパンの所、パダン・アラムに逃す。そこでヤコブは美しいラパンの娘ラケルと出会い、結婚を申し込む。ラパンはヤコブを騙し、結婚式の時に妹ラケルと入れ換えて、醜女の姉レアをヤコブに娶らせてしまう。ヤコブは抗議をしたが受け容れられず、7年後にラケルも娶ることになる。レアにはルベン、シメオン、レビ、ユダ、イサカル、ゼブルンが生まれ、ラケルにはヨセフとベニヤミンが生まれた。さらに、二人の召使にはダンとナフタリそしてガドとアシェルが生まれた。合計十二人の子が、最初のイスラエル十二部族となる。ヤコブは不誠実なラパンを見限って、全財産を持ってラパンの家を脱出する。カナンに帰る途中でラパンに追い着かれるが、和解した。カナンに帰れば、そこには兄のエサウがいる。ヤコブはエサウの復讐を非常に怖れ、ヤコブ家の全滅を避けるために家族を二つに分けてから、エサウに会う準備をした。その夜ヤコブは、目に見えない天使と夜明けまで格闘した。天使は、「神と戦って勝つ」という意味の「イスラエル」という称号を、ヤコブに与えた。ヤコブは兄エサウに再会したが、兄は弟を素直に歓迎しただけで、悪いことは何事も起こらなかった。エサウは父母の土地をヤコブに譲り、自らはセイルの山地に移り、後のエドム人となった。

2 記紀記述の大要

　記紀では、ニニギは降臨地の日向に留まらず、遠く離れた辺鄙な笠沙に行き、オオヤマツミノ神の娘の木花開耶姫を娶ろうとする。木花開耶姫には醜女の姉の磐長姫がおり、オオヤマツミノ神は姉妹でニニギに娶らせようとするが、ニニギは姉を拒絶する。木花開耶姫は一夜で妊娠し、三人の子を産んだ。その後久しくしてからニニギはこの世を去り、日向の御陵に葬られた。

　古事記では、ニニギには兄のホアカリがいる。ヤコブに兄エサウがいたことに対応している。国宝の海部氏の系図によれば、ニニギが長男でホアカリは三男になっている。古事記では、聖書に合わせるために兄弟の順は入れ換えられた。

3 旧約聖書と記紀記述との比較

　旧約聖書と記紀を照らし合わせてみると、「ニニギは天皇家の初めの人であり、ヤコブもイスラエル十二部族の初めの人である。」という点で一致している。さらに、ニニギもヤコブも本拠地を離れた先で結婚し、しかも相手は醜女の姉と美女の妹という関係も一緒である。また、ニニギは死んでからであるが、ともに本拠地に戻り、そこに埋葬されている。

　余談ながら、記紀では国譲りや神武東征の話で「弓と矢筒」が登場するが、これはイサクがエサウに弓と矢筒を持たせたことが話種となっている。

天孫族の降臨 —— 山幸彦（ホオリ）・海幸彦
1 旧約聖書記述の大要

　聖書の順で言えば、ヤコブの次はヨセフである。ヨセフは年寄り子であったため、父ヤコブはヨセフを溺愛し、ヨセフは兄たちに嫉

第十章　記紀の暗号 ― 歴史書に織り込まれた聖書の物語

妬されることとなった。ある時ヨセフは、羊の世話をしている兄たちに合流した時に、ヨセフを嫌う兄たちに身包み剝がされ、穴に投げ込まれてしまった。それを見つけたミディアン人の商人にヨセフは売りとばされ、ヨセフの身はエジプトの宮廷の侍従長の所有となった。ヨセフはそこで頭角を現し、侍従長の家の一切を任されるようになる。侍従長の妻が美男子であったヨセフに言い寄るが、ヨセフは頑なに拒否をしたため、彼女はヨセフをおとしめて監獄に送り込んでしまう。ヨセフは監獄にあっても周囲の信頼を得て、監獄のことを任されるようになった。ある時、囚人二人の今後についての夢見をして的中し、それがファラオの耳に伝わり、ファラオが見た変な夢の夢解きをヨセフが行った。「７年の豊作に続く７年の飢饉」を言い当て、ヨセフはファラオから宮廷の責任者に任命され、さらに祭祀の娘を妻として与えられた。そして、飢饉が来る前にヨセフはマナセとエフライムの二子を得た。飢饉はイスラエルにも訪れ、ヤコブの兄たちはカナンの地からエジプトまで食料の買い出しに来て、宮廷責任者たるヨセフに会うが、兄たちはそれがヨセフであると気付かない。ヨセフは策略を巡らし、カナンで留守番していた弟ベニヤミンまでエジプトに連れてこさせ、兄たちを懲らしめた挙句に真実を打ち明け、兄弟全員の再会を果たす。兄たちはヨセフに従い、エジプトのラムセス地方でヨセフとともに暮らした。ヨセフの父ヤコブもこれに合流した。ヤコブは、ヨセフの二人の息子を、ヨセフの代わりに正式に部族として加え、部族数を十三部族とした。そのうちレビ族を祭祀専門部族として位置づけ、他の十二部族全てに分散させてレビ族を部族数から外し、新たなイスラエル十二部族が発足した。

2 旧約聖書と記紀記述との比較

　記紀においても、ホオリは兄が原因で海神の宮に行く羽目になり、そこで海神の娘と結婚する。ホオリは、結局は兄を懲らしめ、兄は弟の下に付くことになる。筋立ての大要は聖書と一緒である。細部についても一致がある。ヨセフは羊の世話をしている兄たちを捜すときに「一人の人」に出会い、兄たちの消息を尋ねている。ホオリも、釣り針を探しに行く際に「塩土の爺」に出会い、相談に乗ってもらって世話になっている。日本書紀では、ここで一つの細工をしている。「塩土の爺は、竹を細かい目に編んだ無目籠を作り、ホオリ（日本書紀ではヒコホホデミ）をその中に入れて海の中に沈め、海神の宮に至った。一人の美人が現れて、泉の水を汲もうとした。」とあるが、これはモーセが赤子の時に籠に入れられて川に流され、川沿いにあったエジプト宮殿の王女と出会った話のコピーである。

神武から仲哀までの判読の注意点

　神武から仲哀に至る部分については、故ヨセフ・アイデルバーグ氏がその著書で類似点をまとめているので、それをベースにさせて頂き、以下に具体的な類似点を例示した。なお、応神については聖書との類似点は見出せなかった。

　判読の注意点として先ず、言葉の比較をするときは字の訓にとらわれてはならない。昔は「音」しかなかったのである。さらに、一般的に言葉が時間の経過や他民族に伝わっていく場合、母音は次々と変わっていくが子音は多くの場合残る。さらに、島国に共通することであるが、日本の場合は濁点や撥音が清音化するという特徴を持っていることに留意されたい。また、奈良時代に多くの「ラ」音が外れ、「カ (kha)」行から「ハ (ha)」行への変換も多く起きた。

第十章　記紀の暗号 ― 歴史書に織り込まれた聖書の物語

たとえばチンギスカーンからチンギスハンのように、である。

神武とモーセ・ヨシュア

■神武はそほりの東「葦原の国」に向けて旅立つ。

　□モーセは「カナン」に向けて旅立つ。

「カナン」はヘブライ語で「カヌ・ナ ― CNNE-NAA」＝「葦原」を意味する。またカナンは「サハラの東」にある。「SoHoRi」と「SaHaRa」は子音が一致する。

■葦原へは「キノエトラ」の年に旅立った。

　□モーセのカナンへの旅の1年目に「トラを授かった」。

　ヘブライ語で「取得」は「KNiYa」である。母音を外すと「キノエ」に通ずる。「キノエトラ」も「トラを授かる」という意味になる。

■神武は生駒での戦いに破れ、「大きく迂回し海を渡って」葦原の国に攻め込む。

　□モーセはアマレク人とカナン人との戦いを避け、向きを変え、葦の海の道を通って、荒れ野に向けて出発し、ヨルダン川を渡ってカナンに攻め込む。

　既述のように、ヘブライ人は敵攻略時に、カナン征服時のモーセの故事を、ゲンを担ぐように守り続けた。

■神武はソウフ SouFu 地方を通り、穴居族タダ TaDa 族と遭遇。

　□モーセの一行は、葦の海（ヤム・サフ SaFu）を通って、穴居族テダ TeDa 族と遭遇した。

　固有名詞の子音が一致している。

■長髄彦との屈辱的な敗戦の後、新たな戦法を考え出した。最強の兵士達を後方に待ち伏せさせ、弱そうな一隊を正面から向かわせ、磯城の軍を戦場におびき出した。待ち伏せた最強の軍は隠れ場所か

ら出て敵を囲み、磯城を殺し、敵を殲滅させた。
　□アイの滅亡 ── ヨシュアはアイの裏手に伏兵を置き、残り全軍を持ってアイを攻め、アイの軍が迎え撃って出たときに退却し、そのとき伏兵がアイを占領してアイの軍を挟み撃ちにし、アイ軍を全滅させた。アイの王を木にかけて殺した。
　戦法の細部までが一致している。
■磯城との戦いの後、長髄彦との戦いで決定的な勝利を得られなかったが、激戦中に雹が降り、空には稲妻が走り、敵の目をくらませ、ようやく勝利した。
　□ヨシュアが五人の王との激戦中に神が大粒の雹を降らし、ヨシュアは勝利した。「イスラエルの人々が剣を持って殺したものよりも、雹に打たれて死んだほうが多かった。」
　神武東征のクライマックスとなる場面であるが、まったく同じ話が聖書に書かれている。
■神武の先遣隊は荒野を抜け出して宇陀（UDa）の村に着いた。
　□ヨシュアは五人の王との戦いの後、重要な町ラキッシュを攻撃して手中に収めた。ラキッシュはユダ（yUDa）村にあった。
　固有名詞の音が一致している。「y音」は、五十音発音言語ではしばしば抜け落ちた。
■葦原の国を得て7年後、神武は一月の一の日に新居を建立し、それは神の宮でもあった。
　□ダビデ発案の神殿をソロモンが一月一日に完成させた。
　モーセの話ではないが、記紀と聖書との内容一致ではある。
■葦原の国を制圧して31年目に、神武天皇は山に登り神が子孫に与えた国を見回した。神武天皇は民が祖先の地に安住するのを見届けつつ、百二十七歳で亡くなり、葬られた。
　□カナンに向けて旅立った40年後、モーセは山に登り神が子孫

に与えた国を見回した。モーセはそこで百二十歳で亡くなり、秘密の場所に葬られた。

年数や年齢の数字は異なるものの、大要は一致している。

崇神とダビデ

■崇神天皇の御世に悪疫が３年続き、人口の半数が死んだ。崇神が大物主神の声を聞くと「疫病の流行は、神自身が起こした。」と告げられる。

　□ダビデ王の時代に三日間の疫病があり、７万人が死んだ。神がダビデに彼の贖罪方法の選択をせまり、神自身がこの疫病を起こした。

■崇神天皇は疫病流行の責任を感じ、大物主神に罰を申し立て、「フトマニ」占いを行った。

　□ダビデ王は人口調査実施に呵責を感じ、預言者ガドを通じて罰の願い立てをした。

■「フトマニ」占いの後、大物主神は崇神天皇に「自分の子孫であるオオタタネコノミコトを神官として祀れば、この祟りも鎮まる。」と告げられた。

　□ダビデが主のための祭壇をエブス人アラウナの麦打ち場に築けば、疫病は収まると預言された。

■崇神天皇の軍はイドミ（YiDoMi）の山城（前後入れ替えでシロヤマ）で戦った。

　□ダビデ王の軍はエドム（YeDoMu）のシア山（シアヤマ）で戦った。

■崇神天皇は、列島各地の征服や反乱を鎮めるため、頻繁に征討軍を手配した。

　□ダビデ王は異民族の征服や反乱を抑えるため、休む間もなく征

討軍を率いて対処した。

垂仁とソロモン
- 垂仁天皇は最初の神宮を伊勢（ISe）に建てた。
  - ソロモン王は最初の神殿をイウス（IuSu、今のエルサレム）に建てた。
- 垂仁天皇は武器を神に捧げる習わしをつくった最初の天皇。
  - ソロモン王は「三百の金の盾をつくりレバノンの森の聖所に収めた」。
- 垂仁天皇は灌漑用にため池をたくさん作った。
  - ソロモン王は森や木々を潤すためにたくさんの池を作った。
- 垂仁天皇は、久米の村に穀倉を作った。
  - ソロモン王は、ハマトに穀倉を作った。
- 垂仁天皇は「神の道を奉ずればその命は長らえる。」と御宣託を受けた。
  - ソロモン王は「神を敬えば汝の命は長らうであろう。」と告げられた。

景行（ヤマトタケル）と土師時代
- ヤマトタケルは童女に扮し、衣の下に剣を隠し熊襲（KuMaSo）の首領を刺した。
  - 土師エホデが衣の下に剣を隠しケモシ（KeMoSi）人の首領を殺した。
- ヤマトタケルは伊吹（YiBuKi）の山で残忍な神々を探した。
  - 旧約聖書には「ヤボク（YaBoKu）近辺の高い山々」の記述がある。
- 熊襲（KMS）はノボ（NoBo）の荒野でヤマトタケルと戦い勝利

し、ヤマトタケルは死んだ。
　□ケモシ（KMS）人はネボ（NeBo）の荒野でイスラエルと戦い、ついにネボを取った。

仲哀とサウル
- 仲哀天皇は背丈が3mもあった大男であった。
　□サウル王は、誰よりも背が高かった。
- 仲哀天皇は熊襲と戦い、矢が当たった。
　□サウル王はヒリシテ人と戦い、矢が当たった。
- 仲哀天皇はアナトの地に葬られた。
　□サウル王はベニヤミン族の地に葬られた。その地にアナトットの地名がある。

終章 補　　足

第一節　日本列島形成と考古学

日本列島形成過程と考古学考証

　古代の痕跡を掘り起こす考古学の考証は、日本列島の現在位置と地形に基づいて行われている。ところが、筆者の日本列島の形成論では、たとえば現在北緯40度に位置する三内丸山遺跡は、紀元前は北緯15度くらいの所に位置したのであるから、気候及び植生やら主食やらが現在考証の想定外の状況にあったことになる。そこで、日本列島形成という視点から、考古学に必要な視点を検証してみたい。

1 地形変化の影響
□かつてはなだらかな地形であった日本列島

　日本列島が北西方向に押し上げられる前、さらにその前の日本列島東西二島が合体する以前について、日本列島が立体的に実際どのような姿をしていたのか、筆者にも実はよくわからない部分がある。それは、東西二島合体時のさらにそれ以前の動きがよくわからないためである。そもそも、日本列島を構成した島々が、どの大陸のどの部分から、どのようにして分離されたのか、日本列島のルーツを想定することができないでいる。紀元前の日本列島の姿から、日本列島はフィリピン諸島と一体であったことの推定はできるが、それ以上の推測は難しい。しかし、確実に言える事は、流体から形成されたという地球誕生の地学的見地から、現在とは様変わりになだらかな地形をしていたことである。時代を問わず、紀元前に

日本列島に渡来した民族は、山地列島とも呼べる現在の状況とは比べようがないほどの、なだらかな地形の上に住み着いたのである。

□列島移動後の雨水侵食によって失われた多くの遺跡

ところが第一章で既述のように、東西二島合体のときには糸魚川 ― 静岡構造線の両側南北に高峰がそびえ立ち、押し上げの際には列島中が山だらけになってしまった。新しく山となった地域は、隆起をきっかけとして侵食が始まり、列島移動前の人々の居住の痕跡の多くは雨水の流れとともに消え去ってしまった。元の沿岸部の低平地地域も押し上げの際の隆起で、少なくとも標高20ｍ以上の小高い丘や台地に変貌した。

□土砂堆積の影響と堆積前の海岸線の位置

さらに考慮すべきは、土砂の堆積である。川の大小を問わず川筋に当たるようなところは、約1600〜1700年間に及ぶ堆積の繰り返しで、遺跡はたとえ無事に生き残ったとしても地中深くに取り残されることとなり、考古学的な発見は非常に困難になった。堆積で同時に考慮すべきは、海岸線の位置である。日本列島が現在位置に定着した西暦350〜400年頃の海岸線は、山地形成直後の土砂堆積が始まった当初であり、今では信じることができないほど内側深くに存在した。関東平野については次項の「弥生遺跡の分布」で詳述するが、それは他の平野についても同様である。ただ、海流の影響でできた海岸線の洲については、かなり早い時期に形成されたと考えて良い。たとえば千葉の九十九里浜であるが、「九十九」は「百マイナス一＝白」を意味し、隠れた名は「白浜」である。このような命名の仕方は安倍晴明の頃行われたので、平安時代以前に九十九里浜は形成されていたと判断できる。話がそれるが、千葉には「勝

浦」の地名もある。和歌山と千葉には地名の共通性が見られ、何やら両地はそのルーツで深い関わりがありそうである。

2 緯度変化の影響
□ 地球小回転の影響

縄文から弥生に時代が入れ替わる頃に当たる紀元前701年に、地球小回転が起きた。日本列島への影響は、緯度が5度くらい上がった程度のもので、地球儀で見る位置関係にはさほどの影響はなかったものの、第一章で述べたように、このときから四季が始まったことは、考古学分析での考慮が必要である。

□ 日本列島押し上げによる緯度変化の影響

再び三内丸山遺跡の例を持ち出すが、三内丸山の緯度は、西暦100年から400年の僅か300年の間に、北緯20度近辺から北緯40度まで上がってしまった。こうなると、主食や農作物などの関係以上に、居住民が冬の大雪と極寒に耐えることができなかったことが、容易に想定できる。しかも、冬季の食料の絶対量確保も困難であったろう。三内丸山集落の終焉理由は定かではないようであるが、遺跡の年代測定の数値を無視すれば、人々はこの300年の間に土地を去り、新天地を求めたと考えることが自然である。三内丸山に限らず日本列島の降雪地域では、羊毛や革製衣類の文化を持たなかった部族民は、この頃にそれぞれの土地を去らざるを得なかったことであろう。

3 方角
□ 春分と秋分

中米のピラミッドの階段日陰で詳述したが、古代遺跡の考古学分

析で、春分の日と秋分の日だけに起きる現象がある。記憶が定かではないが、日本でもストーンサークルか何かの分析記述で拝見したような気がする。それは第一章で述べたが、地球小回転以後に発生した現象であり、それ以前は毎日見ることができた光景であった。春分の日と秋分の日だけに限定される構造物が存在すれば、少なくともその構造物は紀元前701年以前に構築されたと判断できる。

□列島押し上げ時の約90度の方角変化

　大湯のストーンサークルの解説書では、その方角は現在の東西南北とピタリと一致するような記述があり、筆者が三十数年も前にそれを読んだときは強い説得力を持っていたが、現在では非常に奇異に感ずる。西暦100年から400年にかけての日本列島押し上げ時に列島の方角は約90度ずれてしまい、現在の東西南北はかつての北南西東であった。遺跡の方角関連については再検証が必要で、もし現在の東西南北がそのまま当てはまるようであれば、その遺跡の年代は西暦350年以前に遡ることはない。

④ 海流

□大陸北方から日本列島へ

　日本列島への渡来は船しか方法がなく、渡航の事情によっては満足な船も得られず、渡来は列島をめぐる海流の事情に大きく左右されたと推測する。第一章の第1図と第四章の第20図を参照して頂きたい。大陸から列島に渡る際の海流は、列島押し上げの前後で大分事情が異なっている。とりわけ、西暦300年前後を境に親潮の流れが大きく変わり、北海道を除けば大陸北方からの渡来は、朝鮮半島を経由せずには困難になった。

□ 大陸南方から日本列島へ

　日本列島の位置変化は、同時に南方からの渡来にも影響した。かつては舟行の進路を塞ぐように横たわっていた日本列島が、大陸沿いに平行となるように位置するようになったため、黒潮に乗って日本列島を目指しても、日本列島の傍らを通り過ぎてしまう危険性が大となった。また、日本列島の緯度が上がってしまうことにより、南方からの渡航距離が著しく延び、その点からもトンキン湾などの南方からの渡航は困難となった。

弥生遺跡の分布

　考古学の専門家が、関東平野の弥生遺跡の分布に関して、遺跡が現在の低地では発見されないことについて、強い疑問を持っていることをネット記事で知った。その理由は、低地は早くから住宅建設などにより市街地開発が進んだため、遺跡が潰されてしまったことに因ると推定している。しかし、そのような例は、江戸時代に既に市街地であったような場合に限られることである。明治以降で遺跡を潰すような大規模な公共事業があれば、もし遺跡が発見されていれば何らかの記録が残る。一旦遺跡が発見されれば家伝なり地域伝承として、後世にも伝わっていくものである。また、遺跡を潰すほどに土を掘り起こして工事をするようになったのは、歴史的には新しいことである。低地に弥生遺跡を発見できない理由は、全く別のところにあった。

1 縄文と弥生は時代関係ではなく民族区分

　本論に入る前に、弥生時代そのものについて論じる必要がある。筆者が学生時代に習った弥生時代とは、縄文時代に続く紀元前後から古墳時代にかけての短い期間であったが、現在のそれは学会でも

確定はしていないものの、紀元前千年頃前まで遡っているので、まさに驚きである。こうなると、石器時代はともかくとしても、縄文時代の定義は根本から揺らぎ、縄文と弥生の区分を時代で分けることの意義をもはや失ってしまっている。縄文と弥生は時代ではなく、民族区分にせざるを得なくなる。

2 弥生人とは日本列島に渡来した古代ヘブライ人

　筆者が自信を持って言えることは、稲作と高床式住居が特徴の弥生人とは、日本列島に渡来した古代ヘブライ人である。それには大別すると、天孫族と倭族の二種類がある。厳密に言えば、他にも朝鮮半島を追われて日本列島に到達した夫余人を中心とする朝鮮半島人がおり、彼らもその多くはヘブライ人であった。

□倭族第一波

　三内丸山遺跡は、高床式の倉庫、大型の竪穴式建築物の他に、一部稲作も行われていたとの記事をかつて読んだ。そのことが確かであれば、紀元前1600〜1550年頃に揚子江流域に住み着いた倭族と一致点が数多く見られる。黄河沿いに住み着いた倭族は、栗栽培も行っていた。第四章第二節で示した紀元前1600年頃の古代ヘブライ人の移動を示した第20図をご覧頂ければ分かるが、エジプトを逃れた古代ヘブライ人で揚子江流域に至らず、南のフォン川（紅川）や北のアムール川を下って太平洋岸に至り、さらに洋行した場合を考えると、潮の流れはどちらの場合も日本列島に舟行できる状態になっていた。三内丸山遺跡の年代測定が正しいものであるならば、筆者にはこの想定しか成し得ない。

□タルシシュ船団関連

　ソロモン王即位の紀元前965年頃から始まった、鉄資源採掘目的派遣のタルシシュ船団が、九州の宇佐の地にも確実に到来し、そこに古代ヘブライ人が住み着いた。日本列島の他の地で同様の事例があるのかどうかについては、定かではない。

□天孫族

　天孫族は天孫降臨の紀元前660年から、日向地域と丹波地域を中心に住み着いた。彼らは数十年後に、朝鮮半島南部にも分散居住を始めた。これらは小部族の場合とは異なり王家の渡来であり、王宮と都を築くほどの大規模な建設が行われたので、通常の弥生遺跡群とは区別される。

□倭族第二波

　紀元前600年代以降、イスラエル十部族で、インド・中国南部経由で海路日本列島に至った部族が存在し得た。その代表格が葛木氏と目される。倭の奴国と同時に金印を受けた中国南部の倭族である滇国の成立時期が、紀元前625年頃と年代測定されている。大陸に留まらずに列島に渡来した部族があれば、時期的には一致する。列島での到達地は西島の太平洋側が有力であるが、当時の潮流を考慮すれば東島の太平洋側も十分に可能性がある。尾張氏が倭族であれば、この時期の渡来が有力である。

□倭族第三波

　中国揚子江河川域に存在した、紀元前17〜16世紀にエジプトを逃れたイスラエル人ルーツの倭族国家の越、古蜀、巴などが、紀元前334年から316年にかけて次々と滅び、歴史の舞台から忽然と消

終章　補足

えた。彼らの一部は揚子江を下り、そのまま海を東行して、同胞と言ってよいヘブライ人天孫族が支配する、押し上げ移動前の日本列島に至った、と考えることができる。その場合、行き着く先の可能性の高い場所は、現在の九州南部・西部地域である。彼らは揚子江時代と同じ感覚で住み着いたと考えることができるため、大きな集団を成し、高い塀と堀を巡らすような居所を厳重に防護するような遺跡は、彼らの居住痕跡であると想定できる。

□倭族第四波

紀元前100年前後に、漢の武帝が中国西南部の倭族国家を次々と滅ぼした。彼らは紅川一本でトンキン湾に抜け、そこから船で日本列島に渡来したと推測できる。当時の日本列島の地形から、日本列島南岸沿いで、西島だけでなく東島方面にも渡来した可能性がある。彼らは第二波同様のインド・中国西南部経由のイスラエル十部族主体であるため、渡来第三波の揚子江倭族とは文化がかなり異なる部分がある。

□倭族第五波

西暦286年に鮮卑慕容氏に朝鮮半島を追われた夫余人が、西は出雲や岡山周辺、東は東海から関東にかけて住み着いた。彼らは遼河文明の影響を受け、主に竪穴式住居を利用したようである。一般的に弥生人としてイメージされている図柄は、彼らを描いている場合が多い。

□その他の渡来

この他にも弥生時代と呼ばれる時代区分の中には、後述する紀元前473年の呉国難民の筑紫到来など、古代ヘブライ人に限らない、

大陸から逃れてきた難民的色彩の強い人々の列島渡来が数多く発生したはずである。それらは事の性質上歴史記録には残らないので、該当判断については専ら考古学の領域に委ねられ、また列島への渡来地域についても限定することはできない。

③ 現在とは全く異なる弥生人渡来時の地形
□倭族第四波まで

倭族第四波の列島渡来までは、既述のとおり列島が押し上げられる前の状態の時の渡来であるので、沿岸部に住み着いたとしても、列島押し上げ時の土地の隆起により、現在は小高い丘や台地の形状の上に遺跡は存在している。

□渡来先の情報に通じていた倭族第五波

倭族第五波の渡来は日本列島押し上げ移動の最中で、列島がちょうど東西に横倒し状態になっていた時の渡来となる。九州への渡来と青森への渡来を比較すれば、距離にして2,000 kmも異なっていた。この頃、ホアカリ系天孫族による列島と新羅との行き来が盛んであったため、渡来者は列島の政治状況をよく知り、渡来先の情報をよく把握していたと推測できる。地理的な視点で自然に考えれば、九州などの列島西方への渡来の方が、東方への渡来よりもずっと可能性が高いのであるが、西方の筑紫や出雲及び丹波などは先住者がしっかりと地歩を固めていたため、第五波の渡来人は旧東島の古志以東に渡らざるを得なかったようだ。渡航の距離とルートを考えると、関東地方に定住した夫余人は、現新潟方面を経由して関東に至ったことが有力視される。

終章　補足

□倭族第五波渡来時の平野部の状況

　この第五波の渡来時は山地が形成されている途中であり、関東平野でも、秩父、桐生、足利など現在の山地に近い地域に、彼らは最初に住み着いた。そのことは、現在の地形をもって判断すると、関東平野の奥深い地で不可思議であるが、渡来当時は関東平野の殆どは海か湿地帯であり、当然のことであった。東京湾から60km離れた熊谷の標高が32m、80km離れた足利でも42m、100km離れた高崎でも93mの標高しかないことが、そのことを裏付けている。ちなみに湾岸から40km奥地の八王子の標高は132mである。八王子に隣接している筆者の住所地である、東京都日野市の多摩川で鯨の化石が発見され、また子どもの頃遊んだ貝塚跡は、高崎よりも標高が高い日野市でさえ河川水面より10mも上方にあった。列島移動の際の土地の隆起を考慮してもなお、関東平野の相当奥深くにまで、かつては海が入り込んでいたことが推察される。

　この状況は、中国地方以東の平野部については、その大小を問わず似たような状況にあった。広大な濃尾平野についても同様と考える。また、大阪平野は成り立ちから考えて、その数百年前から堆積が始まっていたと考えることができるが、現在の地形と比較すれば、第五波の渡来時は堆積進行半ばと推定できる。低丘陵地の端に存在する応神や仁徳を始めとする古墳群配置が、そのことを物語っている。

④ **弥生人は農業的理由で低平地には住み得なかった！**

　それでも、低平地は多少なりとも存在したはずであるが、弥生人が低平地に住み着かなかった理由はもう一つある。彼らの農業は斜面を利用して用水を確保したので、傾斜がないに等しいような平地には彼らは住み着けなかったのである。稲作にしろ野菜栽培にし

ろ、段々畑というのは古代ヘブライ人固有の農業手法であった。奈良地域に天孫族と倭族双方ともに早い時期から住み始めたのは、防御上の理由は後代のことで、水が豊かであったことに加えて、定住初期は豊富な傾斜地（現在の奈良盆地東・南部域に当たる）イコール農耕適地を抱えていたためである。日本で広い平地での農業が始まるのは、京都平安京の造成に合わせて鴨川と桂川の堰が造られ、用水技術が発達して以降のことである。

日本古代遺跡と古代ヘブライ人との関連

　筆者は考古学について論説するほどの資格もないことは重々承知しているが、古代ヘブライ人との関係という一側面についてのみ、古代遺跡に関して限定的に言及したい。

1 日本列島最古の遺跡は約4000年前が最古

　最初に述べるべきは、遺跡の年代測定に関することである。筆者は、現人類の始まりを紀元前3946年としている。従って、それよりも古い考古学の年代測定は、筆者は基本的に受け容れていない。もし、それよりも古くて科学的に確実に正しいとされる年代測定が一つでもあれば、それは現在の人類とは異なる、既に絶滅した別の人類史の存在を探求しなければならないことになる。もう一点、筆者はノアの洪水を紀元前2290年頃の発生とした。人口増加と地球膨張による世界地理の定まり、さらに人類起点の中東と日本列島との距離を考えれば、現日本人に繋がる日本最古の人の居住開始は、どんなに早くても紀元前2000年頃となる。仮にノアの洪水以前の人の居住が日本列島に有り得たとしても、洪水によってその痕跡は完全に失われたと考えて良い。すると、日本列島の遺跡についての年代測定は、筆者史学では今から4000年前が最古となる。

ところで、日本人は聖書を殆ど読まないが、欧米の歴史学者で聖書の内容を知らない者はまずいないと考えて良い。上述の現人類の始まりのようなことは、日本では珍しい論説であっても、海外では史学関係者ならば誰でも知っていることで、陳腐でさえある。ただ、聖書は宗教書と歴史書との境目にあるような書物なので、筆者のように声に出し、文字に著すような人は少ない。縄文や石器時代遺跡に関して、12500年前というような年代測定を公にし、海外にも発表しているが、欧米の研究者の間では無言の冷笑で受け止める人も多い。聖書学では、人類の歴史は約6000年前を最古としている。今から6000年前を上回る年代測定については、数値と補正内容を含めた詳細な測定内容の公表が不可欠であろう。

2 住居

古代人の住居については、竪穴式住居か高床式住居であるかの分類がまずある。高床式住居と稲作とはセットになっていて、鳥越憲三郎氏は中国大陸でのそのセットを倭族と定義している。日本列島での考古学では、そのセットは弥生人の一形態というようになっているようだ。

□竪穴式住居の種類

竪穴式住居もいくつかの種類がある。最もシンプルなものは、①掘り下げた円形の土間に丸太を組み、藁などで屋根を覆い、出入り口を一カ所設けたタイプである。日本列島に水行渡来して来た人々は限られた荷物しか運び得なかったとすると、満足な工具も持ち得なかったと考えられ、このタイプは容易に採用できたはずである。これによく似たタイプで、②御所野遺跡のように、屋根に土を被せてしまう例もある。この外観は、記紀に書かれている天孫族の

先住民「土蜘蛛」を彷彿とさせる。さらに、③最初の①のタイプに円形の壁を設け、その上に屋根が載っているものもある。以上三例の土間は円形であるが、④土間を方形にしたものも見受けられる。この場合は屋根も方形になって建物規模が大きくなり、集会や倉庫などの公共・共用目的に作られたようだ。

□ 円形土間の竪穴式住居の祖形はテント式住居ゲル

　①〜③のように土間が円形であるタイプは、筆者には騎馬民族のテント式住居のゲルが連想されてしまう。スキタイの墓である円墳は、内部はゲルの構造になっている。彼らの日常生活のたたずまいを墓の構造にしたと考えることができる。それは、スキタイ建国者の古代ヘブライ人の墓とは形状が全く異なるため、ゲルの様式の始まりは紀元前700年以前の遊牧民の地に起源を持つことになる。一方、竪穴式住居は黄河流域以北で多く発見され、揚子江以南は平地床に加えて高床式住居が多くなる。黄河以北はスキタイ同様に北方騎馬民族が居住地としたエリアである。ゲルの形状を通じて、竪穴式住居と北方騎馬民族との密接な繋がりが、自然と推察されてしまう。

3 墓と勾玉

　弥生遺跡で甕棺の発掘例は多い。筆者は甕棺の発掘現場を見たことはないが、発掘現場写真で甕棺が横向きに置かれているのを見たことがある。もし横向き状態で発掘されたのならば、それは古代ヘブライ人の墓をミニチュア化した可能性がある。大きな丸石で蓋をしてあるイエス・キリストの墓を思い起こして頂ければ分かることであるが、古代ヘブライ人の墓は横穴に石で蓋をしたものであった。甕棺は、その状態を一人用にあつらえた状態と考えることがで

きる。

　甕棺には副葬品がある。もし日本の巴紋の形をした翡翠（勾玉）が出土されたら、それは古代ヘブライ人の遺跡と判断して、まず間違いはない。勾玉の形はヘブライ語の「י」で、「ヤー」つまり主ヤハウェのヘブライ文字を意味している。現在ではキリスト教やイスラム教も旧約聖書を信じ、主ヤハウェも彼らの共通する神であるが、紀元前で主ヤハウェを信じた宗教は古代ヘブライ人の宗教「神の道」をおいて他にない。

第二節　その他の補足

倭族が通過したインドの歴史の真実
① 夥しい数の黄色人種の存在が消えている古代インド史

　中国南部から渡来した倭族は、中国以前に確実にインドを経由して日本列島に渡来した。筆者推定によるタイのルベン族や、現在の東南アジア諸国民など倭族に限らない相当数の黄色人種の民族・部族が、インドを通過もしくは滞在したはずなのに、紀元前後約100年間のインド・スキタイ国を除けば、極端に言えば現在のインド史では、黒人と白人の記述しか見当たらない。スキタイ人でさえ、その支配民族は黄色人種であったのに、世界史では白人ということになっている。ところが、インドの文化はユダヤ神秘主義（カッバーラ・次節参照）に満ちているのである。インド人の精神を支配しているヒンドゥー教でさえ、隅から隅までカッバーラを基礎構造としてできている。ヴィシュヌ神はヤハウェ神であり、クリシュナ神はキリストであることは明白である。筆者の見解によれば、インドで生まれた殆どの文字も、古代ヘブライ人が関与している。一般的にヨーガとして知られているハタ・ヨーガも、ヘブライ人秦氏のヨー

ガである。それほどまでに古代ヘブライ人の文化がインドに浸透しているのに、我々が知るインド史では、ヘブライ人どころか黄色人種さえ殆ど現れない。古代では、文化の担い手なしに文化の伝播はなかったのであるから、ヘブライ人に限らず、夥しい数の黄色人種が古代インドに必ず存在したはずである。その視点をもって、インド史の点検を開始した。

2 証明できないコーカソイドアーリア人のインド侵入

現在のインドには、アーリア人と呼ばれた白人が厳然として存在するが、インドで白人が存在する地域はほぼインド北西部に限られ、その数も黒人種に比べれば極めて少ない。筆者がインドへの白人渡来の時期を確認できるのは、紀元前701年の地球小回転の直後か、紀元前四世紀末のアレクサンダー大王によるインド攻略時の、限られた時期だけである。筆者は、それは前者の小回転直後のことであったと想定している。それは遊牧には困難な気候変動のことも有力理由であるが、アーリア人の移動前の根拠地は、黒海周辺とカスピ海エリアであったことによる。コーカサス近辺の白人をコーカソイドと呼び、「白人」の別名ともなっている。コーカソイドのアーリア人が移動したことにより彼らの元の根拠地は空となり、そこにヨルダン川東岸のイスラエル二.五部族が、捕囚を免れて後に原スキタイ族と共に入り込み、スキタイが勃興したのである。一つの広大な地域において、無理のない、極めて自然とも言える"歴史の流れ"が成立する。アーリア人がこの時インドに入ったことは証明できないが、根拠地を出たことは確かである。

3 「アーリア人」という人種がそもそも存在しない

それにしても、白人のアーリア人が圧倒的な数の黒人のインド人

終章　補足

を相手に、インド社会と宗教・文化をリードしてきたという現インド史は、様々な角度から疑問符がつきまとう。そこで出会ったのが、デーヴィッド・フローリーの著書『超古代サラスヴァティー文明』を翻訳した、宮本神酒男氏の論説である。その論説の一部を筆者なりの受け止めで、以下に紹介する。

　アーリア人がインドに武力侵入したという考古学的証拠は一切なく、アーリア人によるインド征服説は、植民地時代の白人優位の都合によってつくられた、一つの説に過ぎなかった。"アーリア"とは"貴い"あるいは"純粋"というような意味合いで、一種の称号であって民族名ではないので、そもそも"アーリア人"という人種が存在しない。南インドの黒人種であるタミル族の王さえ自らを「アーリア人」と呼称したし、黄色人種の仏陀さえ「アーリア」と呼ばれていた。インダス川の東側にもう一本、インド最大と言われたサラスヴァティー川が存在し、その流域こそがインダス文明の主体であったが、砂漠の影響を受けてサラスヴァティー川自体がなくなってしまい、インダス文明の担い手であった川沿いの住民は、環境の変化が原因で他地へ移住した。その砂漠流域ではなく、実はハラッパーこそが、サラスヴァティー川領域を含んでの文明の根拠地であり、インダス文明はハラッパー文明と呼ばれるべきである。そのハラッパーには、今も昔も同じ民族が住んでおり、インドには侵略も移住もなかった。

④ 現在のインド史はM・Mの仮説に過ぎず史実は霧中

　宮本氏のこの論説は、インドの歴史を根本から見直すことができるという点で、大変興味深い。「アーリア人のインド侵入は紀元前1500年頃であり、カーストの制度もその頃からアーリア人によって持ち込まれ、維持された。」というようなことが、疑問の余地

挟まないほどの常識として歴史書には書かれているが、実はそれらは根拠もないマックス・ミューラーの仮説であり、私がインド史でしばしば悩まされる年代記述についても、実はヒンドゥー教最古の古典であるヴェーダの"解釈"によって成り立っていることであり、客観的な事実など何処にもないことがわかった。つまり、「インド史というのは、限られた数の宗教古典の物語解釈と、同じく限られた数の考古学的な発掘だけで成り立っており、史実というのは、若干の碑文や古文書資料を除くと、殆どわかっていない。」ということが解ったのである。

5 インドを経由せざるを得なかった記録にない黄色人種

　話は突然変わるが、現在での黄色人種の主な分布は、中東からは遥かに離れて、東アジア、東南アジアそして極東である。これらの黄色人種は確実に、トルコやシリア、イラン、イラクの地から東の果てに移住してきたのであるが、その移動の時期やルートがほとんど解明されていない。とりわけ中国南部や東南アジアの黄色人種は、陸行では中国王朝の地を北から南に下ることはできなかったので、地形的にインドを経由せざるを得ないのに、そのインド史に黄色人種の記述が殆どないのは、何と言っても不自然である。たとえば紀元前七世紀のインド十六大国の一つに、西域からインドの入り口に当たる所に、「カンボージャ」という国があった。これはどう考えても現在の「カンボジア」の前身であろうが、インド史に黄色人種の記述がないために、そのような結びつけがなされていない。

6 筆者考察のヘブライ人関与の視点でのインド古代史

　以上のインド史の問題点を踏まえて、筆者考察のインド古代史の一部を以下に列記する。筆者が言及できるのは、古代ヘブライ人の

インドへの関与のみであり、専らその視点からの記述である。

- ◆B.C 2290頃　ノアの洪水により全地球が月からの水と土砂で覆われ、ノアの八人の家族を除き、インド地域を含む全世界で住民は死滅した。
- ◆B.C 2000頃　ノアの洪水のとき、他の天体との潮汐作用で地球に海嶺という深いヒビ割れができ、地球は内部気圧の変化で急速に膨張を始めた。そのヒビ割れにより地球に一つしか存在しなかった陸地が細分化され、その一つであるアフリカ大陸から分離したインド大陸がユーラシア大陸にぶつかり、ヒマラヤ山脈が形成され、現在のインド周辺の地理の礎ができた。
- ◆B.C 1980頃〜　人口増に起因して、メソポタミア地域からインダス川領域へのハム系民族の移住始まる。モヘンジョ・ダロが存在したインダス河下流域や、大インド砂漠の南を流れるサラスヴァティー川沿いを主体に移住民は定着したが、サラスヴァティー川は砂漠拡大の影響を受け、時間をかけつつ、B.C 1900頃までに枯渇した。サラスヴァティー川沿いの住民は、環境の変化によりインド南部方面に移住した。
- ◆B.C 1800年代〜　トルコやメソポタミア領域にヒッタイトなどの白人が侵入し始め、イランやシリア東部にいたセム族のかなりの数が、中央アジアや中国、インドに向かって移住を開始した。インドは中国南部と東南アジアへの中継地となった。セム族は、カスピ海南部を通ってイラン東端のマシュハトから、アフガニスタンのヘラートやマザーリシャリーフからカブール、カイバー峠を経るか、マザーリシャリーフからさらに東行してヒンドゥークシ山脈沿いを南行して、インド北西部に至ったと推察される。いずれのルートを経てもパンジャブ地方がインド

の玄関口となった。記録には現れないが、これらインド北西部の地域を、大量のセムの子孫が通過したはずである。メソポタミア領域にいたハム族の人々も、白人侵入だけでなく、バビロニアなどの黄色人種による圧迫の影響も受け、インド方面への移住が加速していく。

◆B.C 1600〜1550　B.C 1500頃のアーリア人侵入というのは、実はエジプトを脱出して新天地を求めたイスラエル人のインダス流域移住のことであった。彼らの多くは砂漠拡大による環境悪化に失望し、次の候補地としての中国揚子江流域に向けて去っていったが、インド地域に定住した人々も存在した。その彼らこそがヴェーダの著述者であり、ヒンディーのルーツである。

◆B.C 950頃〜　ダビデ王とソロモン王派遣によるタルシシュ船の経由根拠地として、南インドのコーチン近く（クランガノール）とマドラス北方に、古代イスラエル人の居住地が設けられた。

◆B.C 715〜701　B.C 722にアッシリアによって滅ぼされた北イスラエル王国の捕囚民の一部が、捕囚を逃れてカイバー峠経由でインド北西部に辿り着き、定住した。

◆B.C 701　地球小回転によってインド地域、とりわけインド中・東部は甚大な被害を受け、人口は筆者推定で十分の一程度にまで減少し、それまでに存在した国家群は国家の体を成さなくなってしまった。

◆B.C 700頃〜　中央アジアに移動していた旧（北）イスラエル王国民の相当数が、地球小回転によって突然寒冷化したことが原因で、サマルカンド方面からカイバー峠に至るか、あるいは天山山脈とパミール高原沿いを南下してインド北西部に至り、一部は空白地域となった北インドに定住したが、多くはさらに

中国南西部に渡って行った。これが紀元前に日本列島に渡来した倭族の主体である。

◆B.C 700頃〜690　黒海周辺とカスピ海領域を根拠地としていたコーカソイド（白人）が、アルタイ山脈以西にいたヘブライ人同様に、突然寒冷化した根拠地を捨てて南下し、一部はインドに至った。彼らは、空白地となったインド北部に定住した。地球小回転後に、インド北西部からガンジス川沿いの空白地に、十六大国が築かれた。この十六大国こそが現在のインドの始まりと言えるのだが、その支配者の人種は、筆者の判断によると黒人か黄色人で占められ、白人支配の国はなかなか見出せない。いわゆる十六大国時代は、実際は16国以外に多数の中・小国や、統治機構の不確かな国とは呼べない集合体も存在したので、遊牧民であったコーカソイドは十六大国以外の存在であったと思われる。

◆B.C 570頃〜　B.C 586に新バビロニアに捕囚となったユダ王国民の一部が、アフガニスタンを経由してインド北西部に辿り着いた。

◆B.C 450頃〜　スキタイを離れた元（北）イスラエル王国民の一部（サカ族）が、百ないし二百年間住んだ中央アジア北部を徐々に離れ、インド経由で中国南部に至り、彼らも倭族の一部を成した。そのうち、インド領域に留まったわずか千人程度の一団が、釈迦の一族である。

◆B.C 85から約一世紀　現在のキルギス共和国の東端にあるイシク湖周辺に居住していたサカ族の一部が、匈奴によって追い出されてインド北西部に至り、インド・スキタイ王国を建国した。この版図は決して狭くはなく、インド西部のすべてを占め、面積もインド全体の四分の一に及んだ。

五十音文字の起源は古代ヘブライ人

1 古代ヘブライ人が作り出した主要文字例

そもそもの話であるが、世界中の文字の多くが古代ヘブライ人起源であるということを、第六章のダビデ王家避難隊がエジプトを通過する際に、彼らがエジプト民衆文字を作り出したという項で触れた。その主要な文字例を以下に掲載する。最初のエジプト象形文字とフェニキア文字、そしてアラム文字にはいわくがあり、その内容は後述する。この僅かな例だけでも、これらの文字が同一民族によって作り出されたものであることが、目で見て理解できる。

2 エジプト象形文字を作ったのはヘブライ人始祖の祖先エノク

下図を一瞥して気付くことは、ヘブライ文字のルーツはエジプト

第33図　ヘブライ人関与歴代文字比較

象形文字にあることである。一般的には、これは「古代ヘブライ人が、最初は外国であるエジプトの文字を取り入れ、以後独自に文字文化を発展させていった。」と受け止めて自然であろう。ところが、筆者は別の思考を持った。聖書には、主ヤハウェの神権を得たエノクという人物が登場する。ヘブライ人にとって、「エノクは、始祖アブラハム以前の祖先である。」と言ってよい。エジプトの三大ピラミッドは一般的にはクフ王が造ったと思われているが、クフ王が造ったのはミニチュアのような三つの小さなピラミッドだけであり、「三大ピラミッドを造った人は、エノクである。」という伝承がエジプトの地に根強くある。筆者も同様に考えている。エジプト文化は古い文化が育ち上がったのではなく、エノクを境として突然新しい文化が現れたのである。そして、筆者の推測はさらに発展し、「エジプト象形文字を作ったのもエノクであった。」と考えている。そのように考えると、古代ヘブライ人がエジプト象形文字を躊躇なく取り入れた、その精神的背景を容易に理解できるのである。古代ヘブライ人は、彼らにとってエジプト象形文字は外国人の文字ではなく、彼らの祖先が作った文字であると認識していたのである。

3 フェニキア文字は実は古ヘブライ文字から生まれた！

　アルファベットのルーツはフェニキア文字とされ、フェニキア文字は欧米系だけでなく、インド、中央アジア、東南アジアなどを含めて、相当数言語の先祖的な位置を得ている。また、古ヘブライ文字もフェニキア文字から生まれたことになっているが、筆者はこの二つの誕生順は実は逆であったと考えている。

□デザイン未熟な古ヘブライ文字が先に存在
　その根拠の第一は、この二種類の文字の態様比較考察である。第

33図を参照してほしい。両者隣り合わせで比較すれば明瞭であるが、両者は互いに同じ文字と言えるほどに似通っているものの、フェニキア文字は定規とコンパスを使って書かれたかのようであり、フリーハンドの古ヘブライ文字よりも幾何学的に遥かに整っているのである。それはデザインとして未熟な古ヘブライ文字が先に存在したことを意味し、その逆は考えがたい。

□フェニキア人が義兄弟ヘブライ人から新文字を導入

　第二は、両民族の密接な関係である。旧約聖書によればフェニキア人はヤフェトの子孫で白人であるが、エブラ王国時代の海洋取引グループであったフェニキア人が、陸での商業民族エブラ王国人と兄弟のような密接な関係を持ち、フェニキア国は常にヘブライ人国家と隣り合わせていたこともあって、その良い関係が後代にまで続いたのである。ヘブライ人がエジプトを脱出してカナンに定着した時、カナンに隣接していたフェニキア人が、再びヘブライ人と深い交流を持ったことは確かである。やがてフェニキア人は、ヘブライ人が原シナイ文字とその後の原カナン文字とをベースに、フェニキア人がそれまで使っていたウガリット文字よりも遥かに簡単で使いやすい、古ヘブライ文字を作り出したことを知り、若干スタイルを整えてそれを導入し、自らの文字としたのである。

□両文字発見の量の差がフェニキア文字を優位に

　第三は、学会でフェニキア文字が古ヘブライ文字よりも先と判断されている事情である。それは、これまでの考古学的な発見による最古の文字が、フェニキア文字の方が古ヘブライ文字よりも少しだけ古いからである。フェニキア文字がB.C 1050で古ヘブライ文字がB.C 1000頃である。しかし、これは今後の発見によって、順序

が入れ替わる可能性が極めて高い。フェニキア文字は交易に使われたために、ウガリット文字からの切り替えですぐに使われ始め、しかも非常に広い範囲で大量に使われたため、文字の歴史をかなり正確に追跡できた。一方、ヘブライ文字は、初期は祭祀目的で使われたはずで、そもそも考古学的発見は困難であるうえに、ヘブライ人国家は消滅してしまい、資料の発見はますます困難になった。この異なる事情が両文字発見の量の差となってあらわれ、フェニキア文字の方が古ヘブライ文字よりも古いとされてしまったのである。

4 古アラム文字は実在せず古ヘブライ文字が古アラム文字だった！

フェニキア文字ほどではないが、アラム文字もインドのブラーフミー文字を始めとする多くの文字の先祖的な地位を占めているが、実はそうではない。

□ 取りつ取られつのアラムの土地の帰属

捕囚後のイスラエル十部族がイラク・イランの地に在った時に、彼らは古ヘブライ文字をアレンジしてアラム文字を編み出した。アラムという場所は、第六章冒頭の第23図をご覧になって頂ければ分かるように、ダビデやソロモン王の時代は（全）イスラエル王国領であり、現在のシリアの場所に当たる。一旦、アラム人がイスラエル王国内紛の隙を突いて入り込むが、ソロモン王の後継問題で分裂して北部を継承した（北）イスラエル王国が、再び領土を挽回した。

□ アラム文字が生まれる素地を作った領民の交わり

土地の帰属が変わるたびに領民が全て入れ替わるわけではない。

とりわけアラムの地はヤコブの逃れ地でもあったので、古代ヘブライ人との関係は深く、アッシリア領となった後もヘブライ人が一定数残留し、古ヘブライ文字からアラム文字が生まれる素地が既にできていた。古ヘブライ文字と古アラム文字は、上図（第33図）に描かれているように殆ど同じである。アラムの土地の帰属関係からも言えることは、「古アラム文字」などという文字は実は存在せず、古ヘブライ文字が古アラム文字だったのである。

5 神代文字研究混乱の原因は不確かな五十音文字のルーツ

　文字の歴史をざっとおさらいしたところで、話が変わる。日本の神代文字を分類すると、多くが五十音文字であり、残り若干がヒーフーミーの古代ヘブライ語起源、あるいは分類できるほどにサンプル数が整っていないものなどに分かれる。メジャーは五十音文字なのであるが、神代文字研究者の混乱の大きな原因は、五十音文字のルーツが不確かであることに因っている。筆者が間違いなく確実に言えることは、インドのサンスクリットが五十音文字であることである。現在でもインドやネパールのサンスクリット授業の場では、「アカサタナハマヤラワ」が生徒によって唱和されている。しかし、紀元前三世紀頃のサンスクリットが、突然新たに五十音として誕生したということも不可解で、きっと何かしら"前"があったはずである。

6 世界初の五十音文字とされているインドのブラーフミー文字

　古代ヘブライ人の一支族である祭祀職レビ人は、宗教に付随する必要性から、黒人アーリア人のためにはブラーフミー文字、またカンボージャやガンダーラなどの黄色人アーリア人のためにはカローシュティー文字を、それぞれ作り出した。ブラーフミー文字は、南

アジアや東南アジアの殆どの国だけでなく、チベットやモンゴルを含めての文字体系の祖となった。また、この文字は世界最初の「アブギダ」文字、つまり子音に符号を組み合わせ、母音を発音させる文字であったとされている。日本の五十音を思い浮かべ、「ka」を「k'」のようにして子音に符号をつけ、子音母音セットの発音をさせることを想像すれば、理解しやすい。

⑦ 五十音文字はアルタイではなくインドが起源

祭祀職レビ人はブラーフミー文字を作り出した後、インド北西部に既に存在していたサンスクリット語に影響を与え、祭祀に関連してサンスクリット語に次々と影響・変化を与え、遅くとも紀元前四世紀頃までには、宗教用途のサンスクリット文字、そして一般社会での使用を目的とするパーリ文字をつくり出した。文字の歴史を辿ると、パーリ文字の次にサンスクリットが生まれたように書かれているが、筆者は同時期に生まれたと考えている。日本で片仮名と平仮名が、異なる対象に対して同時期に生まれたことを想像すればよい。サンスクリット文字は上述のように、日本と同じ「あかさたなはまやらわ」の五十音である。年代的に考えて、日本の神代の五十音文字はアルタイ山脈周辺ではなく、このインド生まれの五十音が起源となっている。後に大乗仏教がガンダーラから西域、中国、朝鮮半島を経て日本列島に至ったように、五十音文字についても、北西インドからすぐ北方の西域、そしてアルタイ山脈周辺に広まったと考えることができる。

⑧ 日本列島では五十音を使った倭族の方が数的にマジョリティー

日本語がアブジャド（ABGD）ではなくアブギダ（五十音）になったということは、日本列島にはアブジャドベースのヘブライ語

を話した天孫族よりも、インド通過でアブギダの影響を受けたヘブライ人倭族の方が、おそらくは桁違いというほどに、人数として遥かに多く住んでいたということになる。時代が大分下がって、アルタイ山脈周辺に留まっていたヘブライ人も、大乗仏教と同じ流れで、今度は朝鮮半島経由で日本列島に至り、「列島での五十音は決定的なマジョリティーを得た。」というふうに判断できる。

⑨ 実は古代ヘブライ語は実質的には五十音言語

　ところで筆者は、「アブギダ（五十音）言語の祖は古代エジプト人であり、アブギダを文字として世界に広めたのは古代ヘブライ人であった。」ということに言及したい。"何でもヘブライ人"という我田引水的な話で気が引けるのであるが、一応触れておきたい。

□ 実質はアブギダに属する古代ヘブライ語

　古代ヘブライ語というのは、文字そのものとしてはアルファベットなどのアブジャドの分類に含まれているが、発音としては「あいうえお」の母音を含むアブギダに近いものであった。子音字に決められた符合をつけることにより、母音を表現した。細かい話で恐縮であるが、横棒は「ア」、点一つは「イ」、中点または斜め点は「ウ」、2点横並びは「エ」、近左上点は「オ」、という具合である。子音と符号を組み合わせて母音を表現するというのは、既述のようにブラーフミー文字が最初であったことになっているが、実は古ヘブライ文字に既に前例があったのである。また、古ヘブライ文字に関しては符号だけでなく、H音とY音そしてW音が、「ア」「イ」「ウ」の母音字としても使われていた。つまり古代ヘブライ語は、アブジャドというよりも実質はアブギダに属する言語であった。

終章　補足

□ 天孫族も倭族も五十音の発音基盤は共有

　ブラーフミー文字は、第33図を上から下への流れで見れば自ずと分かるように、原カナン文字や古ヘブライ文字、アラム文字という流れを経て生まれてきた。ブラーフミー文字の実際の祖である古代ヘブライ語の時点で既に、アブギダ（五十音）が実質的に成立していたのである。それは、エルサレムから直接日本列島に至った天孫族も、インド経由でより整った五十音発音を身につけた倭族も、言語発声の発音基盤は共有されていたことになる。

10 古代ヘブライ語の五十音はエジプト起源

　古ヘブライ文字とは兄弟文字であるフェニキア文字は完全なアブジャド（ABGD）であるので、古代ヘブライ人がエジプトに430年間滞在した間に、彼らの言葉はアブギダ方向に変化したと考えることができる。そこでエジプト象形文字を点検してみると、エジプト象形文字には「ガーディナーの記号表」によれば743もの文字数があり、その中に「アイウエオ」の全ての母音が組み込まれていて、「五十音」の文字表さえ作り出すことができる。古代エジプトの言葉が、母音をどの程度の頻度で利用した言語であったのか、その実態はよくわからないものの、古代ヘブライ人は古代エジプト語の母音の影響を受け、それを彼らの文字にまで取り入れたということは、確実に言える。

11 インドの祭祀職バラモンは古代ヘブライ人

「ブラーフミー」の語源は「ブラフマン」にある。つまりヴェーダ記載の最高神の名前である。その宗教であるヒンドゥー教で最高位のカーストが、祭祀職バラモンである。ブラーフミー文字がヘブライ人によってつくられたのであるならば、バラモンもヘブライ人で

ある。インドの宗教、文化、人間社会の根幹を占めた祭祀職バラモンは、コーカソイドのアーリア人などでは決してなく、古代ヘブライ人だったのである。バラモンは、インドやスリランカなどでは「白い人」と呼ばれる。黄色人の筆者も、スリランカでは「白い人」と呼ばれる。この「白い」はコーカソイドの白人を意味するのではなく、彼らの肌色に比べて白いということであり、筆者の観察眼によるバラモンは、これまで会った限られた数の範囲では、皆黄色人種であった。

12 古ヘブライ人祭祀職がバラモン教やカースト制度の創設者

アラム文字作成者は、古ヘブライ人祭祀職のレビ人である。そのレビ人がインド北西部に渡り来て、現地ドラヴィダ人の宗教と融合させつつ、祭祀職が主体となるバラモン教を創設し、また祭祀職を頂点とするカースト制度を採用した。バラモン、クシャトリア、ヴァイシャ、シュードラという四階層によるカースト制度は、スキタイの四階層、日本の士農工商と同じく、ユダヤ神秘主義（カッバーラ）の構造そのものである。これらは白人アーリア人が起源とされてきたが、文化的な視点から明らかに間違いである。ヴェーダには、その頃に祭祀職とともに預言者が存在したという記述があるが、本物の預言者は神権の関係でセムの一族、つまりは黄色人種にしか存在せず、白人は預言者たり得ないのである。またヴェーダには「リシ」が登場するが、リシこそはインド文化圏でのカッバーラの担い手であり、ヘブライのレビ人以外には存在し得ないのである。

13 インドでのヘブライ人存在説は血液遺伝子分布も根拠

インドに古代ヘブライ人が深く関係しているという根拠を、もう

一点示したい。再び、松本氏による血液 Gm 型遺伝子の話で、第三章既載の第19図遺伝子分布地図をご覧頂きたい。インドのインダス河上流域に位置するハラッパーを含むパンジャブ地方辺りに、日本人の遺伝子型であるＡ型が見受けられる。このデータは、どういう人を対象に、何件くらいのものから分析されたものなのか、筆者には全くわからない。まさか、チベット難民のダライ・ラマ関連の人々だけをサンプルにしたわけではあるまい。確かに言える事は、「インド北西部に、日本人と同じ民族・部族が今もって存在する。」ということなのである。これだけでも日本人とインドとは深い関係にあることが分かるし、ヘブライ人に限らない倭族の人々、あるいはもっと広く捉えて黄色人種が、かつてインドの地と深く関わったことの、有力な根拠となり得よう。

日本列島の旧国名と滋賀県の小字地名との関係
1 橋本説によれば日本全国の旧国名は近江の地名がルーツ

　日本の地名の起源を語る説のうち、筆者が強い興味を持ったのが、原田実氏紹介による橋本犀之助氏の説であった。その内容をかいつまんで紹介すると、「日本全国の旧国名は、文武天皇時代（在位697～707）に、近江の中央政府から初めて全国に地方長官が派遣されたため、その発進地の地名（近江の小字地名）が任地の地名となって残った。それらの地名を例示すると、隠岐、相模、伊勢、日向、出庭（出羽）、越中、和泉、越前、大和、伊賀、相模、加賀、穴戸浦、信濃、但馬田、尾張道、安吉町（安芸）、武蔵、陸奥、上若狭、下若狭、能登、上稲葉、下稲葉、薩摩、上毛野、下毛野、越後、出雲、上総、下総、備後、駿河、播磨、土佐、美濃、三川（三河）、津島、岩見（石見）、上伊豫道、下伊豫道、筑紫、丹波、讃岐などである。」という内容であった。

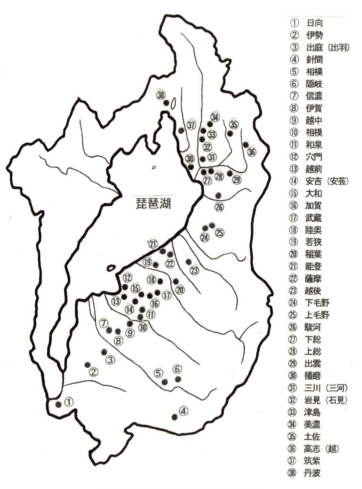

第34図　滋賀県における小字地名

出典『幻想の古代王朝』原田実

終章　補足

2 橋本説への疑義

　第七章第一節で既述であるが、丹波から但馬と丹後がそれぞれ684年と713年に分離している。それは即ち、その頃には既に日本の旧国名は大方定まっていたということで、橋本氏の説は歴史時代的には説得力を持っている。筆者がこの説を支持した時期もあったが、疑義も生じていた。

□疑義１　派遣された多くの地方長官の出身地は奈良

　その第一は、派遣された地方長官の出身地は、その大方は近江ではなく奈良であったと推測されることである。天皇が都地を奈良から近江に変えたとしても、政治や行政を担う人々の大半は同じ顔ぶれであったはずで、日本全国に派遣される地方長官の殆どが近江出身であったとは考えにくい。また、近江出身者でなかったとしたら、近江国の名も知られていない小字地名を、派遣地の国名に使う理由が立たない。

□疑義２　東北の国名がゼロ

　第二は、東北の国名が全く含まれていないことである。奈良時代には、太平洋側は多賀城以北の支配は確立していなかった。また、日本海岸側においても反乱が頻発し、大和朝廷は反乱鎮圧の軍をひっきりなしに送っていた。それは、東北住民の反乱ではなく、新羅統一後の朝鮮半島の混乱に起因する、半島から列島への移民・難民問題であったと筆者は推察する。とりわけ、新羅を統一した武装勢力のファラン（花郎）が、平和になって半島での居場所を失い、あるいは勢い乗じて新天地を日本列島、とりわけ大和朝廷の支配が十分に行き届かなかった東北地方に求めた、というようなこともあったかもしれない。東北地方には古代朝鮮語が未だに卑語として

かなり残っており、また新羅のファランの言い伝えなどが秋田など東北地方に散見されることが、その根拠である。それはともかくとして、東北地方に大和朝廷の支配の及んでいない地域、あるいは支配が不安定な地域があったとしても、殆どの旧国名は奈良時代初期には定まっていたはずである。もし近江の地方長官が東北地域には全く行かなかったとしたら、「東北地方の旧国名は、いつどのようにして定められたのか。」という疑問が残る。

③ 真実は逆で日本全国から秦氏が地名を携えて近江に集合
□ 日本全国から近江に集まってきた有力候補秦氏

これらの疑問への解答を模索するうちに、「事実は逆ではなかろうか?」という発想が生まれてきた。日本全国から近江に集まってきて、出身地の地名を近江の小字にしたのである。すると、極めて有力な候補が見つかった。それが秦氏である。秦氏は794年に平安京を自前で造営した後、布教のため徐々に日本全国に散って行った。人足など造営の中心を成した人々は、近江の秦氏であった。しかし、近江の秦氏は、決して初めから近江にいたわけではない。いつから近江に住むようになったのかの記録は見つからないが、近江地域は太古より丹波海部氏の勢力圏であったと思われるので、それほど古い話ではないように思われる。そこで思い浮かぶのが、七世紀初頭の物部守屋の敗死を機とする「物部氏の没落と秦氏の台頭」である。物部守屋亡き後、秦河勝以後の秦氏の祭祀権力争奪の勢いは、壮絶であった。

□ 同郷者が集まり住み出身地国名を小字地名に

「平安京」は、ヘブライ語で「エル・シャローム」=「エルサレム」である。それは聖櫃を安置する神殿を築く場所であり、日本のエル

終章　補足

サレムを築くために、秦氏は奈良時代を通じて、日本全国の秦氏一族の中から、人足を含む造営従事者を招集した。そして、集められた人々は、まるで高校野球で代表県を記載したプラカードを示して行進するがごとく、同郷の者が寄り集まり住む場所の名として、出身地の国名を小字地名にしたと推測できる。このように考えると、東北地方から来た秦氏は皆無であったはずであるから、疑問も解消される。また、列記の旧国名の多くは、第七章で述べた秦氏の根拠地とも一致し、説得力もある。滋賀の秦氏は、「イエスの神道布教のため、平安京造成後に"日本全国に散った"」と書いたが、実はその多くは"散った"のではなく、召集前の彼らの元の居住地に"戻った"可能性が高い。

第三節　暗号

「ユダヤ神秘主義」の概要

「ユダヤ神秘主義」という聞き慣れない言葉が、本文の中で何度も現れるので、本文理解のために意味の説明が成されねばならないが、筆者はこれを人に語るほどに通暁しているわけではないので、あくまで読書理解の一助の範囲で解説記述することを、まず了解しておいて頂きたい。ユダヤ神秘主義（カッバーラまたは生命の木）は、歴史書記紀に組み込まれた多くの暗号の作成下地になっているので、歴史研究者には必要不可欠の知識である。

[1]「神秘主義」とは「天の国の秘密」の謎解き学

　そもそも、「神秘主義とは何なのか？」ということから説明をする必要があるが、これが容易ではない。神秘主義とは、「神の道」だけに伝わった、聖書に表現のある「天の国の秘密」に該当するも

のが、いわば思想化された、あるいはその謎解き学のようなものである。筆者が思うに、これをきちんと説明できる人は、現在世界中に、あるいは過去の長い世界の歴史においても、一握りの数しかいないと思われる。

2 エノクが既に知っていた歴史の古いユダヤ神秘主義

ユダヤ神秘主義は、通常「カッバーラ」あるいは「カバラ」と呼ばれている。ヘブライ語で「キッベール」という単語がある。「伝承する」とか「受け入れる」という意味の語である。高い確率で、キッベール（KBR）がカッバーラ（KBR）という固有名詞に変じた。神の預言者は、前任者から後任者へと次から次へ、「宇宙・万物の真理」のような内容を、口承で伝えてきた。伝承によれば、ヘブライ人の始祖アブラハムが、メルキゼデクから「天界の秘密」を授与されたのが、その最初であるそうだが、それは真実ではない。ギザのピラミッドが三神構造でできている以上、アブラハムより相当前の時代のエノクは確実にこれを知っていた。

3 独自研究で構築されたキリスト教神秘主義

それはともかくとして、神はその法理に従って宇宙をつくり、霊界を作り上げ、霊界の一部に人間界（現界）を作り、そして輪廻のしくみを作り上げた。それは成長と堕落、進歩と退廃のしくみでもあった。預言者は、その内容を預言者以外の人に教え漏らす事を禁じられていたが、神の道教徒（現在の呼称はユダヤ教徒）に神の教えを理解させるために、比喩などを使いつつ、その内容の一部を教徒に教示したようだ。英語の神秘主義 mysticism はギリシア語の myein が語源であるそうで、ギリシア時代にはカッバーラの存在が、ヤコブのイスラエル以外の外部にも知られていたようである。

白人には預言者が存在しなかったため、ヨーロッパ社会ではカッバーラの知識は断片しか得られず、しかしカッバーラへの興味は非常に強かったので、ローマ時代以降のヨーロッパキリスト教社会では、独自のカッバーラ研究が進んだ。それらはキリスト教神秘主義あるいはクリスチャンカバラと呼ばれているが、大元の内容が不確かであったゆえに多分にテクニカルに走り、瞑想世界での絶対神との遭遇体験を求めたり、数秘術や占星術として専門領域を確立したりした。神秘学も、ヨーロッパでのこの流れの延長で確立された学問である。ショーン・コネリー主演の映画『薔薇の名前』の舞台となった僧院が、その研究所であった。「シュタイナー教育」の名で知られるルドルフ・シュタイナーや、四行詩の予言で有名な十六世紀のフランス人のミシェル・ノストラダムスも、このクリスチャン・カバリストであった。

④ 今後も公開されることのないユダヤ神秘主義

本元の神秘主義であるユダヤ神秘主義は、いつの時代も水面下にあり、その内容が表に出ることはなかったと推察される。預言者口承のカッバーラは、おそらくは現代にまで伝わっている。それは、現在でも天皇家を裏から支える八咫烏の存在である。イエス・キリストは預言者としては初めて、カッバーラの内容を預言者以外の人である十二人の弟子たちに伝授した。十二人の弟子全員が預言者であったとも言えるのであるが、その弟子たちの組織が、綿々と現在にまで繋がったのが「八咫烏」である。しかしながら、彼らがカッバーラの内容を公開するようなことはあり得ず、世間一般においては、カッバーラの内容はこれからもあやふやのままで、カッバーラの内容を理解しようとする人の数だけ、違った数のカッバーラが存在することになりそうである。筆者もその一人に過ぎない。

5 ユダヤ神秘主義の内容

　カッバーラの図については著作権の関係もあり、筆者自作の図を使い、筆者なりに解釈している内容の一部を以下に掲載する。

　カッバーラは色々な図によって示されるが、その基本図と言えるようなものが次図（第35図）左端の図であり、一般的に見かける基本図は有名な百科事典に掲載されているものらしい。図の中の字はヘブライ語が用いられているが、説明は英語であり、柱のデザインもギリシアやローマのものであることから、原図はクリスチャンカバラの人々が作ったものであるらしい。この点からして既に、この図が真実を外れている可能性があることを、念頭に入れておかねばならない。

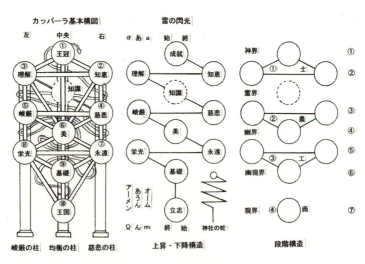

第35図　カッバーラ説明図

終章　補足

(1) 基本構図
□カッバーラの真実は鏡を通して左右逆にしたもの

　基本構図は、10個の丸印（セフィロ）と丸印それぞれを結ぶ22本の線（パス）、そして隠れた1個の丸印で書かれた図が、三本の柱の上に乗っている形になっている。その柱と図の間に、蛇が三回転半のとぐろを巻いて存在している。蛇は、頭が上にあることから、図の内容の上下あるいは始終関係を示している。また、とぐろの巻き方から柱の順序を示し、そのことから慈悲の柱と峻厳の柱との右左の位置関係を示している。陰陽の関係から、先が右、後が左になる。柱の代わりに神の姿を書き込むと、この右左の関係から、三神の姿は後ろ向きになっていることがわかる。顔がある正面を見るためには、目に見える姿を180度回転させ、右左が逆にならねばならない。カッバーラの真実を知るためには、最後に鏡を通して見ねばならないことを暗示している。神社の本殿の奥に鏡が置かれ、また神道関係で白装束姿で前に鏡を吊るしているわけは、真実は左右逆であることを関係者に告げているのである。目に見えている女神は真実は男神、多神は真実は一神、という具合である。

□カッバーラの三本の柱は神界が三神で構成されていることを示す

　三本の柱は、神界は三神で構成されていることを意味する。地面に三本の柱が立っている漢字が、「山」である。「山」とはカッバーラの図を示すとともに、神界をも意味している。大神神社のように建物としての本殿がない神社は、背に位置している山が三神を示す本殿となっている。祭の山車は、車の上に三神を載せた乗り物である。また「山」の字は、真ん中の縦棒が他より長くなっている。頂上に三つの頂があり、その中央が一番高い山が、かつては最も聖なる山とされた。富士山も先の噴火以前は、そのようになっていたら

343

しい。また、現在の岩木山も、見る角度によってはそのようになっている。上図（第35図）の基本構図にそっくりな建物が、日本の国会議事堂である。三棟の建物と、それらを結ぶ三段の回廊、そして一際高い真ん中の建物というふうに、基本構図の①から⑧までの部分と見事に合致している。日本国は日本国がヘブライ人ゆかりの国であることを、日本を代表する建物の形を利用して暗号として海外に示しているのである。表からは見えないが、基本構図の⑨や⑩の部分も、議事堂内部に地下部分として存在するのかもしれない。⑨の部分の存在の代表例が、伊勢神宮の「心の御柱」である。それは地上⑧と地下⑩とを結ぶ中間位置に存在している。

□「33」がカッバーラを示す数字

　丸印と線の数を全て足すと32となり、隠れた丸印まで足すと33となる。表が32で裏が33となっている。茶道で表千家、裏千家などの表現があるが、通常は裏が真実を示している。一般的には、この裏に当たる「33」がカッバーラを示す数字となる。イエス・キリストが33歳で亡くなったということは、イエス・キリストの人生あるいは死期も、カッバーラの法理に従っていたことを意味する。「33」は3＋3、つまり3二つで表現される。イスラエルは六芒星で表現されるが、それは3角形＋3角形で、「33」のカッバーラをも示している。ちなみに六芒星は、上図（第35図）右端の段階構造の、一番上の上向き三角と次の下向き三角との結合の図である。意味は察して頂きたい。古代には、「耳」の字がついた名前が多く見受けられる。聖徳太子の名前の一つも豊聡耳であったが、「耳」は「3＋3」の代用字であり、太子はヤコブのイスラエル民族に属することを、名前で示していた。その名をトヨトミミミと読めば、10＋4＋10＋3＋3＋3＝33となる。

(2) 上昇・下降構図

□カッバーラの真髄は上下の流れの中に込められている意味

　基本構図には、個々の丸印に対して、上から下へ向かって昇順に番号が振られている。この上から下、下から上への流れの中に込められている意味が、カッバーラの真髄とも言える。神は①から始まり、人間は⑩から始まる。

　この①から⑩に至る線の形が雷光に似ていることから、この図には「雷の閃光」という名称も付いているようだ。神社の神様の「雷神」は、カッバーラを象徴した名称である。また神社関係で三回転半の蛇の絵を見かけることがあるが、飛鳥昭雄氏によれば、その由来もカッバーラのこの図にあるそうだ。

　上図①から⑩への、この流れを理解することがカッバーラを理解することに通じるが、筆者ごときには容易ではないどころか、理解開始の入り口付近でさまよっている程度に過ぎない。筆者が勝手に理解する限りにおいては、この流れは宇宙の始まりから地球誕生まで、人間の死後の世界から新たな生を受ける輪廻の流れ、そして人間の心の成長プロセスと霊としての人間の成長度分布が示されている。図にはそのうちの一つである「心の成長プロセス」を取り上げた。あくまでもカッバーラ理解の一助として、筆者の解釈を一例として以下に記述する。

□喩えを用いた筆者の「流れ」解釈例

　人は何らかの事に関し、「自らを成長させたい」という思いを抱いたときに、⑩王国＝立志のスタートポイントに立つことができる。例えばそれが「良い絵を描きたい」ということであれば、絵の具や筆の使い方など、最低限の⑨基礎は身に付けなければならない。そして良い絵を描けば、他人から褒められたり賞を受けたり、

何らかの⑧栄光を得る。褒められることは嬉しいが、やがて他人から栄光を得るだけでは満足できず、普遍性であるとか哲学的要素であるとか、あるいは自らの深い部分の感性との合致であるとか、自らが書く絵の中に刹那以上の何かを次第に求めるようになり、それが⑦永遠の意味するところとなる。そして次の心の動きが⑥美である。質的向上心を持つようになり、現状からの「脱皮」を志す気持ちが働く。虫は脱皮するごとに成長し、蝶が古い皮であるサナギを脱すると見違えて美しくなるというような例を思い浮かべつつ、⑥に「美」という表現が用いられたのだと思う。⑥はカッバーラの図では図の真ん中に位置している。この「脱皮」の心情を持つことが、「立志」に次ぐ心の成長の、第二のスタートポイントに立つことになるのである。一旦向上心を持った後の最初の心の動きは、自らに厳しくなるということである。⑤峻厳とは、少し厳しいという程度ではなく、厳しさを極めていくようなことであろう。自らに厳しい人は他人にも厳しくなりがちであり、厳しさを重ねていくと厳しいだけでは貧相であることに気付く。すると厳しさとは対極の柔和の境地も芽生え、厳しさに見合った優しさも必要であることに気付いていく。それが④慈悲である。慈悲も経験を重ねてある段階を過ぎると、次のステージが待っている。例えば人を助けたいと思い実行していくと、単に目の前の人の今を助けるだけでなく、何とかして根本を改善したいと思うようになる。そのためには、目の前の人自身やその背景、その他について、よく③理解することが必要となる。そのために必要なのが、自発的に勉強し、あるいは調べ物などをして得ることができる、目には見えない「知識」である。自発的であろうとなかろうと、「勉強」が大切な理由は実はここにあるのである。学校教育のテストで知識の有無ばかりを求めたために、今日では知識の意味合いが歪んでしまったが、本来知識は理解を得

るためのものであり、大切なのは知識よりも理解の方であるということを、とりわけ教育者は忘れてはならない。テストで問われなければならないのは、実は理解の程度であった。理解を得ると次に、どうすれば良いかという②知恵が生まれてくる。そして「知恵」を実行して「立志」は①王冠＝成就する。

　⑧と⑦、⑤と④、③と②は、均衡の柱の上に対称となって乗っている。これにも左右均衡の深い意味がある。⑧栄光が大きければ大きいほど⑦永遠の気づきも大きく、またその質も高まる。⑤峻厳と④慈悲は均衡の関係にある。優しさは相応の厳しさを伴うものであり、"湯気の立つような優しさ"などは本物ではない。③理解と②知恵も均衡の関係にあり、理解が深まれば深まるほど、知恵の質も高まる。このような具合である。

□成就の後に次々と梯子のように次の流れが待つ
　イエス・キリストは、「始めなり、終りなり」という言葉を残している。これは、天の国の秘密（カッバーラ）のことを意味示し、その内容は多様多岐にわたるが、その一つが人間（霊）の成長プロセスを示している。前述の解説は、人間が抱く一つの成長プロセスに関して述べたものである。ところで、人間は一つの心の成長を果たすと、ワンステップ上の次の成長を再び目指そうとする。すると、①成就が次の⑩立志へと変化し、再び⑩から①への成長プロセスが繰り返されるのである。それはつまり、⑩から①への流れを示した図の上に、さらに⑩から①への図が重なり存在していることになる。そして、立志と成就は限りない回数が積み重ねられ、それは神界にまで繋がっている言わば梯子のようなものである。それが聖書に書かれている「ヤコブの梯子」である。その梯子が倒れてしまってできたのが丹後の天橋立であるそうだ。仏陀の教えでも、人

は一つの修行と悟りを得ると、また次の修行と悟りが待っていて、それは永遠に続くというふうに説かれている。その教えの真意は、実はこの梯子のことを述べている。

□アーメンや阿吽の真の意味

イエス・キリストは、「始めなり、終りなり」という表現を、αとΩを使って言った。これはアルファベットのaとmであり、インド地域ではこれを「オーム」と言う。インドでも神秘主義は深く根付いていた。キリスト教の「アーメン」もオームと同じ言葉で、カッバーラの存在とその全体像を意味している。ちなみに日本では、五十音最初の「あ」と最後の「ん」で、阿吽を意味する。一対の神社の狛犬や寺の入り口の怖い顔をした立像が、片や「あ」の形に口を開き、方や「ん」の形に口を閉じているのも同様の意味であり、最初と最後にアーメンを言うのと同じで、参拝の最初と最後をくくっている。このアーメンや阿吽は、カッバーラの①から⑩の流れに則して、信者や参拝者それぞれの心の成長度を、「己の位置を知れ」と言わんばかりに、それぞれに確かめさせているように筆者には感ぜられる。上記①から⑩への流れ解釈例の中で、自らの心情がどの段階に近いかを察すれば、その位置がそれぞれの心の成長度であると知ることができる。今以上の成長を目指すためには、次に何が必要かを図は示している。例えば、専ら他人から褒められることばかりが好きで、他人からの注意の言葉を嫌うような人であるならば、その人の心の成長度は⑧の栄光の段階であり、位置としてはまだまだ低い。他人から褒められることによるのではなく、自分の心の中で、自分自身を納得させることができる何かを見出せたときに、人は次の⑦の段階に進むことができる。ミサや参拝が終われば、またアーメンや阿吽が待っている。始める前のアーメンや阿吽

終章　補足

のときよりも、少しでも成長したかどうかが問われている。

□カッバーラに沿った思考例 ── 宇宙の根源は一つの超巨大星

　多少余談気味であるが、宇宙の形成についても若干述べてみたい。イマヌエル・ヴェリコフスキーが、木星の大火山（大赤斑）から金星が誕生したことを提唱して以来、アカデミーとは裏を成す社会では、これにはNASAも含まれているが、星はより大きな星の火山爆発により生まれるということは、もはや常識になっている。それは、すべての星の最初は火球であるという理論にも一致している。これを地球に当てはめると、⑩地球は⑨木星から生まれ、木星は⑧太陽から生まれたことになる。木星、土星、天王星、海王星は水星、金星、地球、月、火星に比べて比較にならないほどに大きく、それらは太陽の火山（黒点）から生まれ、水星から火星までは木星から生まれたと想定すると、星のサイズとしては理解・納得できる。大赤斑の火山口の大きさは、地球3個半分くらいなのである。さて、この考えを延長させていくと、⑧太陽も⑦さらに巨大な太陽から生まれ、カッバーラの流れに従って行くと、最後は①超巨大な一つの星に辿り着く。もしかすると、宇宙の根源は、一つの超巨大星だったのかもしれない。それが子星を生み、子星が孫星を生み、孫星がさらに曾孫星を生むようにして、この宇宙ができあがったのかもしれない。その大元の一つの超巨大星にも、旧約聖書の創世記にある「光あれ」から始まる①から⑩の形成プロセスが、存在したのかもしれない。もし大元の星の火山が一つであったならば、子星らが火山から飛ばされる方向は皆同じであったはずであるから、丸いお煎餅のような平たい円上に親子星は配置されたことになる。親星が自転していたならば、子星も慣性の原理で親星の周りを公転することになる。このように考えると、この宇宙は一つの円盤

349

のような形をしていることになる。無数とも言えそうな数の宇宙の星は、明らかにグループ化されている。それはカッバーラの図と同様に、四段階あるいは七段階に構成されているのかもしれない。真実はともかくも、カッバーラに沿って論を展開すると、このような思考もできる。

(3) 段階構造
□ 構図を横切りにして上下に階層分けした分類が段階構造

基本構図を横切りにし、上下に階層分けされた分類もある。三角の図形三つと残った⑩番目の丸印で四階層に分ける方法は、日本の士農工商やインドのバラモンを筆頭とする四階層など、身分制度によく用いられた。七段分けは、燭台メノラーのデザインやインドのチャクラなどに使用例が見られる。

□ 四段分け例①──「死後の世界」

四段分けは身分階層だけでなく、神界、霊界、幽界、現界という死後の世界も表している。人間界が現界であり、死後は幽界に行くのであるが、行く途中にある幽現界という中間地点に一旦留まり、現世界への執着を絶ち、通常7週ほどで次の幽界に進む。愛憎やら金欲などの様々な欲への執着を断ち切れず、次の幽界に進めない霊も存在する。

□ 四段分け例②──「新約聖書」

新約聖書にも四段分けが使われている。マタイ伝、マルコ伝そしてルカ伝に「種を撒く人のたとえ」が載っていて、その教えの内容がカッバーラの四段階になっている。④御国の言葉を聞いて悟らない者。③御言葉を聞いて、すぐ喜んで受け入れるが、自分には根

がないので、しばらくは続いても、御言葉のために艱難や迫害が起こると、すぐにつまずいてしまう人。②御言葉を聞くが、世の思い煩いや富の誘惑が御言葉を覆いふさいで、実らない人。①御言葉を聞いて悟る人であり、あるものは100倍、あるものは60倍、あるものは30倍の実を結ぶ。記述の丸囲み数字はカッバーラの四段階に合わせてあるため、順番が逆の降順になっている。神の言葉でカッバーラの内容を部分的にせよ説明していることは、聖書を理解したい人々にとっては実に貴重である。

⑷ その他

この他にも、カッバーラを示す方法は数多く存在する。たとえば、小乗仏教のシンボルである、8本スポークの車輪である。これは、基本構図の真ん中⑥の丸印から出る8本の線と、基本構図の枠線を円と見なし、車輪としてデザイン化したもので、仏教がカッバーラの法理をもとにできていることを暗示している。

6 日本は世界中で最もカッバーラを見出せる国

カッバーラを見出せるところに、必ず古代ヘブライ人の足跡がある。その中でも、カッバーラを認識できる何らかのもので、圧倒的な量を見出せる国が日本である。それは神道関係であり、また墓地であり、そして人々の家名と家紋である。例えば、筆者の父方の家紋は三枚のカタバミであり、これはカッバーラの三神を意味し、旧約聖書オリジナル派に属する家系であることを示している。また、母方の家紋は交差した二枚の鷹の羽根であり、これは「神・主」の二神と十字架を意味し、旧約聖書（新約聖書の間違いではない）イエス派の家系であることを示している。鷹の羽根は北方騎馬民族を象徴することから、オリジナル派からイエス派へ改宗した家系とも

読み取れる。母方の出身地の茨城＝茨木がそれを裏付けている。日本の苗字と家紋では、「大」が使われ、また「5」が関係するものも多い。これは「大辟（ダビデ）」の「大」を使ってデザイン化したもので、代表的なものは桜の花びらである。筆者が面白いと感ずる例に、検察、警察そして消防のシンボルマークがある。警察は五芒星、そして消防は六芒星で、五と六の陰陽でセットになっている。その上に立つ検察は、主イエスを示す十字である。「裁きは神であるイエスが行い、人間検察はその代理であり、警察と消防は神の僕である。」と言っているようである。それはともかくとして、図案などのすべてがカッバーラ由来であるというわけでもないが、日本にはとにかくカッバーラを示すデザインが多い。それは紛れもなく、日本は古代ヘブライ人が築いた国であることを示している。

カッバーラで繋がる古代日本とインドそして旧約聖書

　ユダヤ神秘主義（カッバーラ）の基礎知識のようなことを若干述べさせて頂いたが、カッバーラというKEYで繋がる事象についても言及してみたい。

□日本に匹敵するほどカッバーラ文化に満ちた国インド

　日本は世界中で最もカッバーラを見出せる国と前述したが、実は日本に匹敵するほどカッバーラ文化に満ちた国が他に一つ存在する。それはインドである。「ヴェーダ」と呼ばれるインド最古の古典がある。このヴェーダこそがインド古代史の文献面での根拠であり、また現在のヒンズー教の始源である。ヴェーダは四部に分かれているが、四部それぞれが祭式部と知識部に分かれており、その知識部の名を「ウパニシャッド」と言う。一般的には「ウパニシャッド哲学」という呼び名で知られているかもしれない。ウパニシャッ

ドは「秘密の教え」を意味し、ウパニシャッドと名の付く文書は108も保存されている。聖者や賢者と推測される著者の数も、複数に及んでいる。

□ウパニシャッドと聖書そして古事記

　日本ヴェーダーンタ協会が発行している、『ウパニシャッド』という冊子名のウパニシャッド翻訳本がある。これまで筆者が解説したカッバーラの知識を得てこの本を読むと、書かれている内容のかなりの部分を理解することができる。また旧約聖書のモーセ五書部分あるいは古事記の神代部分の知識が多少なりともあれば、その冊子内容の理解はより容易い。ウパニシャッドと聖書そして古事記の三者が、互いに奇妙なほどよく似ているのである。

□三者の具体的類似点

　たとえば、ウパニシャッドのブラフマンは聖書の御父、古事記の天之御中主神であり、アートマンは聖書の主、古事記の高御産巣日神である。興味深い箇所を取り上げると、ウパニシャッドに書かれている「神々」という言葉はカッバーラの三神とは明確に区別されていて、それは聖書に書かれている「天使」であることが悪魔にまつわる内容記述でわかる。つまり、古事記に書かれている「八百万の神々」とは正確な意味での神ではなく、実は天使たちであった。それゆえ数が多い。それはヒンズー教でも同じことであり、ヒンズー教の正確な意味での神は三神だけであり、その他の数多い神々は実は天使たちであった。インド国名を彷彿とさせる名の「インドラ神」も、リグ・ヴェーダにおいてはブラフマン登場以前の最高神となっているが、冊子中のウパニシャッドでは天使長ミカエルに比定できる。

□ 酷似とも言えるウパニシャッドと聖書

　日本のキリスト教徒の方々については、冊子『ウパニシャッド』を一度読んでみることを是非お勧めしたい。キリスト教がアーメンで始まりアーメンで終わるように、ウパニシャッドもオームで始まりオームで終わる。第35図の「雷の閃光」で示したように、アーメンもオームもともに、「始めなり、終りなり」でカッバーラ全体を表意している。本に書かれている内容も、まるで聖書の内容をウパニシャッドが模倣したかのようである。しかし、ウパニシャッドの方が、聖書の歴史よりも確実に数段も古いのである。どちらがどちらかを模倣したというようなことではなく、時代が異なっても同じ事柄について語られているのであれば、理解できることである。

□ ウパニシャッドはカッバーラ解説書

　ウパニシャッドは抽象的かつ哲学的な書などでは決してなく、「正しい瞑想の仕方」など一部分を除き、大方はカッバーラの解説書となっている。例えば十六という数字に関して、「全世界の要素の数は十六」とか「十六の部分は車輪の轂であるアートマンから放射する輻」と記しているが、次図（第36図）を見て頂きたい。生命の樹中央の「美」から放射するパス8本と、それを円形に囲むように存在する同じく8本のパスが、8本軸の車輪のようになっている。この構図をもってカッバーラ全体を象徴し、ウパニシャッドではこれを「ブラフマンの車輪」と表現している。ブラフマンとは最高神であり、カッバーラの始源であるゆえにカッバーラ全体を指し示してもいる。8本軸の車輪は小乗仏教のシンボルマークであるが、実は日本の天皇家の十六菊花紋も同じ意味を持っている。このように、カッバーラの知識なくウパニシャッドを読めば、何を言っているのかわからない書となってしまう。

終章　補足

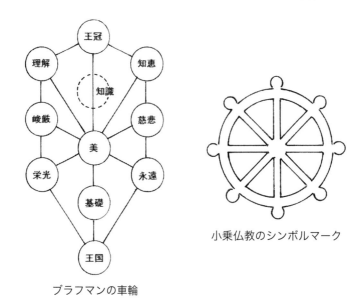

ブラフマンの車輪　　　　小乗仏教のシンボルマーク

第36図　カッバーラ「8本軸の車輪」

□ウパニシャッドの著述者は真のアーリア人たる古代ヘブライ人

　冊子『ウパニシャッド』には12のウパニシャッドが収録されているが、そこに書かれているカッバーラの内容は、筆者判断で本物と推定できる。現在のヒンズー教はブラフマの位置が中央ではなく聖霊の位置に来てしまっているなど、本来のカッバーラからは外れてしまっている部分も見受けられるが、冊子に書かれている内容の大部はカッバーラ正統である。それはつまり、古典ヴェーダ・ウパニシャッドの主たる著述者は、本物の預言者以外にあり得ない。預言者はカッバーラの内容を次の預言者に口伝するだけで、他に口外することは禁じられていたため、カッバーラの正しい内容は預言者しか知り得なかった。そのことは、著述者は通説の白人のアーリア

355

人などではなく、古代ヘブライ人で預言者であった者以外にはあり得ないということを意味している。まことに驚くべきことではあるが、「真のアーリア人は、日本の天孫族や倭族と同じ祖先である古代ヘブライ人であった。」ということになる。祭祀職たるバラモンの末裔と日本人神道祭祀職双方の血液DNAを、調べ比較する研究者が現れてほしい。

□ウパニシャッドが書かれた時期
『プラシナ・ウパニシャッド』の記述では一カ月が30日でなく28日となっていることから、それが書かれた時期は明らかに紀元前701年以降のことであり、また同書にはコーサラ国の名が記されていることから、同書はインド十六大国の時代に書かれたことになる。他のウパニシャッドとの文章表現比較から、ウパニシャッド全体が同時期以降に書かれたと推定できる。上村勝彦氏はその著書『インド神話』の中で、「リグ・ヴェーダ本集」は紀元前1500年から紀元前900年にかけて成立したと推定した。筆者の「真のアーリア人説」とピタリと符合する。紀元前十六世紀にエジプトを逃れてインドに定住した古代ヘブライ人が初期のインド文化を築き、その多くは、紀元前701年の地球小回転時に死滅したと思われるが、ペルシアや中央アジアからインドに至った後続のヘブライ人が、彼らが築いた文化を継承・発展・完成させたと推察する。

□インドから中東への文化伝播は同民族文化交流が基底
余談であるが、ウパニシャッドを読んでいると、「無限大」とその対極の「無」の境地を意識せざるをえず、その延長での思考と閃きから、インドでの数字「0」の発見も、実はインドにいたヴェーダ文化を育む古代ヘブライ人によるものであったと推察される。そ

れがエジプトに伝わったのは、インドの古代ヘブライ人から、地球小回転以降に難民としてエジプトに逃れ定住した古代ヘブライ人に伝わったと、筆者は考えている。かつてインド文化は現在のイラン・イラク地域にも伝播したが、それも同様なケースであろう。古代インドから捕囚後にイラン・イラク地域住民となった同族への文化交流ということが、伝播の基底にあったと筆者は推測している。高度な文化交流は人の交流なしには成し得ず、古代では現在のように簡単に人の交流などできなかった。商業レベルならいざ知らず、高度な文化人同士の交流は希少であったが、土地が離れていても同族間であるならば可能性を見出すことができる。ましてや古代ヘブライ人は離散して後も、部族間あるいは氏族間で長い間連絡を取り合っていたのであった。

カッバーラで繋がる古代日本とインドそして中国三教

　中国三教とは、仏教と儒教そして道教の中国三大宗教を指す。ウパニシャッドとキリスト教との類似性については既に述べたが、ウパニシャッドと中国三教との繋がりについても言及しておきたい。

□仏教の基盤はヴェーダのウパニシャッド

　仏教というのは奇態な宗教である。通常、宗教というのは神を信じ、神の教える道に従うものであるのに、仏教には神がいない。東南アジアでの信仰の現状を見て取れば、仏陀が信者の神様になってしまっている。ウパニシャッドを読めばその謎が氷解する。仏教の教えはウパニシャッドに始まることが、よく分かるからである。仏陀の神様はブラフマンであり、そして彼はカッバーラの慈悲の柱に相当する主アートマンを真髄から知った。それが仏陀の悟りである。仏教の教えのなかで「慈悲」が前面に出てくる理由も、ここに

ある。

□仏陀の教えはバラモン教の行動規範

　仏陀自身が仏教という宗教を立ち上げる意思など、さらさらなかったと推測する。仏陀の生年は明確ではないが、紀元前五〜六世紀頃と推定されているので、現在に伝わるヴェーダが書かれてから僅か百年程度後に生まれた人であった。その頃既に、バラモン教は権威化と形式化が進み、その信仰のあり方に疑問を持ち、ウパニシャッドに書かれている内容を純粋に実行したのが仏陀であった。つまり、仏陀はバラモン教信者であったわけで、その信仰のあり方についての新しい行動規範を述べたのが仏陀の教えであった。

□儒教や道教はカッバーラに基づいた行動規範

　同じようなことが、中国でも起きた。中国三教のうちの儒教と道教の内容を一瞥すれば、それらのルーツはヴェーダにあることは明白となる。儒教の創始者の孔子の生年と仏陀の生年は、ほぼ同時期であるらしい。孔子という人物の正体はよくわからないが、儒教の内容は仏陀の教えと比較して、行動規範としてはかなり具体化しているので、孔子は仏陀の教えを既に知ったうえで継承・発展させた、それが儒教であったと言えよう。孔子よりも百年以上後に生まれた荘子の道教についても、同じことが言える。道教の歴史は未だによく分かっていないが、内容を見ればヴェーダが基底にあることは明白である。儒教や道教はバラモン教の行動規範であったとまでは言わないが、ウパニシャッドに解説されたカッバーラに基づいた行動規範であるとは言えよう。

終章　補足

□孔子や荘子も古代ヘブライ人の血脈

　仏陀はサカ族に属する古代ヘブライ人であった。孔子や荘子も生年から察するに、彼らは第四章第二節で述べた、紀元前七世紀以降にインド経由で中国に辿り着いた、イスラエル十部族に属した古代ヘブライ人であったことが、容易に推定できる。執拗であるが、あの当時に高度な文化の模倣などあり得なかったのである。儒教や道教に関してスキャン程度で探ってみてもインドとの直接的な関連性は把握できないが、実は彼ら自身、あるいは彼らの数代祖先がインド滞在経験のあった人々であり、しかもヴェーダの著者と同族であったとすれば、たとえ中国というインドからは遠く離れた国の住民であったとしても、彼らにはヴェーダ文化の下地があったことになり、儒教や道教が生まれた背景について腑に落ちることである。

□ヴェーダは中国三教の隠れた共通聖典

　旧約聖書がユダヤ教、キリスト教、イスラム教の共通聖典であるように、ヴェーダが仏教、儒教、道教の隠れた共通聖典になっている。そして、それら全ての源は古代に「神の道」と呼ばれた古代ヘブライ人の宗教であり、現在の「神道」であった。これもまた驚くべきことであるが、世界の主たる宗教は、それぞれの神の名前こそ違うが、皆同じ神様を信仰していたのである。それゆえ私たちが、宗教の違いが原因で争い殺し合うことなど、神様が許さないことなのである。話を戻すが、聖徳太子の言による「篤く三法を敬え」の「三法」とは、改ざん以前の真実の記述は「神道」と「仏教」そして「儒教」であった。聖徳太子にすれば、それぞれ行動規範は異なっていても、元は「神の道」一つであると認識していたのであろう。ただし、日本の現在の仏教に関しては、インドで発祥した際に十二使徒の一人であったトーマスの教えが加わり、さらに日本列島

359

において神の道イエス派の秦氏の操作が加わり、仏教正統からすれば別の宗教となってしまっていることに配慮を要する。

□日本とインドとの深い繋がりの根本は"同族"
　文字、言葉、宗教など、日本の歴史を辿ると、必ずと言ってよいほどにインドに突き当たる。地理として離れ過ぎている両国を鑑み、探索者がまず考えることができる理由は、インドの高い文化の日本への伝播である。歴史家たちは中国に関しても同じことを考えた。大陸における高い文化を低文化国日本が輸入したのである。しかし、それは中国に関しては通用しても、インドは遠すぎて当てはまらない。輸入でないならば、次に考えることはインドから日本への人の移動であり、人に付随しての文化伝播である。その点に関しては、本書でも既述のとおりである。しかし、もう一点考えるべき事がある。それは同族文化の類似性である。スキタイと日本列島文化との類似性のところで述べたが、双方文化は交流なくとも互いに酷似している。それは双方同族であって、双方の先祖に遡る文化を共有していたためである。日本とインドに関しても、同じことが言える。真のアーリア人が日本の天孫族や倭族と同族であるならば、古代ヘブライ人だけに伝わったカッバーラ文化を背景とした双方の国の文化は、互いによく似て当然なのであった。

　日本とインドとの深い繋がり、そしてインド史の真実については、別の機会を設けて詳述したい。

国号「日本」の暗号
　日ユ同祖論の論者は、日本と古代ヘブライとの関連について、言語、文字、固有の民族文化など、様々な角度から一致点に言及して

いる。その屋上屋を重ねるつもりはないが、国名や国旗という国家として最も基本の部分に隠されている「暗号」について、紹介しておきたい。

□国旗の暗号は太陽神天照大神と十字架

　日本に聖十字架が存在することは、既に文中で述べてきた。ヨーロッパの50前後もの教会で、聖十字架の断片を保存していることになっているので、そのことを知っている人々にとっては信じ難い話である。聖十字架の存在は当然秘匿されてきたと思いきや、実はそうではないと言う。飛鳥昭雄氏の著述によれば、イエス・キリストの十二人の弟子組織である八咫烏(ヤタガラス)は、「伊勢神宮に聖十字架が安置されていることを堂々と示してきた。」と述べた。それが日本の国旗であり、「日本」という国号だそうだ。日章旗は分解すると○と「｜」であり、「｜」は前後入れ替えて（」「）ずらして接合すれば＋となる。太陽神天照大神と十字架が日章旗の形に暗号化されている。

□国号「日本」の暗号はイエス・キリスト

　再び飛鳥氏によれば、「日本」の文字は、「日」は太陽神天照大神を指し、「本」は奈良時代までの旧字は「夲」であり、「大」の下に「十」で、「大」と「十」は離れており、「十」は十字架を示している。さらに付け加えれば、「大」は「大辟」つまりダビデを意味し、十字架の上のダビデは「イエス」である。「天照大神」も分解すれば、天＝「工人」、照＝「日召火」、大＝「ダビデ（大避）、人の子（大は人の形☆の変形）、一人」、「神」となり、「大工で、火を伴った太陽神、ダビデであり、人の子でもある、ただ一人の、神」、つまりイエス・キリストを意味する。天照大神は記紀成立後に伊雑伊勢本

宮（1番目の宝）から伊勢神宮内宮（2番目の宝）に移され、陰陽道の観点から男神（1＝陽）から女神（2＝陰）に変えられた。

□ Y・アイデルバーグ説 —— 日本「イエス・キリストに従う国」

ヨセフ・アイデルバーグは「日」を「Nhi」と解した。「日本」を「日（Nhi）」「夲」とすると、ヘブライ語で Nhi は「従う」の意なので、「日本国」に込められた意味は、「十字架の上のダビデ＝イエス・キリストに従う国」ということになる。

□ 久保有政説 —— 日本「主ヤハウェに忠実な国」

さらに久保有政氏によれば、「日本」の音は「ニホン」であり、「NYHN」もしくは「NYHWN」となる。両脇「N」にはさまれた部分の「YH（ヤー）」もしくは「YHW（ヤウ）」は、旧約聖書そして「神の道」の主ヤハウェを示し、両側の「N」はヘブライ語で「忠実」を意味する。「前からも後ろからも、主ヤハウェに忠実な国」、それが日本の国号になっている。

□ 飛鳥昭雄説 —— 鳥居の形はヘブライ文字「ヤハウェ」

その主ヤハウェとは、飛鳥氏によれば、「神道」の鳥居のデザインになっている。鳥居の形を分解すると「יהוה」となり、これは次図のように、ヘブライ文字の「ヤハウェ」である。神道の真の神は旧約聖書の主ヤハウェであり、神社にお参りするときは先ず神の名の門をくぐっていたのである。

ヘブライ語は文字が数字を兼ねている。次図（第37図）のアルファベット「H」に対応するヘブライ文字は、正しくは「ה（he）」であるが、それだと「יהוה」4文字の数合計は26となり、何の意味も見出せない。そこで筆者は、ヤハウェの真実の「H」を「ח

終章　補足

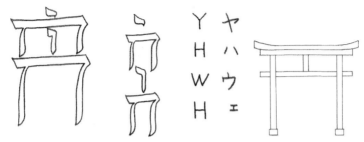

ヘブライ文字縦重ね　ヘブライ文字　アルファベット　　　鳥居

第37図　鳥居とヘブライ文字「ヤハウェ」との形体比較

(het)」と判断した。その「יהוה」数合計は32となり、生命の木（カッバーラ）を意味するからである。余談ながら、一見して分かるように、ヘブライ文字は毛筆の字体そのものである。

□十字架の罪状板が示すイエスの実の名はヤハウェ

　ちなみに八咫烏によれば、聖十字架の上に付けられた罪状板とされている名板（ネームプレート）は、現在伊勢神宮の伊雑宮に保管されているそうであるが、書かれている内容「ナザレのイエス、ユダヤ人の王」をヘブライ語で書けば「ישוע הנצרי וסלך היהורים」となり、単語の頭文字を取り出せば「יהוה」つまりヤハウェとなる。イエスの実の名はヤハウェであった。

　ついでながら、第六章第三節「『天皇』という称号」の項で述べたように、「天皇」という漢字を分解すると「工人白王」となり、これはダビデ王家第二十八代王イエスを意味すると述べた。「天皇陛下」という呼称がある。これは「イエスの足下に仕える者」と解釈できる。私達は通常「天皇」と呼ぶが、正しくは「陛下」或いは「天皇陛下」なのかもしれない。イエスの名前は「インマヌエ

363

ル」であると、何かで知った。天皇家の最初の人の名もインマヌエル（オシホミミ）であった。

　以上のように、「日本人とは誰か？」のヒントが、誰でも見聞きできる最も目立つところに暗号として示されていた。

日本国国歌「君が代」の暗号
　日本国の国旗と国名だけでなく、実は国歌にも、国歌製作者が日本国民に知ってほしいと願う暗号が組み込まれていた。

1 「君が代」作曲者は秦河勝の子孫
　君が代の歌詞は「古今和歌集」の読み人知らずの短歌一句とされているが、それが真実であるのかどうかは筆者には判断できない。作曲は1880年に、宮内省雅楽課の奥好義の作品を、雅楽関係者の林広守が補作・完成したもので、ネット記事では林広守は聖徳太子時代の秦河勝の子孫であるということであり、「神の道・イエス派」信徒の正統本流に位置する家系の人である。

2 聖書と深い繋がりがある君が代の歌詞
　君が代の歌詞の意味は、「天皇の御世は、時代を重ねていつの世までも、苔が生すほどに永く続いてほしい。」というふうに、筆者は理解している。ところで、筆者の限られたヘブライ語の知識でも、「チヨニ」、「ヤチヨニ」そして「イシ」の三語はヘブライ単語として感知するところで、歌唱を聞くと訓ではなく音で気になってしまう。それぞれ、「シオンの人（ダビデの民）」、「主ヤハウェのシオンの人（神の民）」、「救い」ということで、聖書と深い繋がりがあるのである。

終章　補足

③ 武井泄月袴氏の君が代歌詞解釈例

　そこでネットを閲覧してみると、君が代をヘブライ語で解釈する、いくつもの関連記事を参照することができた。その中から、唯一寄稿者の名が記されている武井泄月袴氏の解釈例を取り上げ、紹介する。

歌詞	ヘブライ語	ヘブライ語解釈
君が代は	クム・ガ・ヨワ	立ち上がる
千代に	チヨニ	シオンの民
八千代に	ヤチヨニ	神の選民
さざれ	サッ・サリード	残りの民
石の	イシュ	人類の救い
巌となりて	イワ・オト・ナリャタ	人類が救われ、神の預言が成就した
苔のむすまで	コカノ・ムーシュマッテ	人類に救いが訪れ、神の預言が成就した全地あまねく宣べ伝えよ

立ち上がれ、神を讃えよ！
神の選民であるシオンの民は、選民として喜べ！
人類に救いが訪れ、神の預言が成就した
全地あまねく述べ伝えよ！

④ 筆者の君が代歌詞解釈例

　日本語をヘブライ語で捉えるとき、僅か1字の取り扱い一つで意味がだいぶ異なってしまう。上記の「さざれ」の取り扱いは不自然であり、また筆者は「むすまで」は「ムスマド」ではないかと思っ

365

ている。ムスマドとは、旧約聖書イエス派がエルサレムにいた頃、オリジナル派がイエス派に向けて使った差別用語で、当時のイエス派の信徒を意味する。当時の悪い言葉を、逆手を取って自らを示す言葉として使っている。筆者の解釈は以下のとおりである。

　　立ち上がれ、ダビデの民よ、主ヤハウェの民よ！
　　民に救いは訪れ、預言は成就した。
　　全地、神の道・イエス派の全ての民よ（立ち上がれ）！

⑤ 現イスラエルの国歌歌詞の日本語訳

　武井氏の翻訳に使われたヘブライ語は、現在のイスラエル国で使われている言語に一致する。君が代の「千代に八千代に」の部分は、歌唱されたときに、ひときわ高い音で独立して聞こえる。君が代を知らない外国人でも、この部分の音は、はっきりと耳に入るであろう。それならば、言葉の意味がわかる現イスラエル人は、二句とも現ヘブライ語であるこの部分を聞いて、どのように感じているのであろうか？

　逆に、現イスラエルの国歌を、日本人である読者に紹介する。

　　心の底で切望していた。ユダヤの魂はずっと求めてきた。
　　そして歩き出した、東の果てへ。
　　その目は、ただシオンの地を見続けた。
　　希望はまだ尽きない。二千年続いたその希望。
　　自由のある私たちの国。シオンとエルサレムの国。

⑥ イスラエル国歌の歌詞から感ずる疑問

　この歌詞の意味は、第二次世界大戦直後に、失われたイスラエル

の地を約二千年ぶりに回復するために、定住と戦いに集結したユダヤ人たちが、地中海から上陸してエルサレムに向かう途上の様子を述べているようにみえる。しかし、それにしては、地中海の海岸淵からエルサレムまでの僅かな距離に対して、「東の果て」という表現が大げさ過ぎると感じる。旧約聖書のイザヤ書では「果て」という言葉を、エルサレムとは別の東海にある遠隔地のために使っている。また、国歌は独立を勝ち得て後に作ったものであるのに、歌詞では「希望はまだ尽きない」という表現をし、「希望」は未だ成就されていない。二千年にも及ぶ民族の悲願を達成した直後であるから、「遂にやった！」という、狂うほどの達成感に溢れた内容になるのが普通であろうが、歌詞では独立さえ成し得ていない。「達成途上内容の歌詞にしたのは、国民がいつまでも達成時あるいは達成前の困難を忘れないためである。」というような説明が、たとえ政府筋などからあったにしても、それでは国歌作成当時の状況では冷静過ぎると感じるし、独立後半世紀を経た今では、この歌詞では強い違和感を持ってしまう。筆者は、この歌詞にも君が代同様に暗号としての裏の意味が隠されている、と考えた。

7 不自然な表現「シオンとエルサレム」

　歌詞を見て最初に気付くことは、シオンとエルサレムが分けて書かれていることである。歌詞に素直に従えば「東の果て」=「シオンの地」であり、それはエルサレムとは別の国であって、ともに自由のある国としている。まるで現在のイスラエル国と日本国である。シオンとは、ダビデがエルサレムの地に最初に確保した場所の地名であり、それゆえ「ダビデの町」を意味し、そこはエルサレムの中にある。後にそこに神殿が建てられたので、「シオン」という言葉は「神殿の場所」や「神の都」を意味するようにもなった。唐突で

はあるが、日本の祇園はシオンである。シオンはドイツ語 Sion や英語 Zion ではなく、Cion なのだと筆者は考える。アルファベットの ABCD は、元はアブジャド ABGD であり、今の「C」は二千年近く昔の「G」であった。アルファベット成立以前の時代に、Gion がギオン（祇園）と表現された。シオンと祇園はともに、町全体に対して似たような位置関係に存在する。祇園は京都（平安京、ヘブライ語で「エルサレム」の意）の中の一部であり、日本人であるならば、「祇園と京都」というような言い方はしない。それほどに、「シオンとエルサレム」という表現も、不自然なのである。

8 明白に日本列島を指し示すイスラエル国歌歌詞「シオン」

イスラエル国歌歌詞の「東の（地の）果て」とは預言者イザヤの言葉であり、聖書の訳者によっては「東」が割愛される。旧約聖書イザヤ書では「（東海の）島々」という表現も多く使われるが、本書で論じたように、それは日本列島を指す表現である。また歌詞の「二千年前」とは、イスラエル人国家がローマ軍によって、西暦70年に実質的に滅ぼされた時を指す。当時のイスラエル人は、ダビデ王朝が「東の地の果て」の日本列島に避難していることを知っていた。だからこそ、西暦66年にローマ軍の包囲を脱出した神の道・イエス派の人々（秦氏）が、中央アジア経由で日本列島を目指し、そして到達したのである。

偶然なのかどうか、君が代の「チヨニ」は「シオン」の意を含む単語であり、筆者にはシオン（CiON）がチヨニ（CyONi）の原語であるようにも思われる。イスラエルの建国時、君が代は既にその60年も前から存在していたので、イスラエル国歌製作者は君が代の歌詞を知り得ていた。君が代についても言えることであるが、国歌を作るような人は、単に優れた音楽家や作詞家であるに止

まらず、国をめぐる事情に精通している人でもある。イスラエル国歌製作者が、日本人は古代ヘブライ人の末裔であることをヨーロッパに紹介した、ノーマン・マックレオドの著書を知らなかった筈がない。国歌製作者は日本の存在を強く意識し、君が代についても一度は耳にしていたか、あるいは歌詞を知っていたはずである。同様に、ダビデ王朝の極東避難についても、知らなかったことは考えにくい。歌詞の「シオン」は、明らかに日本列島を指し示している。

⑨ イスラエル国歌の主題は日本国との統合

　イスラエル国歌の歌詞には、彼らの希望が何であるのか、その一番大切なことが書かれていない。それは、表は「失われた祖地であるカナンの回復」であろうが、裏にもう一つ、「散らされた民の統合」が隠されているように思える。国を持てなかった長い間、そして国を持てた後でさえ、口には出せないし、旧約聖書と新約聖書という、乗り越えなければならない高いハードルもあるものの、実は彼らは「東西、契約の民同士、一緒になりたい！」と願っている。「"希望"の残り半分は未達成である！」、そのような強いメッセージがイスラエル国歌の主題であるように、筆者には感ぜられるが、穿ち過ぎであろうか？

「日本人とは誰か？」、そのことが明らかになるにつれ、それは単に歴史が解明されるに止まらず、日本人にとっても、また世界の人々にとっても、きっと新しい展開が待ち受けていることであろう。

おわりに

　歴史学というジャンルほど、学問的態度を貫くことが難しい学問世界はないかもしれません。

　第一に、過去の事実は現在に影響します。現在の人々の状況や立ち位置が、過去の歴史が明らかになることにより危うくなるということが、実際起こり得ます。過去の事ですから、今更何人も変えることなどできません。それならば未来にだけ目を向けて、ポジティブに捉えて頂ければ良いのですが、往々にしてネガティブに反応することが多いようです。たとえばこの本には、現在の韓国領の南半分は日本人による建国であり、西暦663年の白村江の戦いまでは、現韓国領の中に日本人支配地域が存在したと書かれています。それならば、「韓国人は日本人を打ち破り、日本人を半島から追い出して独立を勝ち得た誇り高い民族である。過去を共有している者同士、以後韓国人は、日本人と仲良くいい関係を築いていこう。」というふうに、良い方向のリアクションが生まれればこの上ないことですが、反面このようなことは、「何でも韓国人の方が日本人よりも上」と考える民族主義者や、「日本人には何事も負けたくない」という気持ちを抱くナショナリズムの高い韓国人にとっては、それこそ耐えられないことと感じてしまい、筆者の本の内容を否定する動きをとるかもしれません。本書には、その他にも同様事例が多数ありますが、そのような影響を一切顧慮しないことが、筆者にとって学問的態度を貫くということでした。

　第二に、理数系ならば答えは明快であるし、文学系統であれば個人の尊重に基づく作品への感動が答えの代わりになりますが、歴史学においては、過去の事実が明白とならない限りは誰でも論者と成

り得るので、誰もが架空世界に陥りやすいという側面があります。筆者もその一人に過ぎないのかもしれないのですが、ただ本書の骨格部分は、いずれ他の様々な分野の研究者によって、事実として解明されていくであろうという自負を持っています。それは、抽象的な表現ですが、筆者の掲げた説によって、筆者の頭の中では縦糸と横糸がうまく絡み合うがごとく、多くの矛盾が消えるだけでなく、個々の歴史像や全体像がより鮮明に浮かび上がって来たからです。定説や常識もしくは固定観念などにとらわれず、全てに対して疑問を持つ、あるいは信じ難いような伝承や資料を無視しないという、私なりの学問的態度を貫いたがゆえに、多くの事が見えてくるようになりました。

　しかしながら、筆者は十数年にわたり、歴史書執筆に着手することができませんでした。それは、誤った事を書いた場合の社会への悪影響に怯えていたからです。冒頭でも述べましたが、筆者は司馬遼太郎氏の本が好きで、彼の本はほとんど読み尽くしています。ふと、「司馬氏のように歴史小説風に書けば書けるかもしれない！」と思い、66歳にして筆を執りました。書き上げた本は、本の分類としては「日ユ同祖論」の一つとして取り扱われてしまうと想像しますが、筆者としては、あくまで日本人のルーツを切り口とした「日本古代史」を書いたつもりでいます。しかし、世間的には「都市伝説」の一つと見なされてしまうかもしれません。また、歴史学とりわけ古代史というのは閉ざされた世界なので、学会においては俗説あるいは異端または無視の扱いをされるかもしれません。そのようなことを避けるための自衛策として、この本の出版に先立ち、「Who are the Japanese?」という英語版を e-book で出版し、論議のテーブルを海外にまで広めました。

　最初は歴史小説風に書き始めましたが、書き進めるうちに歴史書

そのものになっていき、次第に根拠を示す出典の記述に神経質になっていきました。しかし、歴史というのは膨大な数の研究成果の上に成り立っているので、洩らさず出典を書くということはなかなか困難なことです。書き過ぎると、かえって読むのに煩わしくなってしまいます。筆者は無名を至上とし、自らの誉れのために他説を盗用して自説を装う必要もないので、もしこの点で筆者に至らない点があれば、率直にお詫びする次第であります。

　本書はもちろん人文の歴史書でありますが、成り行きで地学とりわけ地質の歴史についても、深く言及するに至りました。地質学者からすれば、専門外の人文などから地質学の新説のようなことを書かれること自体に、不愉快な部分もあろうかと思いますが、歴史学は今、地学の専門家の知見を必要としています。古代においても日本列島が現在の位置のままであったことを前提にしているため、邪馬台国論争など、日本古代史は未だに五里霧中という一面があります。歴史学としては、日本列島がかつて動いた、あるいはより南方に位置したという材料は、伝承や古地図など少なからずあります。筆者の論の正否に構うことなく、地学の専門家として、日本列島の過去の姿についての研究を深め、歴史学に貢献してくださることを、切に望みます。

　筆者は自らの生き方として、歴史研究に限らず組織人としても、「自分は誤っているかもしれない。」ということを、常に念頭に置いてきました。その心構えでいれば、自己主張を貫き通す愚は避けられるし、何と言っても自分と異なる意見に敏感になり、また持論に対して反論を受けても、自己の感情に左右されることなく相手の言に聞き入ることができます。この著書について、率直な感想や意見、あるいは批判なりを頂ければ、幸いに存じます。

　e-mail: nekoji@kagoya.net

金子　孝夫（かねこ　たかお）
1950年東京都日野町（当時）生まれ

【著書】
『Who are the Japanese?』
2017年2月：amazon.kindle

『64歳からの二度目の子育て日記inスリランカ』
2017年3月：amazon.kindle
2018年12月15日：文芸社

『日本人とは誰か？』
2017年5月：amazon.kindle

日本人とは誰か
日本人と天皇家のルーツ・日本古代史の秘密を探る

2019年12月15日　初版第1刷発行

著　者　金子孝夫
発行者　中田典昭
発行所　東京図書出版
発売元　株式会社 リフレ出版
　　　　〒113-0021　東京都文京区本駒込3-10-4
　　　　電話 (03)3823-9171　FAX 0120-41-8080
印　刷　株式会社 ブレイン

© Takao Kaneko
ISBN978-4-86641-234-4 C0021
Printed in Japan 2019
落丁・乱丁はお取替えいたします。

ご意見、ご感想をお寄せ下さい。

[宛先]〒113-0021　東京都文京区本駒込3-10-4
　　　東京図書出版